観光まちづくりの展望

の展望

西村幸夫
＋
國學院大學
地域マネジメント研究センター　編

石山千代　下間久美子　藤岡麻理子　下村彰男
劉銘　石垣悟　堀木美告　小林裕和　児玉千絵
塩谷英生　十代田朗　浅野聡　梅川智也
河炅珍　南雲勝志　米田誠司　椎原晶子　著

地域を見つめ、地域を動かす

Focusing on Community, Invigorating Community

学芸出版社

はじめに

　本書はこれからの観光まちづくりのあるべき姿を幅広い研究分野から素描した新しい試みである。多彩な研究分野を統合して、ひとつのまとまった形を与えるにあたって、本書では、4つの柱を立てることとした。「地域の個性をみつけ、みがく」（1編）、「地域の多様なつながりをつくり、活かす」（2編）、「地域の暮らしを支え、豊かにする」（3編）、「地域の未来をつくる人材と仕組みを育てる」（4編）である。

　1編から3編の3つの柱はすなわち、地域環境、地域社会、地域経済という地域の持続可能性を支える3本柱であり、続く4編はサステナブル・ツーリズムを支える4本目の柱である。これら4本の柱が屹立することによってはじめて観光まちづくりが可能となる。筆者一同が所属している國學院大學観光まちづくり学部も、2022年4月の新設当初よりこの4本柱を学部構成の基幹として、これをもとにカリキュラムを構築している。

　そして、最後のパートは、これら4つの柱が観光まちづくりの現場でどのように総合的に実践されてきたかを探った実践編である。

　また、冒頭にこれらの見取り図を指し示す序論を置いている。

　本書が5つのパートから成ることがそのまま観光まちづくりの4本柱＋実践例を示している。つまり、各章の多様な論点も4つの柱に分類することによって、観光まちづくりの中での明確な位置づけを得ることができる。それぞれの章がいかに多様なアプローチや研究スタイルから成っていたとしても、それらはひとつの構図の中にあることがわかる。そして全体を統合した観光まちづくりの現場の息吹を最後にまとめている。

　かつて、前著『観光まちづくり——まち自慢からはじまる地域マネジメント』（西村幸夫編著・編集協力（財）日本交通公社、学芸出版社、2009年）において、筆者らは観光からまちづくりに接近する動きとまちづくりから観光に接近する動きの双方の交点に観光まちづくりが成立したと整理した。ただ、現時点で観光まちづくりの多様な動向を読み解こうとすると、研究分野によって見え方も多様であり、その理解の方法も多岐にわたることが明らかになってきた。——ことは

それほど容易ではない。

　しかし、ひとつ言えることは観光まちづくりの4本の柱とそのもとにある8つのキーメッセージは、どのようなディシプリンであっても共有できるものであるということである。つまり、観光まちづくりというフィールドにおけるアプローチの仕方には共通性がある。なぜなら、どのような学問分野においても対象となる地域が大切だという点においては異論がないからである。地域の資源を再認識し、観光や交流を通して地域社会を元気にすること、そのための仕組みづくりや人づくりを行うという姿勢はどの学問分野でも共通しているのだ。

　観光まちづくりの現場に役立つには、こうしたスタンスを再確認し、地域に即した、地域とともにある観光を目指す観光まちづくりの手法を深掘りしていくことを地道に進めるしか方法はない。地域がこれからも元気で、永続していくことに前向きに寄与できる施策のおおきな支柱となること、これが「観光まちづくり」が目指すべき途である。

　本書を通して、観光まちづくりの考え方と実践の現段階における多様な広がり、さらには観光まちづくりの今後の展開の可能性を感じていただけるならば、これに過ぎる喜びはない。

執筆者一同

目次

第2編　地域の多様なつながりをつくり、活かす──93

観光まちづくりの
これまでとこれから

石山千代

　本章では、これまでの観光まちづくりの取り組みや考え方を概観し、現在地を示す。そして、近年の地域社会、地域環境、地域経済を取り巻く状況変化をふまえて、本書が提示する統合的なアプローチの意図と構成について解説する。

1 観光まちづくりの25年

　我が国において観光まちづくりの取り組みが生まれて約60年、「観光まちづくり」という言葉が使われるようになってまもなく25年となる。本節では、観光まちづくりの取り組みや考え方が、どのような背景のもとで生まれ、定義づけられ、発展、変容し、今日に至っているのかを概観する。

| 1 | 危機に直面した地方から始まった観光まちづくり

　我が国における観光まちづくりの動きは、主に1960年代以降、地域存続の危機に直面した地方で生まれ、広がっていったことが大きな特徴といえる。特に、高度経済成長下で都市への人口流出が進み、いち早く過疎化に直面した中山間地域や、都市開発や観光開発等によって自然環境や歴史的環境の存続が危機に瀕した地域が発端である。

　急激な人口減少で全国的に地域社会の維持が喫緊の課題となっている昨今の状況に劣らない切迫した状況で、住民が立ち上がって足元の地域資源を見つめ直し、それらを守りながら観光に活かしていくようなまちづくり・むらづくりが妻籠宿[注1]（長野県）（図1）や内子町（愛媛県）のような小さな地域で試行錯誤された。その独自性が、当時の高速道路や新幹線などの交通インフラ整備と旅行

図1　**妻籠宿**　1960年代に住民主体で町並み保存に取り組み、観光を新たな生業とした。近年は旧中山道歩きを目的に主に米欧豪から多くのバックパッカーが訪れている

図2　**真壁のひなまつり**　旧家や資料館、商店だけでなく、一般の民家などに飾られたお雛様を訪ねて歩く雛祭りも1980年代以降全国で広がっていった

の大衆化とあいまって地域の外から人々を惹きつけ、住民と観光客との交流を生み、住民の誇りを取り戻しただけでなく、地域の環境を保全しながら新たな生業としての観光を根づかせ、地域の存続につながったのである。

　その後、1970年代以降は地域のシンボルとなる歴史的建造物の保存・活用を契機とした観光まちづくり、1980年代以降は商店街振興策や棚田などの地域環境保全の担い手集めとしての観光まちづくりなど、従来は観光対象と捉えられなかったような多様な対象、テーマ、地域へと広がり、全国各地で観光まちづくりが普及していった（図2）。

| 2 | 観光開発への対抗と囲い込みの限界が促した観光まちづくり

　一方、いわゆる歴史的な観光地ではどうだろうか。風光明媚な景勝地を抱える観光地では、昭和初期以降国立公園や風致地区等に指定され、地域の環境は優先的に尊重すべきものとされてきた。しかし、高度経済成長期の観光開発や道路開発、特に外部資本による地域の文脈や地域への還元を軽視した開発は、地域環境と地域社会の脅威となり、住民運動や前述のような住民主体の観光まちづくり[注2]を各地で促す契機となった。

　配湯技術が発達する以前からの歴史ある温泉地や湯量の少ない温泉地では、もともとそれぞれの宿に内湯はなく、宿から歩いて外湯へ行き、その前後でまちを楽しむ湯治客を、まち全体で受け入れるようなまちづくりが自ずとなされ

ていた。しかし、各種技術の発達と
高度経済成長期以降の旅行の大衆
化に伴う観光客の量的拡大に対応
して、それぞれの宿泊施設が大型
化・多機能化し、観光客を囲い込ん
でいったことによって、宿泊施設と
地域の隔離が進んだ地域は少なく
ない。一方で、立地上こういったこ
との難しかった黒川温泉（熊本県）
などでは、観光客が温泉街を巡る動
機づけとなりながら、収益を温泉街
の景観づくりにもあてる入湯手形

図3　草津温泉の湯畑まわり　観光まちづくりに
力を入れてきた草津温泉では、湯畑とそこ
から伸びる多数の路地沿いを歩いて楽しめ
るハード・ソフトの環境を整え、昨今は若
い世代にも人気で、昼夜を問わず活気が溢
れる

を導入し、観光まちづくりの端緒となっていたことも忘れてはいけない[注3]。

　1987年の総合保養地域整備法（通称：リゾート法）制定以降は、バブル景気を
背景に全国各地で大規模リゾート開発、施設のさらなる大型化、温泉採掘等が
行われたが、バブル崩壊後、人々の志向の多様化と主な旅行形態の団体旅行か
ら個人旅行への移行に対応できなくなり、過剰投資が蓄積された施設は足枷と
なった。昨今問題となっている廃業旅館の景観問題や取り壊し費用等を巡る議
論は、この時期の負債の象徴ともいえる。梅川（2012）が指摘するように、観
光客の関心は、地域の住民が利用する店の雰囲気や品揃え、何気なく接した住
民の言葉や態度、さらには地域の環境や暮らしぶり、生活文化を含めて広範囲
にわたり、観光事業者だけで対応して、観光客に満足してもらえるものではな
くなってきたのである。

　このような状況をふまえ、衰退の危機から脱却するため、観光事業者だけで
なく、地域の住民や行政を含む多様な主体が共に地域の魅力を一から見つめ直
し、地域の生活や生業との関係性を考慮しながら観光客を受け入れていくよう
なハード・ソフトの環境づくりを含むまちづくりに取り組む観光地が特に温泉
地で増えてゆき、いまでは主流となりつつある（図3）。

| 3 | 政策としての「観光まちづくり」の誕生と広がり

「観光まちづくり」という用語の誕生 (1999 ～)

　前述のように、もともと観光と縁がなかった地域でも、いわゆる観光産業が集積する観光地でも、高度経済成長期以降の環境変化に伴い直面してきた地域存続の危機が契機となって観光によるまちづくりの取り組みが広がっていったわけだが、「観光まちづくり」という用語の誕生は 1999 年まで待たなければならなかった。

　「観光まちづくり」という用語は、省庁再編のうねりのなかで運輸省と建設省が合体されるにあたって 21 世紀における観光のあり方を考える議論から生まれ、1999 年に運輸省観光政策審議会内に設置された観光まちづくり部会の名称が初出である。主査をつとめた西村幸夫（2009）は、この時期のことを「まちづくりの側でも観光の側でも、両者の接近の機運が満ちてい」て、「時宜を得て、そこに国の施策が観光まちづくりという名のもとに推進されることになった」と記している。

定義づけられた「観光まちづくり」(1999 ～)

　観光まちづくり部会等での議論をへてまとめられた『観光まちづくりガイドブック―地域づくりの新しい考え方『観光まちづくり』実践のために』（1999 年、財団法人アジア太平洋観光交流センター）（図4）は、地域づくりの新しい考え方である「観光まちづくり」を「地域が主体となって、自然、文化、歴史、産業など、地域のあらゆる資源を活かすことによって、交流を振興し、活力あふれるまちを実現するための活動」と初めて定義し、その過程で取り組むべきチェックリストと取り組みのヒントとなる事例をあわせて紹介した画期的なものであった。

図4　「観光まちづくりガイドブック」(1999) の表紙　「観光まちづくり」を初めて定義づけた

　ここでは、観光まちづくりが注目される背景として、「人々のふるさと意識を深め生きがいを深めてもらえることへの期待」「地域活性化の手段としての観光への期待」「貴重な自然、歴史的な

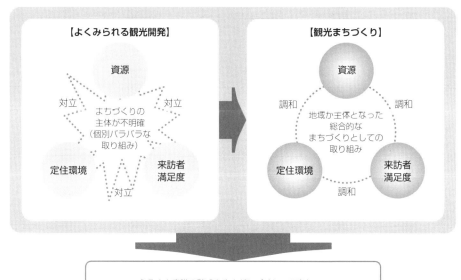

【よくみられる観光開発】

資源

対立　まちづくりの　対立
　　　主体が不明確
　　　（個別バラバラな
　　　取り組み）

定住環境　　　　　来訪者
　　　　　　　　　満足度

対立

【観光まちづくり】

資源

調和　地域か主体となった　調和
　　　総合的な
　　　まちづくりとしての
　　　取り組み

定住環境　　　　　来訪者
　　　　　　　　　満足度

調和

○ ふるさと意識の醸成と生きがいづくりへの寄与
○ 資源の活用を通じた地域の活性化
○ 地域のよさ、定住環境と調和した観光振興の実現
○ 増大する観光需要に安定的に対応できる国土の形成

図5　「観光まちづくりガイドブック」で提示された「観光まちづくりの概念と意義」の図（1999. p.6. 図）

資源、快適な住環境等、地域のよさの持続的な利用を進めることへの期待」の
3つが端的に整理されている。また、「持続可能な観光」の考え方へ言及し、
資源・定住環境・来訪者満足度それぞれが持続されなければならないことを主
張している（図5）。このような「観光まちづくり」萌芽期の考え方は、持続可
能性が一層希求されている今日、あらためて見直したいものである。

| 4 | 国の観光振興政策の柱に位置づけられた
　　「観光まちづくり」（2000 〜）

答申に位置づけられた「観光まちづくりの推進」

　上記の議論は、やがて 2000 年 12 月 1 日の運輸省観光政策審議会答申第 45
号「21 世紀初頭における観光振興方策〜観光振興を国づくりの柱に〜」へと
結実した。答申では、まちの停滞、IT 化、少子高齢化、環境意識の高まり、
グローバル化、国民のライフスタイルの変化および生活レベルの向上といった
経済・社会環境変化に直面していることを整理し、観光の意義を**表 1** のように

人々にとって	• 観光は、単なる余暇活動の一環としてのみ捉えられるものではなく、人々の生きがいや安らぎを生み出し、ゆとりとうるおいのある生活に寄与し、また、日常生活圏を離れて多元的な交流・触れ合いの機会をもたらし、人と人の絆を強めるものであること • 人々が地域の歴史や文化に触れ、学んでいく機会を得ることにより、各個人レベルにおいて、多様な価値に視野が拡がること
地域にとって	• 地域にとっても観光振興のために地域固有の文化や伝統の保持・発展を図り、魅力ある地域づくりを行うことは、アイデンティティ（個性の基盤）を確保し、地域の連帯を強め、地域住民が誇りと生きがいをもって生活していくための基盤ともなること • 観光によるまちづくりが地域活性化に大きく寄与すること
国民経済にとって	• 観光産業は、旅行業、交通産業、宿泊業、飲食産業、アミューズメント産業、土産品産業、旅行関連産業等幅広い分野を包含した産業であり、その我が国経済に与えている影響についてみると、直接消費は約20兆円にのぼり、さらに波及効果を含めると、我が国経済全体に対する効果は約50兆円と算定されている等、経済効果は乗数的に極めて大きいものとなっていること
国際社会にとって	• 国という単位で捉えた場合、外国人との直接的な交流・出会いは、メディアを通じての見聞とは異なり、実際の人間像と生活をよりよく理解できる機会をもたらすものであることから、国民各個人レベルの国際観光交流は、国際相互理解の増進、国際親善、ひいては国際平和に貢献するものであること

表1 運輸省観光政策審議会答申第45号（2000.12.1）における「観光の意義」（出典：運輸省観光政策審議会答申第45号（2000.12.1）第Ⅰ章第2節をもとに作成）

多面的に捉えたうえで、早急に検討・実現すべき具体的施策の7本柱[注4]の筆頭に「観光まちづくりの推進（個性ある「まち」の表情へ）」を掲げたのである。

さらに、以下のように「観光まちづくり」の定義を含める形で、その問題意識を端的に表現している。

「観光客が訪れてみたい「まち」は、地域の住民が住んでみたい「まち」であるとの認識のもと、従来は必ずしも観光地としては捉えられてこなかった地域も含め、当該地域の持つ自然、文化、歴史、産業等あらゆる資源を最大限に活用し、住民や来訪者の満足度の継続、資源の保全等の観点から持続的に発展できる「観光まちづくり」を、「観光産業中心」に偏ることなく、「地域住民中心」に軸足を置きながら推進する必要がある」。（同答申第45号、第Ⅲ章第1節）

「観光まちづくり」における人材への着目と横展開（2002〜）

2002年には国土交通省総合政策局観光部監修・観光まちづくり研究会の編集による『新たな観光まちづくりの挑戦』（ぎょうせい）が発刊され、定義前半部分に「地域が主体となって、自然、文化、歴史、産業、人材など」というよ

うに「人材」が加わり、人材も重要な地域資源として位置づけられた。

　さらに、各地で観光振興に携わる核となる人材を育てるための先達となる「観光カリスマ」の選定も同年に始まった。4年間で約100名のカリスマが選定され、その収組過程が具体的、かつ詳細に紹介される機会が様々に設けられた。多くのカリスマの取り組みは、まさに「観光まちづくり」であったことから、観光まちづくりの考え方と取り組みが全国へ広がっていくことに寄与した。

「住んでよし、訪れてよしの国づくり」を目指す観光立国へ（2003～）

　2010年までに訪日外国人旅行者1000万人という目標を掲げたビジット・ジャパン・キャンペーンが始まった2003年が観光立国元年といわれる。しかし、前述のとおり、「観光まちづくり」はそれ以前に国の観光政策の根幹に位置づけられ、そのエッセンスが、目指す姿としての「住んでよし、訪れてよしの国づくり」（観光立国懇談会報告書、2003年）へと結実し、今日に至るまで各所で掲げられてきた。そして、これ以降、議員立法による観光立国推進基本法（2006）の成立、観光立国推進基本計画の策定（2007）をへて、2008年には国土交通省の外局として観光庁が発足し、我が国もようやく観光立国の体制が整ったのである。

自治体による「観光まちづくり」の広がり（2003～）

　「観光まちづくり」の実態は地域発だが、行政施策における「観光まちづくり」の位置づけを受けて、各地で自治体による「観光まちづくり」の定義づけと、支援のための計画や体制が広がっていった。それは、地方だけではなく、東京のような大都市でも同様であった。

　たとえば、東京都では、2004年に「東京都観光まちづくり基本方針」を策定し、観光まちづくりを「点在する観光資源を有機的に結びつける新たな取り組みであり、地域が主体的に関わり、一体となって、地域特性を活かし、観光の視点に立ったまちづくりを行うものである。また「まち」全体の魅力を高めていくことにより、住む人が誇り、旅行者が何度でも訪れたくなるような活力ある「まち」を目指すものでもある」という独自の定義づけを行った。さらに、都内の多種多様な地域での展開を念頭に、地域特性に応じた5つのバリエーションの観光まちづくり：①特色ある産業を基軸とした観光まちづくり、②歴史・文化を活用した観光まちづくり、③自然と調和した観光まちづくり、④特

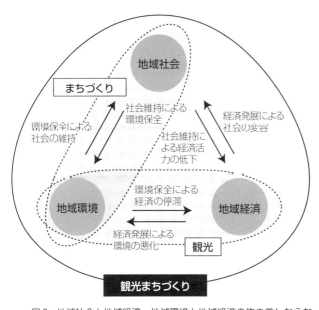

図6　地域社会と地域経済、地域環境と地域経済の抜き差しならない三つどもえの関係を止揚する観光まちづくり（西村（2009））

色ある景観・まちなみを利用した観光まちづくり、⑤都市整備とにぎわいの創出による観光まちづくりを提示した。同時期に、『るるぶ練馬区』（2003）『るるぶ大田区』（2004）『るるぶ江東区』『るるぶ足立区』『るるぶ八王子市』（2005）といった具合に、従来観光とは縁遠かった地域で行政が関与する形でるるぶ情報版が発刊されたことも、観光まちづくりの広がりを示している。

持続可能性に着目して再定義された「観光まちづくり」(2009)

　「観光まちづくり」という用語が急速に広がりを見せていた 2009 年、萌芽期以来の議論に関わってきた西村（2009）は、「観光まちづくり」を再定義した。

　あらためて、地域の持続可能性の 3 要素である地域社会、地域環境、地域経済に着目して、「観光まちづくり」を「地域社会が主体となって地域環境を資源として活かすことによって地域経済の活性化を促すための活動の総体」（図6）であり、持続可能な地域のマネジメントのための 1 つの形であるとした[注5]。すなわち、地域社会、地域環境、地域経済の「抜き差しならない三つどもえの関係」を発展的に解決しうるものと位置づけた。また、本節 8 項で後述する「持続可能な観光」を目指す動きに通ずる定義だったともいえる。

「観光まちづくり」におけるマーケティングへの着目 (2010 ～)

　上記のような観光まちづくりブームと顧客側、マーケットの志向の変容をふまえたうえで十代田（2010）は、マーケティングは「現状の観光まちづくりに最も足りない点、あるいは苦手としている点」と指摘し、マーケティングの導入が「地域側が主導権を握れる」最も大きな利点になることを主張した。

また、大社 (2013) は、プラットフォーム型の観光まちづくり組織がマーケティングを導入して成果を上げた事例をもとに、支える手法や仕組みを紹介し、地域へのマーケティングの導入が観光立国には不可欠と主張した。これらが後述するDMOの議論と各地での取り組みにつながっていったとみることができる。

|5| 観光まちづくりの種となる資源や物語を 保存・活用する仕組みの充実

　相互に関連がありながらも今日は点在している自然・歴史・文化資源の存在と、資源同士を関連づける地域ならではのストーリーは、観光まちづくりの種となる。しかし、これらを一体的に捉えて保存や活用を担保する仕組みも、商品化して販売する仕組みも我が国では長らく未熟であった。

　前者については、2008年の歴史まちづくり法の成立以降、しだいに充実している。特に、2015年から認定が始まった日本遺産 (所管：文化庁) [注6] によって、行政界を越えて資源の関係性をストーリーとして捉えなおす機運が高まり、全国で試行錯誤された結果、104のストーリーが見出されたことは観光まちづくりの大きな転機といえよう。歴史文化資源は保存と活用のバランス、自然資源は保護と利用のバランスが長年にわたる課題となってきたが、新成長戦略 (2010) や後述する地方創生 (2014 〜) の流れを背景として、いずれも活用によって保存や保護を図っていく方向性を強く帯び始めた。

　具体的には、2018年の文化財保護法改正で自治体による文化財保存活用地域計画が導入され、2019年には自然公園法改正で自然体験プログラムの推進と利用者負担の仕組みづくりが目指された。また、従来からの観光対象でもある博物館・美術館・遺跡などの文化施設を拠点に、地域における文化観光の総合的かつ一体的な推進を促すために、2020年「文化観光拠点施設を中核とした地域における文化観光の推進に関する法律」(通称：文化観光推進法) が公布・施行された。そして、法改正や創設に伴う地殻変動が現在各地で起きつつある。

　商品化して販売する仕組みについては、地域の観光資源を熟知した地元の中小旅行業者が一定条件下で企画旅行の造成・募集を行うことが可能なように、旅行業法の改正で段階的に規制緩和が行われてきた[注7] ことによって、地域ならではの着地型旅行商品の造成が少しずつ進められていった。

| 6 | 「地方創生」の切り札に位置づけられたことによる影響（2014〜）
地方消滅の警鐘、DMO や人材への着目

　政府および各地の「観光まちづくり」に大きな影響をもたらしたのは、2014年5月の『成長を続ける21世紀のために「ストップ少子化・地方元気戦略」』（通称「増田レポート」(2014)）による地方消滅への警鐘である。国立社会保障・人口問題研究所による日本の将来推計人口を基に日本創生会議・人口減少問題検討分科会（座長：増田寛也）が独自の推計を行い、2040年までに消滅する可能性のある896の市区町村名が公表されたため、各地に衝撃を与えた。また、これに対して小田切徳美 (2014) は『農山村は消滅しない』、山下祐介 (2014) は『地方消滅の罠』を即座に発刊し、多様な議論が巻き起こった。

　同年11月まち・ひと・しごと創生法（通称：地方創生法）が公布され、12月まち・ひと・しごと創生「長期ビジョン」と「総合戦略」が閣議決定されて、今日に続く「地方創生」が推進されていくことになった。この計画内で、地域の多様な関係者を巻き込みつつ、科学的アプローチを取り入れた観光地域づくりを行う舵取り役となる法人「日本版 DMO（Destination Management/Marketing Organization）」の必要性が初めて明記され、翌年以降の観光庁による日本版 DMO 候補法人の登録制度へとつながる。DMO は、今後も観光まちづくりを担う主体候補として期待されるが、DMO の M が意味するマネジメント機能とマーケティング機能の比重や、それらを担う人材・財源の確保などが多くの地域で課題となっている。

　並行して、コンパクトな都市構造を目指す都市政策を所管する国土交通省都市局都市政策課が、創発人材（＝創造的なまちづくり活動と積極的な情報発信を行う人材や団体を指す造語）に着目した「観光まちづくりガイドライン—自治体と地域でがんばる創発人材が一緒になって行うまちづくり」(2016年) を公表したことにも着目したい。ここでは、「個性的で素敵な暮らしが失われていたり、体験しづらくなっているまちにおいては、外の人の力も借りて、潜在的な資産を見つけ出し、光を当てたり、新しい形で創り出したりして、内外の人に体験できるようにする土壌づくりから始める」必要性を説き、「まちに根ざした創発人材が、上述の土壌づくりに継続的に取り組んでいくことによって、遠くからも人が訪れ、小さな経済活動が活発化し、ひいては空き地や空き家などが活用さ

れるなど、地域の活性化と生活の質の向上に資する」ことを「観光まちづくり」としている。この過程で自治体が創発人材を支援し、様々なステークホルダー（住民、まちづくり団体、地元金融機関、地元商工会、大学、不動産会社等）をつなぐことによって、創発人材の個々の活動をまち全体の取り組みへ調和させていく段階ごとのガイドラインを意図していた。重要な着眼点だが、実際には次項以降の取り組みが加速する中で残念ながら影を潜めてしまった。

地方創生と観光が結びついた「明日の日本を支える観光ビジョン」

　地方創生と観光が明確に結びついたのは、2016年に内閣総理大臣が議長の「明日の日本を支える観光ビジョン構想会議」によってまとめられた「明日の日本を支える観光ビジョン—世界が訪れたくなる日本」以降である。「観光は地方創生の切り札、GDP 600兆円への成長戦略の柱」とされ、訪日外国人旅行者数・旅行消費額、地方部での外国人延べ宿泊者数等のいわゆる数値目標が大幅に引き上げられた。そして、「観光資源の魅力を極め、地方創生の礎に」することが重要な視点として位置づけられ、文化財の観光資源としての開花や国立公園のブランド化、滞在型農山漁村、地方の商店街等における観光需要の獲得・伝統工芸品等の消費拡大等、観光まちづくりと親和性の高い具体的な事業がずらりと並び、その実現へ向けた多額の予算が確保され、推進されていった。

歴史的資源を生かした観光まちづくりの急展開

　「明日の日本を支える観光ビジョン」(2016)を受けて立ち上がった「歴史的資源を生かした観光まちづくりタスクフォース」によって、まちやむらにある文化財指定や登録されていない何気ない古民家を活用した観光まちづくりが急展開した。ハードルとなる人材、自治体連携・情報発信、金融・公的支援、規制・制度改革についての検討と改善、地域からの相談への対応が官民連携チームで行われ、「2020年までに少なくとも全国200地域での取組」という目標が早々に達成されたほどである。拙速ともいえるこのような目標の賛否については、ここではいったん保留とし、留意点を後述する。

　特に、これまで古民家の用途変更を行い宿泊客を受け入れる場合のハードルとなってきた旅館業法の一部改正 (2017)は、住宅宿泊事業法（民泊新法）の成立とともに最低客室数の廃止、1客室の最低床面積の緩和、宿泊者の安全や利便性が確保できる場合の玄関帳場等の基準の緩和につながり、点在する古民家

図7 佐原商家町ホテル NIPPONIA が運営する カフェ 商家町佐原全体が「ひとつのホテル」というコンセプト（香取市）

を改修して宿泊施設としてまち全体で宿泊客を受け入れるスタイルを可能とした（図7）。なお、これは、イタリアにおける過疎対策・空き家対策で広がったアルベルゴ・ディフーゾ（分散型ホテル）に範をとった考え方だが、集落丸山や城下町出石など各地における長年の試行錯誤の賜物であることを忘れてはならない。

上記のような改革が若い世代によるゲストハウスやカフェ、ワークスペース、ものづくりなど、地域に根づいた小さくて魅力的なローカルビジネスの起業を促していった側面があることも重要である。宿泊客や観光客にとっては、そのまちの住民になったような気持ちで地域の滞在を楽しめ、住民にとっては暮らしの中での選択肢を豊かにすることにもつながっていく。

しかし、このスピード感と地域との距離感は、地域社会の側にとっては複雑な側面も否めない。空き家活用の合意形成は本来ひとつひとつの物件、ひとつの地域内においても非常に時間がかかるものである。拙速に進めてはいないか、逆に地元で暮らしてきた方々の足が遠のく場になってしまっていないか、全国で同様の枠組みで行われ、没個性になってはいないかといった点が懸念される。

｜7｜ 外国人旅行者の急増による観光まちづくりへの影響

世界全体で実質 GDP の増加に伴って国際観光客数（国連世界観光機関 UNWTO が毎年発表）が急増している中で、図8 に示すように訪日外国人旅行者も 2011 年以降右肩上がりで増加し、コロナ禍直前の 2019 年には年間 3188 万人に至った。近年は三大都市圏以外への訪問も約 6 割となり、1 人当たりの消費額も増加し、地域経済への影響は少なくない。また、日本人が気づかない地域の新たな価値の発見や国際交流にもつながっている。このような好ましい影響がみられる一方で、暮らしの風景が観光対象となっている地域や民泊の開業が相次い

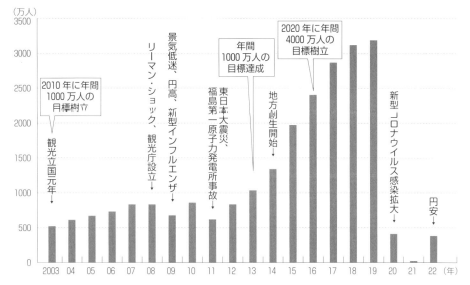

（万人）

3500
3000
2500
2000
1500
1000
500
0

2010年に年間1000万人の目標樹立

観光立国元年

リーマン・ショック、観光庁設立

景気低迷、円高、新型インフルエンザ

東日本大震災、福島第一原子力発電所事故

年間1000万人の目標達成

地方創生開始

2020年に年間4000万人の目標樹立

新型コロナウイルス感染拡大

円安

2003　04　05　06　07　08　09　10　11　12　13　14　15　16　17　18　19　20　21　22（年）

図8　訪日外国人観光客数の推移と関連する主要な出来事（2003-2022）（出典：『観光白書令和5年版』をもとに、筆者作成）

図9　外国人にも人気の谷中　ヒューマンスケールなまちと素朴な商店街が日本人にも外国人にも人気を集めている谷中だが、それゆえに生活者への配慮が課題となっている。写真左手前、点線で囲ったところには、酒屋で角打ちを楽しむ外国人観光客がいる（2019年9月撮影）

図10　コロナ直前の京都市東山区清水八坂界隈　オーバーツーリズム問題が発生していた（2019年11月撮影）

だ地域を中心に、後述するような地域環境や地域社会への負荷もしだいに否定できなくなってきた。国際的な問題でもあるオーバーツーリズム（市民生活と訪問客の体験の質に負の影響を及ぼす過度な観光地化）が、京都や鎌倉、東京の一部地区などでも現れ、認識されるようになってきたのである（図9、10）。

| 8 | 「持続可能な観光」と「責任ある観光」への着目

　持続可能な観光に関する国際的な議論は、1980年代以降、地球規模の環境問題や経済格差を背景として生まれた考え方である「持続可能な開発」に寄与する一分野として観光が位置づけられる中で発展してきた。その定義は、様々な形で行われてきたが、2004年WTO（世界観光機関）定義をもとに2005年UNEP & UNWTOが端的に再定義した「訪問客、業界、環境および訪問客を受け入れるコミュニティーのニーズに対応しつつ、現在および将来の経済、社会、環境への影響を十分に考慮する観光」がわかりやすい。

　2015年の国連サミットで採択された「持続可能な開発のための2030アジェンダ」で掲げられたSDGs（Sustainable Development Goals：持続可能な開発目標、17のゴールと169のターゲット）では、観光の役割は目標8「経済成長と雇用」（包摂的かつ持続可能な経済成長および全ての人々の完全かつ生産的な雇用と働きがいのある人間らしい仕事を促進する）、目標12「消費と生産」（持続可能な消費生産形態を確保する）、目標14「海洋資源」（持続可能な開発のために、海洋・海洋資源を保全し、持続可能な形で利用する）の3つで明記されているが、UNWTOは「すべての目標に対して、観光は直接的、または間接的に貢献する力があり、持続可能な開発目標の達成に向けて、重要な役割を担っている」としている。

　上記の文脈と前述のオーバーツーリズムへの対応の中で、「受け入れ側だけが問題解決に苦慮するのではなく、観光客の側にもオーバーツーリズムへの応分の対応を求める動き」（高坂2020）として「責任ある観光（Responsible Tourism）」も近年注目されている[注8]。UNWTOによる「責任ある旅行者になるためのヒント（Tips for a Responsible Traveler）」（2020）のコンテンツは、**図11**のとおり、地域への敬意と配慮にあふれた多角的な内容で、ここではサービス提供者への敬意についても言及されていることが大切である。

　我が国では、国際的な潮流を受けて、遅ればせながら2018年に観光庁に持続可能な観光推進本部が設置され、増加する観光客のニーズと観光地の地域住民の生活環境の調和を図り、両者の共存・共生に関する対応策が総合的に検討・推進されてきた。その成果が観光庁・UNWTO駐日事務所による「日本版持続可能な観光ガイドライン（Japan Sustainable Tourism Standard for Destinations, JSTS-D）」（2020）[注9]であり、昨今は多くの自治体やDMOがこれを参照しな

- 旅先に住む人々に敬意を払い、私たちの共有遺産を大切にしよう
  HONOUR YOUR HOSTS AND OUR COMMON　HERITAGE
- 私たちの地球を守ろう
  PROTECT OUR PLANET
- 地域経済をリポートしよう
  SUPPORT THE LOCAL ECONOMY
- 安全な旅をしよう
  TRAVEL SAFELY
- 旅先の情報に通じた旅人になろう
  BE AN INFORMED TRAVELER
- デジタルプラットフォームをうまく活用しよう
  USE DIGITAL PLATFORMS WISELY
- 観光をより良い方向に導き、他の旅行者のお手本になろう！
  MAKE TOURISM THE FORCE FOR GOOD AND SET A GOOD
  EXAMPLE FOR OTHER TRAVELERS!

図11　UNWTOによるリーフレット「責任ある旅行者になるためのヒント」（英語版）の表紙（左）とその構成要素（翻訳：UNWTO駐日事務所）

がら観光まちづくりに取り組んでいる。

　さらに、コロナが収束しつつある中で策定された最新の「観光立国推進基本計画―持続可能な形での観光立国の復活に向けて」（計画期間：2023 - 2025年度）は、その副題が表すように、「持続可能な観光」「消費額拡大」「地方誘客促進」の3つをキーワードに掲げ、観光の質的向上を目指した観光政策を推進することを宣言している。とはいえ、実際には経済面へ偏重していることは否めない。

| 9 |　コロナ禍での気づきをへて──「観光まちづくり」の現在地

　新型コロナウイルス感染症の世界的流行により、移動の制限が生じた2020年以降の3年ほどは、多くの人々が身近な環境の中で過ごし、もどかしさを感じながらも身近な環境の中に小さな喜びや豊かさを発見すると同時に、観光や交流の尊さをあらためて痛感した時期となった。折しも、㈱星野リゾートの星野佳路氏によって地元の方が近場で過ごす新たな旅のスタイル「マイクロツーリズム」が提唱され急速に広まったが、このポイントとして掲げられた「地域内観光」「地元の魅力を再発見」「地域の方々とのつながり」というのは、まさに各地の観光まちづくりが大切にしてきたことでもあった。

　一方、コロナ禍直前までオーバーツーリズム問題が起きていた国内外の観光

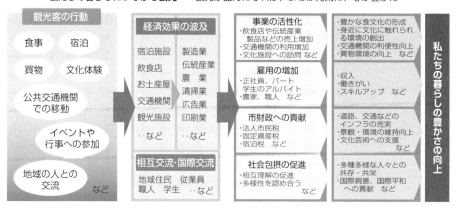

私たちの暮らしにつながる観光　～観光が盛んになれば、まちが元気に、心が豊かに～

| 観光客の行動 | | 経済効果の波及 | | 事業の活性化 | 私たちの暮らしの豊かさの向上 |

図 12　私たちの暮らしにつながる観光（出典：京都市（2022）『私たちの暮らしと京都観光』）

地では、旅行者の激減によって自然環境や生活環境の劇的な改善が見られ、あらためて観光との距離感を見つめ直し、「観光に消費されないまちのつくり方」（高坂、2020）を「いまのうちに」考える地域が続出した。たとえば、京都市では、観光政策の方向性をかつての「量」から「質」、そしてコロナ禍をへて「住民生活との調和」へと転換した。2020 年には観光客向けと事業者向けの「京都観光行動基準（京都観光モラル）」（京都市・公益社団法人京都市観光協会）を策定し、地域のルールや習慣を尊重した責任ある行動を筆頭で求めている。また、2022年に市民向けに作成したパンフレット『私たちの暮らしと京都観光』では、観光が市民の暮らしの豊かさにどのようにつながっているかを伝えている（図 12）。

　地域発の「観光まちづくり」は当初から持続可能性の視点を内包していて、「住んでよし、訪れてよし」を掲げる観光立国を根底から支える重要な考え方であった。しかし、訪日外国人旅行者が急増し、これまでは訪れなかったような各地を訪れ、地域の暮らしにふれる体験をするようになってきたことにより、地域環境、地域社会への無理も蓄積してきた。特に、2016 年以降地方創生と観光立国とが強く結びついたことによって、「観光まちづくり」を標榜しながらも、地域資源の「活用」促進が加速度的に進み、経済的な側面と数値目標への傾倒、それらが直接的・間接的にもたらす地域社会の撹乱が一部でおこってしまったことがオーバーツーリズムや住民による観光への不信感を招いたといえよう。まさに、その渦中で思いがけずコロナ禍に突入し、見つめ直しの機会となったのである。

「まちづくり」という言葉が行政主導の都市計画に対するボトムアップな活動を区別する中で生まれたものの、やがて行政側が多用するようになり本来の意味が見えづらくなってしまったのと同様のことが「観光まちづくり」でも一部で起こり始めているのが現在の状況なのではないだろうか。当初の議論や目論見にいまいちど立ち返る必要があるというのが本稿の問題意識である。

② 地域社会・地域環境・地域経済の状況変化と課題

　これからの「観光まちづくり」で取り組むべき方向性を提示するにあたって、本節では、近年の地域社会、地域環境、地域経済を取り巻く状況変化について整理する。当然ながら、それぞれの事項は地域において相互に関連し合うが、ここでは特に関連が大きい項目で論じる。

│1│ 地域社会を取り巻く状況変化

早まる少子化・人口減少による地域社会の危機

　厚生労働省が2023年2月に発表した2022年の人口動態統計（速報）によると、統計が存在する1899年以降初めて我が国の出生数が80万人を割り、想定以上に少子化が早まっていて、人口減少による暮らしや経済活動への影響が一層懸念される状況にある。この危機をわかりやすく指摘し、多くの国民に衝撃を与えたのが前述の「増田レポート」で、これを受けて2014年9月まち・ひと・しごと創生本部が設置され「地方創生」が進められてきた。しかし、依然として人口減少は加速し、祭りや町内会活動の継続が困難を極めている地域も少なくない。一方で、危機感をもった地域による独自の取り組みが、地域の外から多様な人を惹きつけ、地域の活性化に結びついている事例もある。とはいえ、観光まちづくりの第一世代ともいえる人々が近年鬼籍に入っていく中で、いまこそ、見つめ直すべきことが各地にあるのではないだろうか。

3.11以降の人々の価値観の転換と社会構造の変革

　2011年3月11日の東日本大震災・福島第一原発事故以降、災害が頻発する中で、まちづくりにおいて「減災」や「レジリエンス」という考え方が広がり、

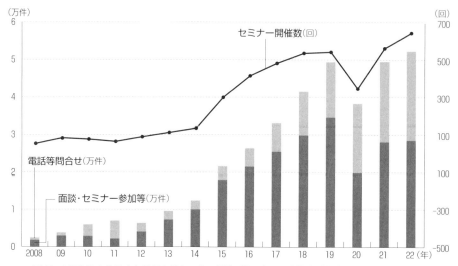

図13　NPO法人ふるさと回帰支援センター相談・問い合わせ数推移（東京：2008－2022：暦年）（出典：ふるさと回帰支援センター 2023.2.16 プレスリリースをもとに筆者加筆）

地域社会には自助と公助が担えない部分を担う「共助」を強くしていくことが求められている。また、人生観や家族観といった人々の価値観にも変革をもたらしており、NPO法人ふるさと回帰支援センターの相談・問い合わせ件数の増加（図13）にも顕著なように、移住や二地域・多地域居住への関心が高まっている。なお、相談者の約7割が40代以下であることも注目に値する。また、「人、暮らし、地域をつなぐ雑誌」というコンセプトの『TURNS（ターンズ）』が2012年夏に名称を変更する形で創刊され、出版業界の厳しい近況にも関わらず、当初は季刊だったものが2016年以降は隔月発行となって今日に至っていることはなによりの証左といえよう。

　2019年末以降の新型コロナウイルス感染症の流行によって、業種や業態による差はあるもののリモートワークが広がり、住む場所と働く場所の制約がゆるくなったことによって、移住のハードルが下がり、ワーケーションといった新たな働き方も出てきた[注10]。2023年5月に新型コロナウイルスが「5類感染症」に移行した前後から揺り戻しもあるが、地域側から捉えると、より多様な関係人口が地域に関わってくれる社会構造の変革期にあることは確かである。

「関係人口」という概念の登場

　人口減少と地域の担い手問題が議論される中で、2016年頃から「関係人口」という概念が登場し、様々に定義づけられてきた。総務省は、「移住した「定

住人口」でもなく、観光に来た「交流人口」でもない、地域と多様に関わる人々を指す言葉」として、「現状の地域との関わり」および「地域との関わりへの想い」から図14のように整理し、関係人口についても「地域内にルーツがある者（遠居）」「地域内にルーツがある者（近居）」「何らかの関わりがある者（過去の勤務や居住、滞在等）」「行き来する者「風の人」」の4類型を提示した。

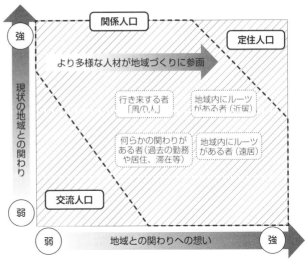

図14　関係人口とは？（出典：総務省『地域への新しい入り口─関係人口ポータルサイト』をもとに筆者作成）

　田中（2021）は、関係人口を「特定の地域に継続的に関心を持ち、関わるよそ者」と定義したうえで、関係人口が地域再生主体になりうる条件を「関係人口の関心の対象が地域課題であること」「課題解決に取り組むことで地域と関与すること」「その過程で地域住民と信頼関係を築くこと」の3つに整理している。特に3つ目について、地域社会側が関係人口というよそ者を信じて地域を開くこと、地域社会の側が環境を整えることが重要と指摘している。いずれにしても、地域側にとっては、従来の「住民か観光客」かという二者択一ではない、地域と多様な接点をもつ人々を幅広く位置づけ、地域の担い手として活躍してもらおうという考え方で、後述の地域おこし協力隊などの取り組みもこの考え方とうまく連動し始めている。

| 2 | 地域環境を取り巻く状況変化

全国的に切迫した状態にある地域の機能再編と関連する考え方

　人口減少の影響は、様々な形で地域環境に表れてきているが、その中でも空き家問題、廃校施設問題は、全国共通の地域課題となっている。適切な管理がされていない空き家は、防災、衛生、景観等の観点から地域環境へ深刻な影響

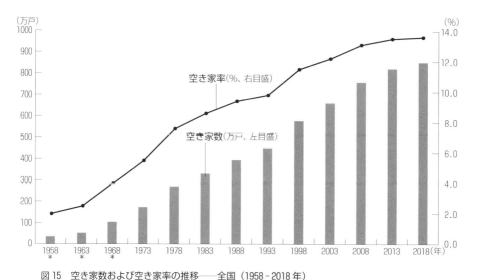

図 15　空き家数および空き家率の推移──全国（1958‐2018 年）
＊：沖縄県を含まない数値（出典：総務省統計局『平成 30 年住宅・土地統計調査』）

を及ぼすため、2015 年に空家等対策の推進に関する特別措置法（通称：空家特措法）が全面施行されたものの、**図 15** のとおり年々増加傾向で、2018 年には全国で計 848 万 9 千戸となり、空き家率 13.6％も過去最高を記録した。

　当然ながら、学校の廃校も全国で急増している（文部科学省、2021）。2002 年度から 2020 年度の 19 年間に発生した全国の公立学校の廃校発生数は 8580 校で、1 位が 858 校の北海道、2 位が 322 校の東京、3 位が 311 校の岩手県であるように、過疎地だけでなく大都市における問題でもある。文部科学省の「みんなの廃校プロジェクト」や公共 R 不動産の「公共不動産データベース」など、貸したい自治体と借りたい事業者とのマッチングのための各種の取り組みが近年進みつつあるものの、活用されていない廃校数は 1917 校にのぼる。

　以上のような状況から、地域環境も地域社会も活かしながら守っていくことに寄与しうる空き家を生かした分散型ホテルや廃校施設を生かした地域ならではの集客施設の導入などは、これから一層期待される取り組みといえよう。

　居住や都市機能だけでなく、公共交通や上下水道などのインフラストラクチャーの維持にも限界が出てきている中で、「徒歩による移動性を重視し、様々な機能が比較的小さなエリアに高密に詰まっている都市形態」（饗庭 2015）を目指す「コンパクトシティ」という考え方が広まり、推進のために都市再生特別措置法の一部改正（2014 年）で「立地適正化計画」が創設されたが実際には難

航している。これらの動きを饗庭（2015）は、「貨幣を媒介とした集中的な再配分や交換が必要に」なり、それが成立する地域は、「日本の中ではごく限られており、すでにある都市の再編成にコンパクトシティは使えない」と断じている。また、都市の大きさは「空間的には一律に減少せず、特定の住み心地のいい都市に人口が集中する可能性もあるし、都市の内部でも人口の過疎と集中が発生する可能性がある」（注：これを「スポンジ化」と呼んでいる）と指摘し、「さまざまな力やさまざまな意志にあわせてたたんだり開いたりする、いわば都市と、都市ではないものの波打ち際のような空間がこれから出てくるのではないだろうか」という問題意識から「都市のために都市を縮小するのではなく、私たちの持つ小さな目的のために、主体的に都市を使いながら縮小する」ための考え方や方法を提示している。ここでいう「波打ち際のような空間」において、観光まちづくりが果たせる役割が大いにありそうである。

身近な環境、資源へのまなざし

　日本人にとっては何気ない風景や暮らしという身近な環境が有する価値が、訪日外国人旅行者によって見出されるということはよく言われることであるが、非常に重要なことである。飛騨古川を拠点に 2007 年以来「飛騨里山サイクリング」（現在は、SATOYAMA EXPERIENCE の 1 メニューとして販売中）をプロデュースしてきた㈱美ら地球の実績と山田（2018）の「日本の田舎こそクール！」というメッセージは、コロナ禍をへた今日あらためて学ぶところが多い。

　一方、まち歩きブームは、コロナ以前から着々と育ってきていることも忘れてはならない。2004 年に始まった日本初のまち歩き博覧会「長崎さるく」では遊さるく・通さるく・学さるく、2008 年からの「大阪あそ歩」ではまち歩き・まち遊びといった魅力的な表現とそれにふさわしい地域資源の発掘と光のあて方がされ今日まで続いている。京都においても住民がガイドする京都のミニツアー「まいまい京都」（2011 ～）が立ち上がり、東京（2018 ～）、東海（2021 ～）へと事業展開している。地域資源を徹底的に見つめ、多様な切り口から結びつけて楽しむことが市民権を得、コロナ禍で身近な環境の価値が見直されたことと健康志向によって、今後一層着目されるであろう。

観光客を受け入れる地域におけるマネジメント、危機管理の必要性

　地域の日常の暮らしに近いところが人々を惹きつけ、訪れるに値する魅力と

して認知されることは喜ばしい一方で、地域環境が改変され、本来の暮らしが妨げられてしまうおそれもある。2008年に米国で設立されたAirbnb（エアビー）の日本法人Airbnb Japanが2014年に設立されたことは、観光客にとってはより地域の暮らしを感じられる宿泊先の選択肢の広がりであり、空き部屋や空き家等の所有者にとっては新たな活用であり、双方にとってよい側面がある。一方で、騒音やゴミ出しなどの近隣トラブルが社会問題化し、自治体による自主条例や2017年の住宅宿泊事業法（民泊新法）で一定程度予防できるようになったが、地域側は多様なリスクへ備えながら、地域環境のマネジメントを行っていかなければならない。もちろん、そこには、近年頻発している災害等が起こった場合の危機管理対応も含める必要がある。

| 3 | 地域経済を取り巻く状況変化

立地や規模に左右されない経済活動による可能性と課題

　総務省「通信利用動向調査」によると、モバイル端末全体（携帯電話・PHSおよびスマートフォン）の世帯保有率は2020年現在96.8%、スマートフォンについては86.8%、『情報通信白書』によるとネットショッピング利用世帯率は過半数を越えている。IT環境の向上とSNSの普及によって、立地や事業所の規模に左右されない情報発信が可能になったことは、地域経済を取り巻く状況変化の中でも特に大きなものといえる。過疎化が進んでいた四国の中山間地域、神山町（徳島県）では、いちはやく全戸に光ファイバーを整備し、都会より快適かつ低料金で使えるネット環境と自然環境の豊かさ、そして移住者支援施策などが功を奏してIT系のベンチャー企業やクリエイターが多数移住し、多様なビジネスが生まれ、創造的過疎注11による持続可能な地域づくりのモデルにもなっている。このような地域がこれからもっと生まれてくる可能性がある。一方で、ニセコに代表されるように、海外資本によって地域の土地の買収が行われるといった課題への対応も同時に必要となる。

地域の経済活動を支える人材の登用や地域に根ざした起業の増加

　人々の観光スタイルの変化と、バブル崩壊によって、多くの温泉地は苦戦を強いられてきたが、2001年に別府温泉から始まった温泉泊覧会（以下、オンパク）は、温泉地の多様な事業者と住民が徹底的に地域資源を見つめて、新たな

商品づくりを行い協働して流通・販売し、まちづくりへつなげていく仕組みを構築した。現在全国45箇所に広がっているが、各地で地域に根ざした起業を促し、それを支える人材育成にもつながっている。

　都市地域から過疎地域等の条件不利地域への人材の還流を目指して2009年に始まった地域おこし協力隊制度にも注目したい。所管している総務省（2023）によると、当初は参加隊員数89名・31自治体から始まったが、年々拡大し、2022年度には多様な背景を持った6447人の隊員（インターンのみは除く）が全国の1116自治体で活躍している。20代と30代がそれぞれ約34％を占め、40代が約20％と続き、前述の価値観の変化との関連がうかがえる。任期終了後も定住して、空き家となった古民家などをリノベーションして、ゲストハウスなど地域に根ざした小さなビジネスを起業している人材も多い。一方で、隊員数急増の中で隊員と地域の間でのミスマッチといった課題も顕在化している。

　また、「おてつたび」（2018年創業、お手伝いをしながら知らない町へ旅に出よう！というコンセプト）や「ゆざわマッチボックス」（湯沢町公式サイトによる1日単位・短時間から柔軟に働ける単発お仕事探し。コロナをへて、人材不足が一層問題になっている観光関連産業のスタッフの求人が多い）のような、新たな旅のスタイルや関係人口を取り込んで地域課題を解決しようというビジネスやサービスも芽吹いている。

観光活動が経済活動に直結するとは限らないジレンマ

　2019年の日本人および訪日外国人旅行者による日本国内における旅行消費額は27.9兆円におよび、過去最高を記録し、うち6割以上が三大都市圏以外の地方部で消費されており、観光や交流が及ぼす地方経済への影響は少なくないようにみえる。しかし、一方で、福井（2022）はこの試算は「価値最大化アプローチ」であり、「観光はそれ自体の経済的な性質ゆえに、宿命的に地方経済活性化に結びつきにくい構造を有している」と指摘し、「無理しない観光」を目指すことこそが地域の持続性には必要と提言している。

　関連して、近年、地域が主導して地域資源を発掘し、みがき上げ、活用する、いわゆる「着地型観光」が注目を集めつつあるが、観光産業の主流にはなっていない。また、今回のコロナ禍のように、インバウンドへの過度な依存で急速に疲弊した事業者も少なくない。そもそも観光関連業界は、非正規雇用が多く、労働条件も良くないという課題を多くが抱えたままであるため、この点も含め

て、観光の経済的な特質とリスクを踏まえた仕組みが求められる。

③ 目指すべき 4 つの柱と 8 つのキーメッセージ

｜1｜ 本書における「観光まちづくり」

　「観光まちづくり」が定義づけられてきた経緯と、昨今の状況を鑑み、本書では「観光まちづくり」を、「地域に対する深いまなざしに基づき地域社会の現状と課題を理解し、地域資源の保全活用と地域を動かす多彩な人々の形成によって、地域を主体とした観光や交流を促すとともに、活力あふれる地域を実現すること」（2022年國學院大學観光まちづくり学部設置趣旨）と再定義する。

　当初から「観光まちづくり」の考えの根幹にあった持続可能性の視点を改めて意識すると同時に、「地域に対する深いまなざしに基づき地域社会の現状と課題を理解すること」に重点を置いている。これは地域社会が各地で存続の危機にありながらも、多様なバックグラウンドをもつ関係人口によって支えられる可能性が広がってきている、すなわち、地域社会が一層複雑にならざるをえない激動期にある現在だからこそ、切に求められている。また、「活力あふれる地域」とは、経済的な豊かさだけではなく、地域に関わる人々が誇りと生きがいをもって、心豊かに日々を送れるということも同等に含んでいる。

｜2｜ 統合的なアプローチの必要性──その考え方と方法の共有のために

　観光立国の推進で訪日外国人旅行者が急増してきた中で、日本ならではの自然・歴史・文化、暮らしを体感するような旅のスタイルも広がり、地域社会との接点が増えてきたことにより、まちづくりも観光も質的な転換が求められてきた。地域の魅力の再発見や、心温まる交流というメリットがある一方で、特に、2016年以降は「観光は地方創生の切り札」と位置づけられ、経済的効果への注目が増し、地域環境を構成する地域資源の「活用」が加速した。これにより、地域環境や地域社会に無理が出てきて、オーバーツーリズムといった問題が顕在化し、一部の地域では観光への不信感にもつながっていった。しかし、急増する観光客の日々の受け入れで精一杯で、中長期的な取り組みまで手がま

わらない地域も少なくなかった。

　新型コロナウイルス感染症の流行拡大によって、人々の移動がストップし、個々の事業者は経営的に厳しい状況に置かれたが、身近な地域の資源や個々の社会的関係性、そして個々の人生や地域において大切なことについて、あらためて目を向け中長期的視野で考える機会となった。地域環境・地域社会・地域経済のバランスおよびこれらを担保するマネジメントの重要性が、まちづくりにおいても、観光においても一層問われる段階になってきたということである。すなわち、従来からの「まちづくりから観光へ」と「観光からまちづくりへ」のふたつの流れを内包した統合的なアプローチである。

　この統合的なアプローチを共有するために、執筆者一同は各々の経験を持ち寄り、持続可能な地域づくりの大きな柱として「観光まちづくり」を据えるときに地域が目指すべき方向性や具体的な行動について、議論を重ねてきた。しかも、それらを専門用語やお役所言葉ではなく、観光まちづくりに携わる誰もがわかりやすい言葉で表現するとどういうことなのかを突き詰めた。その結果が、図16に示す4つの柱と8つのキーメッセージである。

| 3 | 統合的なアプローチの構成と関係性

4つの柱について

　「はじめに」でも示しているように、「1. 地域の個性をみつけ、みがく」は地域環境に、「2. 地域の多様なつながりをつくり、活かす」は地域社会に、「3. 地域の暮らしを支え、豊かにする」は地域経済にどのように向き合い働きかけるべきかを示している。これらは、地域の持続可能性を成立させる3要素でもあるが、相互に関連し合い・支え合う関係性にある。そして、3つの柱がしっかりと建ち続け、観光まちづくりが継続していく基盤として「4. 地域の未来をつくる人材と仕組みを育てる」が存在する。4つの柱それぞれを意識し、各地域ならではのバランスを保ちながら、地域内外の多様な主体と共に取り組んでいくことが、これからの観光まちづくりには求められているのである。

8つのキーメッセージについて

　そして、実際に、地域で観光まちづくりに取り組む時に大切にしたい考え方を、柱ごとに2つずつ具体的に表現したのが8つのキーメッセージである。

わたしたちが目指す「観光まちづくり」
ー地域を見つめ、地域を動かすー

1. 地域の個性をみつけ、みがく

いつの時代でも地域をじっくり見つめ、地域の個性をみつけ、みがいていくことが「観光まちづくり」の出発点です。

地域の物語を読み解き、伝える
自然や歴史、文化に育まれた「地域の物語」を丁寧に読み解き、地域の人々にも訪れる人々にも伝えていきます。

地域の資源を活かすことで守る
地域の資源を活かすことが、地域の資源と環境を守ることにつながる「循環的な仕組み」をつくっていきます。

2. 地域の多様なつながりをつくり、活かす

日々の暮らしや交流の中にある多様で多層なつながりを見つめなおし、地域課題の解決へ活かしていきます。

地域に愛されることを大切にする
地域の人々に日常的に愛されるモノ・コトを大切にし、つながりを広げます。

地域で出会えるワクワク感を大切にする
地域でのリアルな空間体験と出会いによるワクワクを生み出し、活かしていきます。

3. 地域の暮らしを支え、豊かにする

人口減少・少子高齢化のなか、地域外の人々と共に、地域の暮らしを支え、豊かにする「観光まちづくり」を目指します。

観光や交流の恵みを地域内で循環させる
多様な生業に関わる人々が連携して、観光や交流による恵みを地域内に広く波及、循環させていきます。

地域のレジリエンスを高める
地域内外の多様な人々との支え合いで、日常的に地域の足腰を強くし、危機や変化にしなやかに対応できる地域を目指します。

4. 地域の未来をつくる人材と仕組みを育てる

地域の未来のために、夢をもって活動できる人材と、継続的に取り組める仕組みをじっくり育てていきます。

多様な人々が活躍できる場をつくる
様々な背景の人々、幅広い世代が、個性を活かして活躍できる場をつくっていきます。

継続して取り組める仕組みをつくる
「観光まちづくり」を継続するための社会的・経済的な仕組みをつくり、地域を動かします。

図 16　4 つの柱と 8 つのキーメッセージ

「1. 地域の個性をみつけ、みがく」ためには、まずは地域の個性の拠り所となる**「地域の物語を読み解き、伝える」**ための行動を丁寧に積み重ねることが基本中の基本であり、**「地域の資源を活かすことで守る」**という循環的な（活用か保存かといった二項対立ではない）発想と仕組みが必要ということである。

　「2. 地域の多様なつながりをつくり、活かす」ためには、地域の価値観を共有できる内外の仲間とのよき出会いを生み出していくことが重要だが、まずは**「地域に愛されることを大切にする」**ことが大切ということである。加えて、地域へ足を運ばなくても得られる情報が増えている今日、わざわざ移動してリアルな体験や交流をすることの意義を感じられる**「地域で出会えるワクワク感を大切にする」**ことも不可欠なのである。

　「3. 地域の暮らしを支え、豊かにする」ためには、多様な業種・主体を巻き込んで**「観光や交流の恵みを地域内で循環させる」**ような意識的かつ多角的な取り組みが必要で、これと同時に、日常的に**「地域のレジリエンスを高める」**取り組みを行うことによって、危機や変化にしなやかに対応できる真の意味で強い地域につながっていくということである。

　「4. 地域の未来をつくる人材と仕組みを育てる」ためには、地域に関わる多様な背景の人々、幅広い世代が尊重し合い、補い合いながら、**「多様な人々が活躍できる場をつくる」**ことがまず大切で、息の長い取り組みが求められる観光まちづくりは**「継続して取り組める仕組みをつくる」**ことなしでは成り立たないということである。

　キーメッセージごとの詳細な説明は各編の扉を、関連する考え方や施策については該当する論考（**表2**：各章と特に関係が深いキーメッセージ）を参照されたい。前述のように、柱同士が「相互に関連し合い・支え合う関係性」が重要であることから、各章は、該当する柱に関するキーメッセージだけでなく、他の柱のキーメッセージを自ずと含む。また、**表2**は読者の羅針盤を目指して「特に関係が深い」ものを示したものであり、究極的には全てのキーメッセージとなんらかの関係性があるといっても過言ではなく、そのことこそが重要である。

地域を見つめ、地域を動かす　Focusing on Community, Invigorating Community

　以上の4本柱と8つのキーメッセージを意識しながら、地域と向き合う時に私たちがもつべき基本姿勢をひと言で表したのが「地域を見つめ、地域を動か

表2 各章と特に関係が深いキーメッセージ

章	タイトル	8つのキーメッセージ							
		柱1		柱2		柱3		柱4	
		1.地域の物語を読み解き、伝える	2.地域の資源を活かすことで守る	3.地域に愛されることを大切にする	4.地域で出会えるワクワク感を大切にする	5.観光や交流の恵みを地域内で循環させる	6.地域のレジリエンスを高める	7.多様な人々が活躍できる場をつくる	8.継続して取り組める仕組みをつくる
第1編	地域の個性をみつけ、みがく								
1章	地域資源と観光まちづくり	○	○						○
2章	歴史文化遺産の保全・継承を支える自治体独自の枠組みづくり	○	○						○
3章	都市自然における地域文脈の読み取りと継承	○			○				
4章	地域とともに、地域を読み解く学芸員——博物館のこれから	○	○	○					
第2編	地域の多様なつながりをつくり、活かす								
5章	地域との協働による自然環境資源の保全と活用に向けて		○		○			○	
6章	デジタルでつながりを深める観光まちづくり			○	○				
7章	地域の内と外をつなぐモビリティとミュージアムのネットワーク			○	○				
第3編	地域の暮らしを支え、豊かにする								
8章	域内循環を重視した観光経済の再構築に向けて					○	○		○
9章	地方都市の中心市街地と観光まちづくり	○				○			
10章	地域を拠点とする地域旅行ビジネスの時代					○		○	
11章	観光地の防災・復興まちづくり——歴史的市街地における対策		○				○		
第4編	地域の未来をつくる人材と仕組みを育てる								
12章	持続可能な観光まちづくりのための組織と安定財源					○			○
13章	自主規範で「地域らしさ」を守り育てる	○							○
14章	若い世代が織りなす平和教育と観光まちづくりの可能性	○		○					
第5編	観光まちづくりの現場から——4つの柱の総合的実践								
15章	地域資源を活かした個性的なまちづくり——岩手県住田町	○	○	○	○			○	
16章	まち・ムラをつなぎ、来訪者・移住者とつながる——愛媛県内子町	○	○		○			○	
17章	住民主導の観光まちづくり百年の到達点——大分県由布院	○				○	○		
18章	建物・生業リノベーションから暮らしとまちの再生へ——東京都台東区谷中地区	○	○	○				○	○

表2 各章と特に関係が深いキーメッセージ

す」という言葉である。この英訳を"Focusing on Community, Invigorating Community"とした。地域に焦点（Focus）を合わせて、地域を元気づける（Invigorate）ことを目指すのが、すべての出発点である。ここから、観光まちづくりの展望が開けていく。

［注］

1 妻籠宿保存計画基本構想（1967）では「保存・観光の計画であると共に生活環境の整備計画」としての性格をもつ必要性が指摘され、妻籠宿を守る住民憲章（1971）前文では「わが宿場の文化的価値と観光資源を地域の産業振興と結びつけ、これをよりよく活用するため」住民の総意に基づき制定する旨が宣言され、まさに今日の「観光まちづくり」に通ずるものと捉えられる。

2 図1の妻籠宿を含む木曽地域で行われた観光診断「木曽一観光的保護と開発とに関する調査報告」（1966）は、「世にいう観光開発は、結果的には、地域住民の経済生活に必ずしも幸福をもたらさず、却って外来資本攻勢による郷土の破壊に終わる事例が既にあまりにも多く、木曾谷の場合もそのような不安を否定し得ない」ことから、「地域住民自らの手による連帯的開発計画の確立のみが、真に地域発展につながる」という警鐘をならしていて、その後の妻籠宿の観光まちづくりに大きな影響を与えた。

3 黒川温泉では、1986年に第二世代による旅館組合の再編が行われ、「入湯手形」の販売を開始した。それぞれの宿が趣向を凝らした露天風呂づくりに切磋琢磨しながらも、入湯手形による収益を温泉街の植樹事業、個人看板撤去・共同看板設置などにあてて地域全体の環境を向上させていく仕組みである。各々が大型化できない立地を逆手にとり、「道は廊下、木々や花は中庭の植木、温泉もお宿も一つの大きな旅館の中にある」「黒川温泉一旅館　温泉街全体がまるでひとつの旅館のように」という考え方が根底にある。手形自体、地元の杉や檜の間伐材で老人会など地域の事業者が制作に携わっている点も特筆に値するが、2022年には露天風呂だけでなく、温泉街での飲食や土産品購入にも利用できる仕組みとなり、一層注目される。

4 7本柱は、1.観光まちづくりの推進、2.観光分野でのITの積極的活用、3.高齢者等が旅行しやすい環境づくり、4.外国人旅行者訪日促進のための戦略的取組み、5.観光産業の高度化・多様化、6.連続休暇の拡大・普及促進と長期滞在型旅行の普及、7.国民の意識喚起である。

5 詳細は西村幸夫（2009）を参照願いたい。

6 日本遺産は、地域の歴史的魅力や特色を通じて我が国の文化・伝統を語るストーリーを文化庁が認定し、ストーリーを語るうえで欠かせない魅力溢れる有形や無形の様々な文化財群を、地域が主体となって総合的に整備・活用し、国内だけではなく海外へも戦略的に発信していくことにより、地域の活性化を図ることを目的としている。

7 2007年改正では、従来自社で募集型企画旅行が行えなかった第三種旅行業について、営業所の存在する市町村およびそれに隣接する市町村の区域等での企画旅行の造成・実施ができるようになった。2013年改正では地域限定旅行業が創設され、2018年改正では地域の交通・観光の実態を踏まえた特例として、第三種旅行業・地域限定旅行業の催行区域の近隣に交通網および輸送の拠点がある場合の実施区域の見直しが行われた。

8 もともとは、持続可能な開発の文脈から論じられ1999年にWTO総会で採択された世界観光倫理憲章の副題はすでに"for Responsible Tourism"だった。その後"The Responsible Tourist and Traveller"（責任ある観光客と旅行者）というリーフレットが2005年に作成され、2017年（持続可能な観光国際年）に改訂された。これにコロナ禍を受け安全で安心な旅行の確保に関する項目も盛り込んだ最新版が2020年の"Tips for a Responsible Traveller"（責任ある旅行者になるためのヒント）である。

9 持続可能な観光の推進を目的に2007年に発足した国際非営利団体 Global Sustainable Tourism Council が2013年に開発・2019年に改訂した観光地向けの国際指標（GSTC-D：Global Sustainable Tourism Criteria for Destinations）をベースとして、日本の風土や現状に適した内容にカスタマイズした観光指標であり、A：持続可能なマネジメント、B：社会経済のサステナビリティ、C：文化的サステナビリティ、D：環境のサステナビリティに関する計47大項目・113小項目の指標から成る。自己分析ツール、コミュニケーションツール、プロモーションツールとしての活用が期待されている。

10 「新たな旅のスタイル—ワーケーション＆ブレジャー」（観光庁 HP）によると、Work（仕事）と Vacation（休暇）を組み合わせた造語。テレワーク等を活用し、リゾート地や温泉地、国立公園等、普段の職場とは異なる場所で余暇を楽しみつつ仕事を行うこと。地域（受け手）側の主なメリットとして①平日や長期滞在型の旅行需要の創出、②交流人口および関係人口の増加、③観光関連事業の活性化、雇用創出、④企業との関係性構築、⑤遊休施設等の有効活用があげられている。しかし、「新たな旅のスタイル」に関する実態調査報告書（観光庁（2021））によると、企業側の認知度は約 8 割・テレワーク導入率は 38.3％、従業員側の認知度は約 8 割・テレワーク実施率 32.2％・ワーケーション体験者はわずか 4.3％にとどまっている。

11 「創造的過疎」は、神山町の認定特定非営利活動法人グリーンバレーを立ち上げた大南信也理事長による 2007 年頃の造語で『過疎化を与件として受け入れ、外部から若者やクリエイティブな人材を誘致することで人口構造・人口構成を変化させたり、多様な働き方や職種の展開を図ることで働く場としての価値を高め、農林業だけに頼らない、バランスのとれた持続可能な地域をつくろうという考え方」と、ご本人が「まち・ひと・しごと創生に関する有識者懇談会資料」（2014 年）で提示している。

[引用・参考文献]

饗庭伸（2015）『都市をたたむ—人口減少をデザインする都市計画』花伝社

石山千代（2019）「視点 5　観光資源の保存と活用の両立をはかる」（公財）日本交通公社編著『観光地経営の視点と実践　第 2 版』丸善出版、pp.88-107

梅川智也（2012）「「観光まちづくり」はどこに向かうのか」『都市計画』第 295 号、pp.7-11

大社充（2013）『地域プラットフォームによる観光まちづくり—マーケティングの導入と推進体制のマネジメント』学芸出版社

小田切徳美（2014）『農山村は消滅しない』岩波新書

観光庁・UNWTO 駐日事務所（2020）『日本版　持続可能な観光ガイドライン Japan Sustainable Tourism Standard for Destinations』

黒川温泉観光旅館協同組合 HP https://www.kurokawaonsen.or.jp/

国土交通省総合政策局観光部監修、観光まちづくり研究会編集（2002）『新たな観光まちづくりの挑戦』

國學院大學観光まちづくり学部（2021）「設置の趣旨等を記載した書類」

総務省地域力創造グループ地域自立応援課（2023）「令和 4 年度地域おこし協力隊の隊員数等について」

十代田朗（2010）「観光まちづくりにマーケティングはなぜ必要か」『観光まちづくりのマーケティング』学芸出版社、pp.9-19

高坂晶子（2020）『オーバーツーリズム—観光に消費されないまちのつくり方』学芸出版社

田中輝美（2021）『関係人口の社会学—人口減少時代の地域再生』大阪大学出版会

中井治郎（2019）『パンクする京都—オーバーツーリズムと戦う観光都市』星海社新書

西村幸夫（2009）「観光まちづくりとは何か」『観光まちづくり—まち自慢からはじまる地域マネジメント』学芸出版社、pp.9-28

福井一喜（2022）「観光で稼ぐのは難しい—「無理しない」観光への転換」『都市問題』Vol.113、No.10、pp.80-92

星野リゾート HP https://www.hoshinoresorts.com/sp/microtourism/

増田寛也（2014）『地方消滅』中公新書

文部科学省（2021）『令和 3 年度廃校施設等活用状況実態調査』

山下祐介（2014）『地方消滅の罠』ちくま新書

山田拓（2018）『外国人が熱狂するクールな田舎の作り方』新潮新書

UNWTO（2020）"Tips for a Responsible Traveller" 英語版・日本語版

UNWTO 駐日事務所 HP https://unwto-ap.org/

第1編

地域の個性を みつけ、みがく

いつの時代も地域をじっくり見つめ、
地域の個性をみつけ、みがいていくことが
「観光まちづくり」の出発点である。

　人やモノの移動の広域化と国際化が進むほどに、各々
が拠って立つ地域の「個性」が問われる。一方で、コロ
ナ禍のように人やモノの移動が制限されることは、強み
も弱みも含む地域の「個性」を見つめ直し、議論する大
きな契機ともなる。いずれの状況においても、地域の個
性を見つめ直し、地域に関わる多様な主体と価値観を共
有し、地域の個性をみがいていくことが「観光まちづく
り」の出発点となる。

キーメッセージ ❶ 地域の物語を読み解き、伝える

**自然や歴史、文化に育まれた
「地域の物語」を丁寧に読み解き、
地域の人々にも訪れる人々にも伝える。**

　地域を取り巻くモノは、実体と背景の情報とから形成、認識されているが、近年は技術的な発達と普及によって、背景の情報の比重が高まっている。文化的景観やエコツーリズムへの関心の高まりに顕著なように、まちづくりや観光の分野においても背景の情報が重んじられるようになってきている。観光まちづくりでは、実体と背景の情報それぞれを大切にして、「地域の物語」を丁寧に読み解き、地域の人々にも訪れる人々にも伝えていく工夫が求められている。

キーメッセージ ❷ 地域の資源を活かすことで守る

**地域の資源を活かすことが、
地域の資源と環境を守ることにつながる
「循環的な仕組み」をつくる。**

　少子高齢化の中で地域が有する資源を継承するための担い手も資金も地域内だけで賄うことが年々難しい状況になっている。一方で、地域資源の過度な観光活用などが資源自体の損壊や価値の低減につながってしまう本末転倒も国内外各地で起きている。「観光まちづくり」が介在することで、多様な組織や人々の連携のもと、地域資源を活かすことで資源と環境とを守っていける循環的な仕組みをつくる。

地域資源と観光まちづくり

下間久美子

　コーパスや文献サーチシステム等で概観すると、地域資源という言葉は元々、ある土地の農林水産資源や鉱物資源等を総称する以上のものではなかったようであるが、1980年代後半頃から、農林水産業の振興や中小企業による産業おこしに絡めて用いられる事例が目立ち始める。現在はどうだろうか。地域資源に建物や町並み、伝統工芸品や祭り、食文化といった有形無形の文化遺産や、山容や渓谷等の景勝、食材や用材の採取林、森林公園や海水浴場といった保養地や遊興地を挙げることは珍しくない。

　この傾向は、地方創生や観光振興の推進と共に顕著となる。2010年6月に閣議決定された「新成長戦略 〜『元気な日本』復活のシナリオ〜」では、7つの戦略分野の1つ「観光立国・地域活性化戦略」の第二の基本方針として「地域資源の活用による地方都市の再生、成長の牽引役としての大都市の再生」が掲げられ、2020年までの目標に「地域資源を最大限活用し地域力を向上」が含められた。今日では、農林水産省や中小企業庁はもとより総務省や国土交通省、環境省、文部科学省等の施策や事業、刊行物でも、また書籍や新聞、地方の広報誌等でも、多少の違いはあれ、地域の特徴を成し、当地の活性化に資する資源を指すものとして「地域資源」の語が用いられている。

　今や地域資源は、感性や発想しだいであり、種別や時代に関係なく多様である。時間や季節を限った自然現象（たとえば朝日や夕日、桜や紅葉、雲海や川霧）が含まれることもある。ちまたでは従来から文化財や文化遺産、自然遺産といった表現に馴染んでいるところ、「地域」を頭に付した資源の総称に着目することにはどんな意義があるのだろうか。このことを21世紀に入って創設された「文化的景観」という新たな文化財と照らし合わせながら考えてみたい。

①集まれば国の宝

　まず、西予市明浜町狩浜地区の文化的景観について見てみよう（図1）。狩浜地区は、愛媛県南西部、宇和海に口を開く法華津湾の北岸に位置する。リアス海岸の入り江の集落で、2つの谷筋から成り、これを隔てる尾根の先端には春日神社が祀られている。この神社の秋祭りは、地区住民に今でも大切にされている。

　狩浜地区は、黒潮の影響により清洌で栄養豊かな漁場を持つ。江戸時代には狩浜浦と呼ばれる吉田藩の漁村で、いわし漁で生業を立て、その浮き沈みを農業で補う中、さつま芋や麦、櫨、桑等、時代に応じて作物を変えてきた。急峻な山腹に畑地を広げ、段々畑（当地では段畑と呼ぶ）が整えられたのは、養蚕が盛んになってからで、主として近代以降と考えられている。

　現在はみかん栽培を主産業とし、入り江では魚・真珠の養殖やシラス漁が行われている。港では茹でたシラスを干してちりめんじゃこを作る光景が見られる。沿岸の集落には養蚕の跡を残す主屋や小屋、櫨倉、機屋、家畜小屋、みかん倉庫等、生活の変遷を伝える建物が交じり、舟板で外壁に板張りを施すものもある。井戸や、川の護岸に取り付く石段は、簡易水道が敷かれた1952（昭和27）年以前の生活を伝える。山の斜面には、露頭する石灰岩で築かれた段畑が標高200mほどまで広がり、その石積みに目を凝らせばムカシイシガキと呼ばれる土を留めるだけのものから根石や石の噛み合わせを改良した現代のものまでが見られる。旱魃に苦しめられてきた狩浜地区では、戦後に作られた鉄筋コンクリート造の貯水槽も、人々にとっての大切な歴史遺構である。祭りで使う用具等は、山林から受けてきた様々な恩恵を物語る。

　入江、沿岸の居住地、山腹の段畑、山林が雄大に連なる景観は、「宇和海狩浜の段畑と農漁村景観」として2019年に国の重要文化的景観に選定された。それまで狩浜地区には県、国の文化財はなく、市指定天然記念物「春日神社社叢」があるのみであった。しかし、生活を物語る様々な時代の様々な要素が寄り集まって形成される暮らしの景観は、日本の多様な文化の理解に不可欠な国の宝なのである。

狩浜地区が重要文化的景観を目指した主なきっかけは、2014年春頃に山並み背後に風力発電施設の計画が生じたことと、2015年3月に狩浜小学校が閉校したことであった。これからも狩浜らしい風景の中で農業や漁業を営み、祭りを行い、みんなで笑って暮らしたい。この願いのうえに、

図1　宇和海狩浜の段畑と農漁村景観（愛媛県西予市、撮影：宮本春樹）

農業法人、地区住民、行政等が協力し、自立した地域を目指して雇用の創出、福祉施設の運営、都市との交流、観光等に取り組んでいる。文化的景観では、このようなまちづくりの取り組みそのものが保存活動となる。

②文化的景観

文化的景観は、歴史と風土に根ざした暮らしの景観で、**表1**（p.52）に示すように、文化財保護法（昭和25年法律第214号）が規定する文化財の1つである。2004年に創設され、「地域における人々の生活又は生業及び当該地域の風土により形成された景観地で我が国民のため欠くことのできないもの」と定義されている。

文化には「人間が自然に手を加えて形成してきた物心両面の成果」（『広辞苑』第六版）という意味が含まれる。この「人間」が1人ではなく、複数または多数に及ぶと考えてみてほしい。文化的景観は、ある気候風土に適応するため、その地域の人々が土地利用に関わる方法や技術、習わし等を共有し、継承する中で作り出されてきた景観なのだと言えよう。

たとえば、その土地の植物や石材で宅地の周囲に防風垣を廻らす集落景観（図2）、斜面地に築かれた棚田の農耕景観（図3）等は、典型的な事例である。

図2　大沢・上大沢の間垣集落景観（石川県輪島市）

図3　姨捨の棚田（長野県千曲市）

図4　生野銀山及び鉱山町の文化的景観（兵庫県朝来市）

図5　葛飾柴又の文化的景観（東京都葛飾区）

また、自然的要因に加え、各時代の統治の仕組みや産業の発展、社会の流行等が影響しながら形成されたものもある（図4、5）。

文化的景観については、地方公共団体が保存調査を実施して本質的な価値を解釈し、これを表す特徴や特性を明らかにし、文化的景観保存活用計画を策定することになっている。また、景観法を始めとする環境の保全に資する法律およびこれに基づく条例や計画等により必要な保存の措置を取ることになっている。

文化的景観のうち、特に重要として文部科学大臣により選定されたものが重要文化的景観である。選定は地方公共団体[注1]の申出に基づき、かつ、文化審議会の意見を得て行われ、官報告示等で周知される。選定後は、財政援助、税制優遇等により、当該地方公共団体の取り組みに支援がなされる[注2]。

日本では、1950年頃ま

では全就業者数のおおむね半分が農林水産業に携わっていた。しかし、高度経済成長期に地方から都市へ若者が流出し、1970年からは米の生産調整が本格的に始まり、産業構造は急速に転換して1990年の農林水産業従事者比率は7.1％にまで縮小している[注3]。結果、耕作放棄地が増え、山林が荒廃し、棚田や里山のような伝統的な土地利用が失われていった。この状況が日本の原風景の喪失のみならず、国土保全、水源涵養、生態系の保全等にも影響を及ぼす中で、1995年には第1回全国棚田サミットが当時の農林水産省、自治省、国土庁、環境庁、文化庁をはじめとする関係機関の後援や協賛を得て、高知県梼原町で開催された。

文化的景観の制度は、日本の文化の多様性を表す各地の景観の継承を重要な役割とする。保護の核心的な作業の1つに複数の価値観の「調整」があることは、世界遺産のカルチュラル・ランドスケープを見るとわかりやすい。

③ カルチュラル・ランドスケープ

文化的景観という言葉は、文化財保護法に文化財として定められる以前から、ユネスコ世界遺産のカルチュラル・ランドスケープ（Cultural Landscapes、以下「CL」とする）の訳語に充てられてきた。文化財保護法における文化的景観は、CLの3つのカテゴリーにおける「有機的に進化する景観」のうち、「継続する景観」に相当する部分を制度化したものとされる[注4]。

CLは、世界遺産条約第1条に規定される文化遺産のうち、遺跡の定義に含まれる「人工と自然の結合の所産」（ユネスコ国内委員会仮訳）に該当する概念とされ、1992年の第16回世界遺産委員会で「世界遺産条約履行のための作業指針」に規定された。

1995年に「フィリピン・コルディリエーラの棚田群」がCLに当てはまる世界文化遺産として登録されたことは、日本の文化的景観制度創設を後押ししたとされる。アジアでは初めて、世界全体では3番目のCLである。

最初の2例は、ニュージーランドの「トンガリロ国立公園」とオーストラリアの「ウルル、カタ・ジュタ国立公園」である。両者とも最初は自然遺産とし

図6　ウルル＝カタ・ジュタ国立公園（オーストラリア）　左：ウルル、右：聖地につき登山をしないよう呼びかける誘導標識（写真：Pixabay より購入）

ての登録であった。加えて、どちらも伝統的な土地所有者である先住民の聖地であったため、その文化的側面が評価されて、前者は 1993 年に、後者は 1994 年に文化遺産としても登録され、CL に該当する複合遺産となった。複合遺産とは、自然遺産と文化遺産の両方を満たす遺産を指す。

　「ウルル、カタ・ジュタ国立公園」におけるウルル（図6）は、周囲約 9000 m、高さ 348 m、全長約 3400 mの砂岩による一枚岩である。先住民族であるアナング族は、長らく観光客による登山禁止を国立公園に要請していた。聖地を踏み荒らされることに心痛を感じ、時にマナーも悪く、滑落事故等も生じていたからである。しかし、観光への影響が懸念され、観光客に自粛は呼びかけるものの、登山禁止には至らなかった。CL であることを通じて文化的価値への理解が高まり、様々な文化体験の機会も提供されるようになると、2017 年には登山者が来場者全体の 20% を下回り、2019 年 10 月にようやく登山は禁止となった。

　CL の導入は、西欧的視点から優品や傑作とされるものだけではなく、生活や伝統に関わる世界各地の多様な文化遺産に目を向ける大きな契機となった。また、「トンガリロ国立公園」や「ウルル、カタ・ジュタ国立公園」等は、自然や文化という分類に偏重して厳しく保護を行うことの課題を伝え、遺産を継承してきたコミュニティがその管理に関わることの重要性を知らしめた。

　2018 年に複合遺産として登録されたカナダの「ピマチオウィン・アキ」も CL である。遺産名称は地名で、命を与える土地を意味する。これは、カナダ

先住民のアニシナアベ族が伝統的な狩猟採集生活を送ってきた森林（湿地や湖、川を含む）である。従来のように、生態系の独自性や文化的伝統の独特さを自然遺産、文化遺産の基準ごとに厳格に評価するには馴染まない遺産とされ、連綿と受け継がれた森林文化によって生物多様性のバランスが保たれてきた状態に自然、文化の両面から顕著な普遍的価値が見いだされた。CL の概念の下、自然遺産と文化遺産を融合する考え方が発展している状況が窺えよう。

④ 地域社会にとっての合理性

　文化的景観や CL と同様、人と自然をめぐる網の目のような総体を「地域資源」と捉えた論文に、『地域資源の国民的利用』（永田、1988）がある。この中では、農林業が、農林産物の提供以外にも多面的に公益的機能を果たしていることに目を向けている。具体的には、自然・国土保全機能、人格形成・教育機能、保健休養機能等である。そのうえで、能率と生産性のみを追求した近代的な農業が生み出した矛盾や問題を指摘すると共に、日本の豊かな自然風土に立脚し、その中で育まれた地域社会にとっての合理的な農業のあり方を考える必要を論じている。

　この論文から約 30 年をへて、現在の日本は、農地や山林の荒廃がもたらす様々な問題に悩まされている。2019 年に施行された棚田地域振興法（令和元年法律第 42 号）は、棚田が荒廃の危機に直面していることに鑑み、棚田地域の振興に係る基本理念を定めたものである。この第 3 条（基本理念）では、棚田地域の有する多面にわたる機能として「農産物の供給、国土の保全、水源の涵養、生物の多様性の確保その他の自然環境の保全、良好な景観の形成、伝統文化の継承等」が挙げられている。

　永田の論文は、経済的合理性だけを追求し、その土地の気候風土や歴史の中で形成されてきた地域社会のありように目を向けない農業政策への疑問を背景としたものである。この点で、1960 年代後半よりおこる歴史的集落・町並み保存をはじめ、「まちづくり」へと繋がる様々な動きと底流を成す理念は同じである。しかし、地域社会にとっての合理性の追求は、経済至上主義に対する

批判としてだけ捉えるのではなく、単一的な視点からしか地域を見ないことへの批判と受け止めるべきことは、CLの事例が伝えている。本来ならば地域の環境を守ることにつながるはずの自然遺産や文化遺産も、その保護制度の運用いかんで遺産を地域社会から切り離してしまう可能性がある。

⑤ 文化財保護の落とし穴

　図7は文化財保護の流れを概念的に示してみたものである。文化財保護とは概して、客観的な視点から人々にとって価値があり、後世に大事に引き継ぐべきと考えられるものを特定し、滅失や破壊、不適切な変容等から守り、社会の発展に役立てる取り組みである。

　その始まりは誰かがその潜在的な良さを「知覚」することから始まる（図中①）。それは、所有者や地区住民かもしれないし、来訪者や専門家かもしれない。いずれにせよ、その知覚された良さの成り立ちを調べて特徴や特質を「認識」し（図中②）、比較等を通じてそれがどの程度優れているのか、特別なのか、典型的なのか等を「評価」する（図中③）。その結果を受けて、ある客観的な基準から一定の価値が認められるものを「特定」し（図中④）、価値に適した「保護」の措置をとる（図中⑤）。

　文化財行政は法令や例規に基づいて特に「特定」と「保護」を担う。規制や公的支援のための客観的根拠を得る「特定」は、「知覚」か

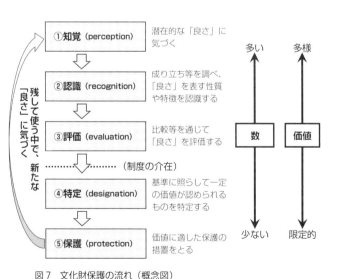

図7　文化財保護の流れ（概念図）

ら「評価」に至る過程で認識される多数の関連遺産や、多様な良さをふるい落とす性格を持つ。重要文化財（建造物）を例に挙げれば、ある種別の中で最も古いもの、ある様式の最も発展した状態を示すもの、ある地方の典型を表すもの等のみが選ばれることになる。文化財の指定理由や選定理由は，重要であるが、限定的でもある。観光推進にあたり、指定文化財の既存の説明では国内観光客も外国人観光客も日本や地域を十分に理解できないことが批判されたゆえんと言えよう。そして、この限定的な価値にのみ目を向けて行われる保護は、所有者等にとってわかりにくく、大きな負担をもたらしてしまうのである。

　重要文化財（建造物）に関しては、「文化財は所有者さえ釘一本も打てない」とたびたび聞かれる時代があった。文化財は価値が高いという漠然とした理解の下に、所有者さえどこをどのように扱えばよいかがわからない状況が、この言葉を招いたと言えよう。特に近代の遺産を保護する必要が高まる中でこの状態が課題視されるようになり、所有者等が広く協力者を得ながら活用しやすくなるよう、1990 年代半ばより文化庁が重点的に取り組んできたことの１つが保存活用計画の普及である。

　少子高齢化を伴う人口減少が進む中で、2018 年の文化財保護法改正においては、地域社会総がかりで文化財の継承に取り組む体制の構築や充実に向けて、指定・登録文化財の保存活用計画の認定制度が創設されると共に、市町村が作成する文化財保存活用地域計画及び都道府県が作成する文化財保存活用大綱の認定制度が創設された。

　このような経緯を踏まえれば、保存活用計画の中には、人々が親しみをもって文化財に接することができるよう、所有者や地域の視点を踏まえつつ、価値や特徴、保護の考え方をわかりやすく記す工夫が求められよう。制度上の保護にのせる以前から、そしてのせた後も、文化財を支えているのは所有者や地域住民等の理解と善意なのである。

⑥ 地域資源と観光まちづくり

　その土地の自然風土に立脚し、育まれてきた地域社会にとっての合理的な発

法律 （所管）	種別、 計画等	保存や活用のための主な手立て			
		単体	面的	動産	無形
古都法 （国交省）	古都における歴史的風土	——	歴史的風土保存区域 特別歴史的風土保存地区		
文化財保護法（文科省・文化庁）	文化財　有形文化財	国宝・重要文化財 登録有形文化財	——	国宝・重要文化財 登録美術品	
	文化財　無形文化財	——	——	——	重要無形文化財 登録無形文化財
	文化財　記念物	特別史跡・史跡、特別名勝・名勝、特別天然記念物・天然記念物 登録記念物			
	文化財　民俗文化財	重要有形民俗文化財 登録有形民俗文化財	——	重要有形民俗文化財 登録有形民俗文化財	重要無形民俗文化財 登録無形民俗文化財
	文化財　文化的景観	（重要な構成要素）	重要文化的景観		
	文化財　伝統的建造物群	（伝統的建造物） （環境物件）	伝統的建造物群保存地区 重要伝統的建造物群保存地区		
	選定保存技術	文化財の保存に欠くことのできない伝統的な技術または技能である文化財の保存技術のうち、保存の措置を講ずる必要があるものを「選定保存技術」として選定			
	埋蔵文化財	開発事業を事前に所定の地方公共団体に届け出るとともに、必要に応じて発掘調査による記録保存等を行う必要がある「周知の埋蔵文化財包蔵地」の特定			
	文化財保護条例	都道府県及び市区町村が条例を定めて指定、登録等を行う文化財 （法第182条第2項及び第3項関連）			
	文化財保存活用大綱	都道府県が作成する文化財の保存及び活用に関する総合的な施策の大綱 （法第183条の2関連）			
	文化財保存活用地域計画	市町村が単独で又は共同して作成する文化財の保存及び活用に関する総合的な計画 （法第183条の3関係）			
景観法 （国交省）	景観計画	景観重要建造物 景観重要樹木	景観計画区域（景観計画重点地区等を定める場合もある） 景観協定区域	——	——
	景観地区	——	景観地区 準景観地区		
歴まち法 （国交省） （文科省） （農水省）	歴史的風致維持向上計画	重点区域（核となる文化財（重要文化財・史跡・名勝・天然記念物・重要伝統的建造物群保存地区文化財とされる建造物の用に供される土地）と一体となって歴史的風致を形成する周辺市街地で重点的に維持向上を図る区域）			
		歴史的風致形成建造物	——		

表1　地域資源の保存や活用に資する主な手立て

※古都法の正式名称は、古都における歴史的風土の保存に関する特別措置法である。古都保存法と呼ばれることもある。

※歴まち法の正式名称は、歴史的風致の維持及び向上に関する法律である。歴史まちづくり法と呼ばれることもある。

※上記の他、国内においては地方公共団体独自の市民遺産認定の取り組みや、各種団体による遺産認定（例：土木学会選奨土木遺産、日本で最も美しい村、日本ジオパークなど）や百選（例：日本の棚田百選、農山漁村の郷土料理百選、日本の名城百選、快水浴場百選など）等がある。

※国際機関の取り組みとして UNESCO（国連教育科学文化機関）による世界遺産、世界無形遺産、世界の記憶（記憶遺産）、生物圏保存地域（ユネスコエコパーク）、ユネスコジオパーク、FAO（国連食糧農業機関）による世界農業遺産等がある。

展とは何か。それを突き詰めた先に文化的景観が見えてくることを、「宇和海狩浜の段畑と農漁村景観」は示唆している。岩山や森林、農地等の一つ一つについては、自然的側面からも、文化的側面からも特徴や特質が見いだせ、環境全体における多面的な機能があるため、全体としてのバランスに配慮しながら保全を図る必要があることを、カルチュラル・ランドスケープは伝えている。「地域資源」という言葉の背景には、自然遺産でも文化遺産でも的確に表すことのできない社会的調和への配慮を求める現代的課題が見られるのである。

　地方創生において何故「観光」に着目されているのか。日本は自然が豊かな国であるから、そして文化が豊かな国であるから、自然と文化に着目すれば、どんな集落でも人をひきつける魅力を持っていると考えられているからである。そうだとしたら、その維持や向上、回復を図るため、観光のあり方もまた、それらを育んできた地域社会にとって合理的であるべきである。

　お手伝いをしながら旅をしてもらう「おてつたび」、雪おろしや雪かきの体験ツアー、ありのままの風景を楽しむ「フットパス」、非日常的な空間や体験で心身を癒やす「リトリート」、自然や文化を活かしたグリーンツーリズム、ブルーツーリズム、フードツーリズム、エコツーリズム、まちじゅう博物館、分散型ホテル等々、地域の魅力を良好な住環境の向上や創出に役立てようとする意欲が、観光の発想を豊かにしている。

　この時、地域資源には「みつけ・みがく」ことと共に、「つくり・育てる」発想があってよい。どちらの場合も、①地域の成り立ちや特徴・特質の理解に基づき、②住民を始めとする関係者が理解し合意でき、③そのための十分な調整が図られている、というまちづくりの基本的な考え方に即していることが肝要である。

　みんなでみつけ、みがき、つくり、育てる。この作業の中で、地域資源に地域共通の思い出が付与され、ローカルアイデンティティが醸成され、地域に共通の遺産としての価値が高まり、この土地で暮らし続けたいと願う人々が育てば、そこには立派な文化的景観が形成されているはずであり、それは国の宝なのである。

　地域資源の特徴や特質を顕彰し、その保全と活用を支援する制度は、表1に示すように、この半世紀で相当の充実を見せている。しかし、調査が十分では

なく特徴や特質の把握に不足があったり、パブリックコメント任せになって地域住民や関係者との協議に不足が生じたり、各制度や計画の間に調整が働かなかったりすると、魅力を損ねる、地域の理解に誤解が生じる、民官の連携協力に支障が生じる、行政の縦割りをまちづくりに持ち込む等の弊害が生じてしまう。

　高等教育機関との連携、地域が定めた自主ルールが事業者に周知・遵守される仕組みの創設、関係部局・関係機関間の十分な調整等により、地域に真剣に取り組む人々の活動を制度が支え、歴史や文化、自然を活かしたその土地ならではのまちづくりが、各地で充実・発展し、観光によって繋がれ、共栄が図られることを期待したい。

　前述の 2018 年の文化財保護法改正では、市町村の教育委員会が文化財保存活用支援団体を指定する制度も新設された。景観法に基づく景観整備機構の指定や、歴史まちづくり法に基づく歴史的風致維持向上法人の指定の仕組み等とも合わせながら、公益に資する各種民間団体がその適性を適所で発揮し、正当な対価を得ながら、地域資源の継承と活用が経済活動の中に組み入れられていくことも期待したいのである。

[注]
1　選定申出は都道府県も行うことができるが、実態上は市区町村のみである。
2　文化的景観の制度の詳細については、文化庁のホームページ（https://www.bunka.go.jp）に掲載される以下の資料を参照されたい。
　・文化庁パンフレット「地域に生きる風土に根ざした暮らしの景観—文化的景観の保護のしくみ」
　・動画：歴史と風土に根ざした暮らしの景観「文化的景観」（①文化的景観とは、②文化的景観の制度、③文化的景観を生かした地域づくり
　制度運用の現状と課題については下間久美子（2022）「文化的景観の挑戦と課題」『造景 2022』建築資料研究所、p.18-25 にまとめている。
3　数値は、中島ゆき「この 15 年で日本の産業構造はどう変わったのか」大正大学地域構造研究所ホームページ（https://chikouken.org/report/report_cat01/9225/）による。
4　世界遺産のカルチュラル・ランドスケープは、意匠された景観、有機的に進化する景観（残存する景観、継続する景観）、関連する景観の 3 つのカテゴリーに分類されている。日本では、有機的に進化する景観（継続する景観）以外のものは、史跡や名勝として保護されている。

[引用・参考文献]

永田恵十郎・七戸長生編集、永田恵十郎執筆（1988）『食料・農業問題全集第 18 巻地域資源の国民的利用—新しい視座を定めるために』農山漁村文化協会

歴史文化遺産の保全・継承を支える自治体独自の枠組みづくり

藤岡麻理子

① 歴史や文化に根ざした地域づくりとは

　その土地ならではの歴史、文化に根ざし、それらを活かしながら地域づくりを進めていく歴史を活かしたまちづくりの考え方は、今日では制度整備も進み、広く普及している。しかし、地域の歴史や文化——継承されてきたものとして歴史文化遺産とする——とは具体的にどのようなものを指すのだろうか。また、それらに根ざし、活かすとはどういうことなのだろうか。歴史文化遺産の指すところは固定的なものではない。地域の中で歴史的、文化的観点において大切な意味をもつものをどのように捉え、意義づけるかは、時代の中で変わり、柔軟性と広がりをもつようになってきた。それらを活かす方法もまた多様になり、幅が広がっている。そして、そうした広がりと深まりに応じるため、歴史文化遺産を保全し継承するための仕組みも発展してきている。特に昨今は国の制度に加え、地域性に応じた独自の仕組みを設ける自治体が徐々に増えつつある。

　本章では、まず、文化財から地域の多様な歴史文化の現れへと、地域の歴史文化遺産の捉え方が展開してきた流れを整理する。そのうえで、歴史文化遺産の保全・継承に関わる自治体独自の制度や取り組みを紹介し、歴史文化遺産を次世代に引き継ぐための仕組みづくりやその意義について考えたい。地域らしさや地域の魅力の根源であり、人と人、人と地域をつなぐ歴史文化遺産は観光まちづくりのカギとなるもののひとつである。

②歴史文化遺産の範疇の広がり

| 1 | 「文化財」の広がり

　歴史文化遺産としてまず思い浮かぶものに文化財がある。中でも、文化財保護法に基づく指定・登録等をうけているものは大切にすべきものとして共通認識をもらやすい。しかし、「文化財」の考え方自体は固定的なものではなく、時代をへる中で広がってきた。

　社寺が保有する宝物等の保存から始まった日本の文化財保護は、戦前そして1950年に文化財保護法が制定された後もその対象を拡充させてきた。文化財保護法は芸術上、学術上価値の高いものを厳選して重点的に保護する仕組みを備え、当初は、有形文化財、無形文化財、史跡名勝天然記念物の3区分で文化財が定義されていた。その後、1954年には民俗資料が文化財の一種別として独立するとともに無形のものも含むようになり、1975年には民俗文化財と改称されている。同年の文化財保護法改正では、さらに集落や町並みを対象とする伝統的建造物群保存地区が一種別として加えられた。人間の暮らし方と密接に関わる民俗文化財や集落・町並みは、社会変化や生活習慣、価値観の変化の影響をうけやすい。成長の時代に失われつつあるものを守ることをひとつの目的とした文化財種別の拡充といえる。

　1996年には特に近代の建築物を念頭においた登録文化財制度が導入された。土木構造物が文化財保護の対象として明記されるようになったのもこの時である。2004年にはユネスコ世界遺産条約の影響も受け、文化的景観制度が導入され、その土地の風土の中で人々が生活や生業を営むことで育まれてきた景観地が文化財として位置づけられた。

　流れを大きく捉えれば、社寺や城郭を含め、歴史の教科書に載っているようなものや遠い過去につくられた宝物・遺物等を主にみていた文化財の捉え方は、人々が今も日常を営む場や現代を築き上げてきた技術や創造の発展の現れなどをも含むようになり、より身近なものへ目を向けるようになっている。無形文化財と無形民俗文化財について2021年に登録制度が導入されたこともまた、生活文化に目を向けるという趣旨をもつ。

│2│ 歴史文化遺産を総合的に把握し、地域づくりに活かす

　このように文化財の概念が徐々に拡充されてきた一方、2000年代以降、「文化財」の枠をこえて、地域の歴史文化遺産への視野が広がっている。人口減少・高齢化に伴う地域の活力の低下も背景とし、地域の歴史や文化を地域の視点で見直し、文化財指定等の有無にかかわらず、固有の歴史文化遺産をその周辺環境も含めて総合的に捉え、地域づくりに活かしながら継承していくという考え方が浸透してきた。2007年に文化審議会企画調査会で提唱された歴史文化基本構想、2008年に制定された地域の歴史的風致の維持及び向上に関する法律（歴史まちづくり法）、2018年に文化財保護法改正により導入された文化財保存活用地域計画は、それぞれ性格が異なるもののこの考え方が基本にあり、大きくは同じ方向性をもつ。いずれにおいても地域と人が中心になることから、

従来はほぼ別々に扱われていた有形文化財と無形文化財の関係性への意識も高まり、一体的に捉えるという見方も浸透した。多様な歴史的文化的要素をその関係性を含めてつかもうとする中で、点的保存から面的保全へと展開してきた歴史文化遺産の保全・継承は、点と面をつなぎながら地域に物語をよむ、という視野をもつようになっている。

　この流れの中で歴史文化遺産を公的に位置づける手段も広がっている。歴史的建造物に関しては文化財保護制度以外に、景観重要建造物（景観法）、歴史的風致形成建造物（歴史まちづくり法）の制度が

図1　文化財保存活用地域計画のパンフレット（文化庁）

導入され、その保全に国庫補助を活用できる仕組みが設けられた。

　地域の多様な文化財とまちづくりの近接性は、文化財保存活用地域計画のパンフレットにも表れている（図1）。各文化財種別を象徴するような絵がまちからむらまで多様な空間の中に描かれているが、あわせて、様々な人々の様々な営みが描かれている。こうした日常の暮らしは従来の文化財関連のパンフレットにはほぼみられず、歴史文化を担う地域と人々が強く意識されるようになったことか読み取れる。

③ 地域性に応じた自治体独自の取り組み

| 1 | 歴史文化遺産の保全・継承のための
自治体独自の取り組みの広がり

　国の制度が徐々に拡充されていく中、一部自治体では歴史文化遺産の保全・継承に関わる独自の仕組みを創り出してきた。独自の仕組みのニーズが既存の国の制度では対応しがたい場面で生まれることを考えれば、そうした自治体の取り組みには、既存の仕組みの限界のほか、歴史文化遺産の捉え方や意義づけの視点の広がりが映し出されている。

　たとえば、伝建地区制度創設に先んじ、金沢市や倉敷市などの自治体が条例により歴史的環境が残る地区を保全対象として指定できる仕組みを設けたことはよく知られているが、それは町並みに関わる地域性への対応であるとともに、面的な歴史文化遺産という新たな文化財種別へのニーズであったともいえるだろう。

　一方、今日見られるのは、地域の人々にとって大切な、そして地域性を伝えるより身近な歴史や文化、自然の資産に目を向け、あるいは掘り起こし、地域づくりに活かしていこうという動きである。歴史文化遺産の捉え方が柔軟性を増し、その範疇を広げていくのに伴い、地域的な価値や地域の人々の目線や営みに対応できる仕組が必要となっている。そのため、既存の制度では価値づけや支援が難しいモノやコトをすくいあげ、持続させるための仕組みが工夫されるようになってきた。

｜2｜自治体独自の仕組みの設置状況

　では、どれほどの自治体が歴史文化遺産に関する独自の仕組みをもつのだろうか。根拠となる規範や対象となる歴史文化遺産など、仕組みの枠組みの多様さもあり、全国的な状況は正確には把握されていないと考えられるが、筆者らが2019年に、歴史まちづくり法に基づき歴史的風致維持向上計画の認定を受けている78市町村（件数は当時）に対して行ったアンケート調査では、16市町が歴史文化遺産の指定等を行う独自の仕組みをもつと回答した（藤岡・中西、2020）。京都市や金沢市、松本市など、複数の独自制度をもつ市町もある。対象に対する意義づけの視点は画一ではなく、景観施策の一環として歴史や文化、自然に関わる資源を指定するもの、地域の人々が大切なものと判断した事物を指定するもの、地域を特色づける建築物等を指定するものなどそれぞれである。

　仕組みの根拠づけ方も、景観や歴史的環境保全に関する条例で定める、歴史的建造物等の指定等を行う独立した制度として条例や要綱により定める、計画や構想に位置づけるなど、各々の手法がみられる。対象としては、近代建築や町家をもっぱら対象とするものを含め歴史的建造物を扱うもの、あるいは歴史文化遺産全般を扱うものが多い。2000年以降に創設された仕組みが半数以上であり、さらにその大方が2010年代以降に開始されている。国の関連施策は21世紀に入り拡充してきたが、自治体における独自制度の広がりもまた途上にある。

　なお、歴史的風致維持向上計画の策定の有無にかかわらず、景観施策として歴史文化資源を含む景観資源の指定等の制度を設ける市町村は多い。筆者らが2020年に全国の自治体の景観条例を調査した中では、2020年3月末時点で100弱の自治体に関連制度がみられた（当時、景観行政団体は都道府県42団体を含め759団体）。ただし、景観条例による独自制度は対象も運用実態も多様である。景観形成上重要な建造物をもっぱら対象とするものもあれば、建造物、樹木、風景、眺望点等を包括的に景観資源や景観資産として扱うものもある。制度の活用状況も各々異なり、100件以上が指定されている例もあれば、運用実績がない例もみられる。

　建造物をもっぱらの対象とする制度は、景観法に基づく法委任条例に先行する景観自主条例時代の指定制度を引き継いでいると考えられるものも多く、ま

た保存・修復等への経費補助制度や技術支援制度を備えているものもみられる。一方、市民が愛着をもつ地域の風景やそうした風景を生み出す要素を認定する制度の場合、市民からの推薦が可能なものが多いが、必ずしも支援制度が伴うわけではない。中には、前者の行政による指定制度と後者の市民発意の制度を併存させる市町村もある。このような市民の推薦に基づく、厳しい行為制限を伴わない登録制度は、まちづくりへの市民参加を図るものであるとともに、景観保全の対象の拡大を図るものともみることができる。

| 3 | 自治体独自の取り組みの事例

　歴史文化遺産に関する自治体独自の仕組みは、上述のように対象や機能、位置づけ方が各々異なる。ここでは、地域の歴史文化遺産を種別にかかわらず掘り起こす取り組み、歴史的建造物に特化した取り組み、生業・産業の継承に関わる取り組みを取り上げ、事例をみていきたい。

住民が主体となった地域資源の掘り起こしと認定

　2000年代からよく耳目にふれるようになった「文化財の総合的把握」は、指定の有無や種別にかかわらず地域の多様な歴史的文化的要素をその周辺環境や相互関係を含めてすくいあげ、保全・継承を図ろうというものである。この活動を地域住民の目線で行い、地域の宝として公に認定する取り組みとして、萩市のまちじゅう博物館、太宰府市の市民遺産、遠野市の遠野遺産などがよく知られてきた[注1]。

　一方、先述の2000年代の国の仕組みの拡充をきっかけに、独自の制度を起こす自治体もみられる。

　松本市では、まつもと文化遺産認定制度が歴史文化基本構想の策定をへて2018年に創設された。歴史文化基本構想は、地域に存在する複数の歴史文化遺産を一定のテーマのもとでつなぎ、関連文化財群としてまとめて捉える考え方を打ち出している。こうした計画や構想の策定はコンサルタント等へ外部委託する例も多いが、松本市では、公民館活動が盛んという特性のもと、市内35地区の地区公民館ごとに、歴史文化遺産を掘り起こすための悉皆調査と関連文化財群の設定が進められた。まつもと文化遺産認定制度は、この関連文化財群のうち保存活用団体により保存・活用されているものを一定の基準に基づ

き認定する仕組みであり、国の仕組みをベースにした独自制度となっている。

　認定要件には、保存活用団体による事業がまちづくりや地域活性化に寄与することや、担い手の育成等への配慮があり保存・活用の継続性が期待できることなどが含まれ、地域社会の持続性が問われるものともなっている。保存活用団体の事業で地域づくりに資するものについては補助金の用意もある。

　地域住民の主観に基づき歴史文化遺産を捉え、保存活用を進めていくことは、歴史文化遺産の的確な把握につながる一方、その担い手を地域の中に必要とする。地域発の価値観を認定し支援する制度には、地域の活動とその担い手の持続性を支える機能をもつことも期待される。

歴史的建造物の保全・継承を支援する

　歴史文化遺産の中でも歴史的建造物をもっぱら対象とした仕組みも多い。横浜市が歴史を生かしたまちづくり要綱（1988）の策定により導入した歴史的建造物の認定制度など、全国的にみて早期開始のものもあるが、ここでは比較的新しい取り組みをみていく。

　島根県松江市は、2016年に歴史的建造物の保全継承及び活用の推進に関する条例を制定し、松江市登録歴史的建造物制度を創設している。おおむね建築基準法が制定された1950年までに建てられた、歴史的な町並みを形成している建築物と工作物で、歴史的風致維持向上計画重点区域5区域のうち歴史的町並みが残る3区域内に立地するもの、または国登録有形文化財が対象となる。登録に際し、所有者と市の間で10年間の保全契約を結び、そのもとで助成が行われ、所有者には適切な維持管理や現状変更等に際する届け出のほか、外観の見学や内部の公開も求められる。

　市担当部局によれば、制度創設のきっかけは歴史ある造り酒屋の廃業による取り壊しなども含め、歴史的町並みが崩れていくことへの危機感と、天守だけではなく、城全体、町全体を大切にするようにという松江城調査研究に際した専門家からの助言だったという[注2]。歴史的建造物の悉皆調査が行われ、外観調査から900件以上の歴史的建造物が確認され、詳細調査をへて登録候補が抽出されている。現在は公募もされており、年2〜3件の応募があるという。予算上の制約もある中、エリア間のバランスや、各エリア内で登録物件が線的または面的につながること、まち歩きや一斉公開等のイベントのしやすさなども

図2 松江市登録歴史的建造物として登録されている
旧料亭の建物

意識し、登録が進められている。守ることと活かすことが共にあることがわかる（図2）。

独自制度創設の背景には、既存の仕組みが必要に見合わなかったことがある。国登録文化財は規制は緩やかであっても学術的な評価を求められ、また登録されても修理事業の工事費は国庫補助の対象外である。景観重要建造物の場合、指定は景観形成上の価値に基づくため、学術的観点からの価値づけは必ずしも必要としないが、現状変更が許可制であり所有者の負担感が大きいと捉えられている。こうしたことを背景に、登録文化財建造物とその他の歴史的価値の高い建造物を支援できる仕組みとして制度が設計された。ただし、歴史的風致形成建造物制度は活用されており、寺社仏閣や橋梁、人工河川などが指定候補には含まれている。これらは市の登録制度の対象には入っておらず、建物の種類や用途等によって両制度が使い分けられている。

このように松江市は文化財や景観の条例とは異なる独立した条例のもとで歴史的建造物に関する制度を設けているが、独自の仕組みの根拠規定は自治体ごとに異なる。名古屋市は歴史まちづくり戦略を策定した2011年、都市景観条例を改正し、歴史的建造物を地域の資産として保存・活用することを支援する仕組みを組み込んでいる。築50年以上の歴史的・文化的価値をもつ建造物を広くリスティングする登録地域建造物資産と現状変更の届出義務を伴う認定地域建造物資産の2段階の仕組みであり、認定制度の対象には技術的支援のほか工事費の支援がある。景観自主条例時代から続く都市景観重要建築物の指定制度については、昨今は新規指定はないものの、すでに指定をうけているものが景観法に基づく景観重要建造物に指定されている例がみられる。

松本市は文化財保護条例を改正することで、2019年に市登録文化財制度を設けている。同市では2011年に歴史的風致維持向上計画を策定し、その重点区域内に立地する近代の建築物のうち一定の基準を満たすものの登録を2016

図3　松本市近代遺産に登録されている薬局
　　　（2017年登録）

図4　弘前市中心部の町並み
一番右：元時計店（2018年廃業）。2008年に趣の
ある建物、2021年に歴史的風致形成建造物に指
定。一番左：老舗の和菓子屋。2009年に趣のあ
る建物、2019年に景観重要建造物に指定。

年より開始し、2017年には近代遺産登録要綱を定めていた。しかし、登録さ
れた建築物への補助制度がなかったことから、市登録文化財制度はその点に対
応し、修繕への補助制度を設け、要件を満たした近代遺産を登録、支援できる
ようにしている（図3）。実際、近代遺産制度については登録後に除却される例
も出ており、維持管理のために登録後も所有者に寄り添うこと、残すことの意
義を広く浸透させることなど、継続的なフォローの必要性が指摘されている
（松本市、2022）。

　独自の仕組みによる指定に国の仕組みに基づく指定をかぶせ、支援手段を確
保する自治体もある。弘前市の場合、2008年と2009年に歴史資源の対外的
PRと市民の意識啓発を目的に「趣のある建物」として、歴史的建造物の指定
を行っていた（図4）。対象は築後50年を経過した建築物である。歴史的な町
並みの雰囲気を醸し出している、時代の生活文化が感じられる、由緒・由来が
ある、建築文化を物語る特徴をもつ、地域のシンボルとして親しまれている、
といった選定基準には、学術的価値よりも地域らしさに基づき価値を捉える姿
勢が窺われる。指定は公的支援を伴わず、所有者にとってのメリットが課題と
なっていたが、今日では歴史的風致形成建造物や景観重要建造物への指定を進
め、国の補助金を得ながら保全を図っていくことが検討されている。

地域の生業を記憶し、継承する

　固有の歴史文化や地域性は生業や産業にも現れる。そうしたその土地の風土

図5　小田原市街かど博物館に認定されている薬局

や歴史を背景とする営みの継承を図る取り組みも各所でみられる。

　神奈川県小田原市は近世には城下町かつ東海道の宿場町として栄えたまちである。相模湾に面し、背後には箱根の山々が控える立地から、水産加工業、農産物加工業、木材を活かした伝統工芸など多様な地場産業が営まれてきた。多くの人が行き交う宿場町であり、工芸技術の職人を有する城下町であったことも、こうした産業や生業が育った背景にはある。

　小田原市は、そうした歴史と地勢を背景とする地場産業の魅力を見直し、活性化を図るとともに、観光に活かそうと意図し、1998年に街かど博物館事業を開始した。古くからの産業文化を現代に伝えるもので、店主らがその歴史や産業の成り立ち、周辺地域について語ることのできる店舗や工場等を認定する仕組みである。菓子と蒲鉾の老舗3店舗から始まり、建物改装への補助も出しながら、認定数を増やしていった。廃業により認定から外れたものもあるが、2023年3月時点で17の街かど博物館が存在する。登録文化財の建物を含め、歴史ある建物を維持している店舗も複数ある（図5）。一部施設では建物内部を公開するだけでなく、ものづくり体験も行われている。パンフレットには記念品付きスタンプラリーがついており、まちの中での回遊性を高めようとする意図も読み取れる。当初は市の事業であったが、現在は街かど博物館館長連絡協議会が組織され、市担当課を事務局として、認定を含め運営を担っている。産業と観光の振興を目的として始まった事業であるが、結果として、地域の歴史文化に新たな位置づけを与え、生業とそれが行われる場を市内外の人々に知ってもらい、継承していくことを支援する取り組みになっている。

　青森県黒石市では、2013年から「小さなまちかど博物館」の取り組みを開始している。生業やものづくりの技術、歴史的資料、古くからの建物・景観などを土地固有の文化と捉え、それらを今日まで引き継ぐ建物等を認定し、訪問

者を受け入れている。中心市街地活性化基本計画では観光振興と交流人口増加に必要な事業と位置づけており、市観光部局が発行するパンフレットには、テーマを設定してまちかど博物館をめぐるまち歩きコースが複数紹介されている。

図6　まちかど博物館となっている亀山市関宿地区の老舗茶舗　通りに向けても古道具を展示している。

　三重県でも「まちかど博物館」事業が県内で広く行われており、伝統工芸や手仕事、個人のコレクション、歴史ある建物等にふれることができる場として、個人宅や仕事場の一角、店舗が公開されている。1993年に伊勢市で始まった取り組みが最初であるが、その後、県による推進事業をへて、現在では県内11の地域で「まちかど博物館」が運営されている。2022年末時点で400館を超える参加がある。ホームページでも通常の観光施設ではないことを明示しており、身近な文化や個人個人にとって大切なものの共有を通し、地域づくりを進めていく側面が強い（図6）。

　以上のいずれの取り組みも、保全を第一義の目的としているわけではない。しかし、個人の暮らしや仕事の場を開き、その土地で続いてきた文化や歴史を内外の人々に知ってもらい、地域の文脈に位置づけることは、結果としてその継承につながると考えられる。

④ 歴史文化遺産に関する独自の枠組みをもつことの意義

　歴史文化遺産に関し、独自制度の設置を含め、自治体が独自の取り組みを行うことの意義を最後に考えたい。

　地域を特徴づける歴史文化遺産とその残り方、さらには地域の社会経済状況や将来ビジョンは地域ごとに異なる。それは、歴史文化遺産を守り、活かすために必要な仕組みやその有効な使い方も異なることを意味する。地域のすがた

が多様であり歴史文化遺産が土地に根ざすものだからこそ、国の制度、事業等のツールを自治体が横並びに運用するのではなく、地域性に合わせた制度の選択や運用が必要であり、また地域の状況が求めればさらに独自の仕組みを設けることも考えられるだろう。地域の将来像を地域で描き、そのもとで、国の制度や事業の運用を内包するような独自の制度的枠組みをもつことが必要といえる。その際、文化財、景観、産業振興、観光等の関連領域それぞれの取り組みに横串をさすことができるような体系も考える必要がある。

　また、これからの観光まちづくりでは初めから普遍的に価値が認められるものばかりではなく、個々の人や個々の地域に目を向け、"小さな"思いや"小さな"価値を尊重することがより大切になってくる。土地ならではの多様な個性が集合するまちには深みのある魅力があるし、個が大切にされない地域は持続的たりえない。"小さく"ても大切なものが尊重されるよう基盤を整えることは、公的な仕組みの重要な役割のひとつである。そして地域で何を大切にするのかは地域の将来像とも関わることを考えれば、そうした仕組みを地域でデザインすることの意義は大きい。

[注]

1　萩市では 2003 年に萩まちじゅう博物館構想、2004 年に萩まちじゅう博物館条例を、太宰府市では 2005 年に太宰府市文化財保存活用計画、2010 年に太宰府の景観と市民遺産を守り育てる条例を、遠野市では 2007 年に遠野遺産認定条例を定め、仕組みを整えている。いずれも、掘り起こした地域の宝を育む市民の活動を支援する仕組みも備える。

2　筆者らが 2023 年 2 月に市担当部局に対して実施した調査による。

[引用・参考文献]

小田原市経済部商業振興課（2023）「街かど博物館ガイドマップ」

黒石市商工観光課観光課（2019）「黒石市小さなまちかど博物館ガイドマップ」

名古屋市（2014）『名古屋市歴史的風致維持向上計画』

弘前市（2019）『弘前市歴史的風致維持向上計画（第 2 期）』

松江市（2016）「松江市歴史的建造物の保全継承及び活用の推進に関する基本方針」

松本市（2019）『松本市文化財保存活用地域計画』

松本市（2022）「令和 4 年度第 1 回松本市歴史的風致維持向上協議会議事録」
　　https://www.city.matsumoto.nagano.jp/soshiki/87/69513.html

三重県まちかど博物館ホームページ　https://www.bunka.pref.mie.lg.jp/matikado/

藤岡麻理子・中西正彦（2020）「市町村における歴史まちづくりの取組み状況と展開要件に関する研究」
　　『都市計画論文集』Vol.55、No.3、pp.1409-1416

第3章

都市自然における地域文脈の読み取りと継承

下村彰男・劉銘

　観光まちづくりを進めるうえで、都市における自然や緑地も重要な要素である。伝統的な庭園や都心の広い公園のように資源として注目される側面もあれば、観光やまちづくりの舞台あるいは手がかりとして重要な役割を担う側面もある。そして近年、自然や緑地に対する認識や価値観が変化してきており、その保全や整備などの取り扱いに関する考え方も変化してきている。そこで本節では、都市やまちにおける自然や公園緑地（都市自然）の観光まちづくりに果たす役割や今後の取り扱いについて考えてみたい。

1 様々な都市自然

　都市自然（都市やまちにおける自然や公園緑地）と言っても、路傍の草花や水路の小動物から、都市立地の基盤である地形や水系まで、様々なスケール、タイプのものがある。それらの中で、観光まちづくりを進めるうえで留意すべき都市自然は2つに大別され、地形・水系等の①基盤としての都市自然と、公園、緑地、個人庭園等の②土地利用としての都市自然、がある。

　この両者は、観光まちづくりを進めるうえでの資源や舞台といった空間的側面での地域個性、ひいては地域の自然と人々の営みとの関係を考えていくうえで重要な手がかりを与えてくれるものである。

|1| 基盤としての都市自然：地形・水系等

　TV番組の「ブラタモリ」でも注目されているように、地形や水系と都市やまちの歴史とは深い関係を有している。都市やまちが成立するその基盤として

図1 三方を囲む山々と中央を流れる河川が京都の風致を規定している

図2 小高い台地上の城から見た広く広がる低地と複数の運河、遠望の山が形成する大阪の風致

の地形・水系は、中心地と周縁あるいは集落や農地などの土地利用のあり方に強く影響し、都市の歴史的な展開を左右する要因となる。

たとえば、日本の代表的な都市である、東京、京都、大阪では、基盤である地形・水系の構造は大きく異なっており、そのことが都市の営みの歴史と結びつき、それぞれの都市の構造や広がりの差異となって現れている。

いささか乱暴に特徴を比較すると、三方を山に囲まれた山背盆地に立地し水資源に富む京都は、風致に恵まれ適度な規模感を有しており、古くからの歴史を背景に芸術や学問、工芸に優れた都市として発展した（図1）。また大阪は、適度な台地を有し治水と埋め立てによって広い平地を確保したことで、海外にも開かれた海を活用して経済の中心地として繁栄した（図2）。そして江戸・東京は東に広い低地を、西に台地から山地を有し、両者の境界域に中心地を配して、100万人の人口を擁した政治の中心都市として広域に展開してきた。

しかしながら近代以降、都市化が進展し建造物が増加し高層化する中で、こうした基盤としての地形・水系は見えにくくなり、認識が難しくなってきた。特に20mくらいまでの高低差や、中小規模の河川や水路は都市化の過程で消滅したり見えなくなったりして、都市やまちがどのような地形基盤のうえに成立しているのか、認識する機会は少なくなってしまった。

|2| 土地利用としての都市自然：公園、緑地、個人庭園

都市における自然や「みどり」として実感され都市の性格や印象に影響する

のは、公園や緑地など土地利用としての都市自然である。都市やまちの中心部にある広い公園や残されてきた伝統的な日本庭園などは、観光資源としても重要であるし、都市のシンボルとして、観光まちづくりに際しても重要な資源として位置づけられる。また、通りを歩いている時に目にする街路樹、斜面地や庭の緑なども、居住や滞在・滞留に際して都市の印象を規定する重要な要素でもある。

こうした土地利用としての都市自然は、近代において都市の人工物化が進展する過程で貴重な緑地として保全されるとともに、住民に自然と接する機会を公平に提供することに主眼を置いて整備が進められてきた。つまり近代化の過程では、都市自然は保全と整備による緑地の確保が課題とされ、囲い込まれた均質な「みどり」のオアシスとして、行政により近隣住区論にもとづいた量的目標が設定され一定の基準に則って整備が進められてきた。その結果、どこへ行っても同様の「みどり」があるという状況がもたらされた。

しかしながら 2000 年代以降、地域の個性が重視され、土地や地域の文脈への関心が高くなって、都市自然についても社会・文化的側面への認識が高まってきた。そして、単に量的な確保だけでなく、地域の特性や歴史を再認識したり洗練したりする手がかりとして、あるいはコミュニティの再構築や自立を支援したりする「地域資源」として注目されるようになってきた。

地域の文脈を都市自然から読み取り、樹種選択やデザインを通して地域個性を演出することも試みられるようになっているし、公園はもとより都心部で増加している公開空地などの植栽空間において、地域らしさあるいは日本らしさをデザインすることの重要性も指摘されるようになってきた。

②地域の自然的・歴史的文脈と都市自然

都市自然の形態や風景には、その場所における人と自然との関係の歴史が刻み込まれており、都市自然を注意深く見ることで、地域の個性や文化を読み取ることができる。こうした人との相互作用が生み出した都市自然の文化性や歴史性は、残された伝統的緑地、並木等の樹種、道路線形、坂や緑地の名称等々

に色濃く見出すことができる。今後は、このような都市自然を地域資源として認識し活用することが求められるようになると考えている。

|1| 都市自然から地域の文脈が読み取れる事例

　ここでは、多様な地形を有する東京における幾つかの事例を紹介しながら、都市自然がどのような形式で地域情報を内包するのかについて考えてみたい。東京都は、図3に示すように、東西に貫く多摩川に沿って、山地域、丘陵域、台地域、低地域とつらなっている。そして、変化に富んだ地形の状況に応じて様々な人の営みが展開し、各地の都市自然に歴史の記憶を蓄積してきた。

低地域（下町）の自然に刻まれた地域の歴史

　地域によっては植栽された樹種に偏りがあり、その樹種が地域の歴史や自然条件を物語る場合がある。たとえば、東京の下町（低地域）では街路樹や公園植栽として、プラタナスが多く用いられている（図4）。これは、明治・大正期に都市の欧風らしさを演出する樹種として好まれたこと、そして関東大震災での火災による大きな被害をうけた低地部において、延焼防止を目的として、生長の早さや葉量の多さから街路や公園等に植栽された歴史を示している。このように、家屋やビルが集積する低地部では土地利用の変化や災害等により、整備された都市自然が多く、その植栽樹種にも時代的な流行（関心）や歴史の記

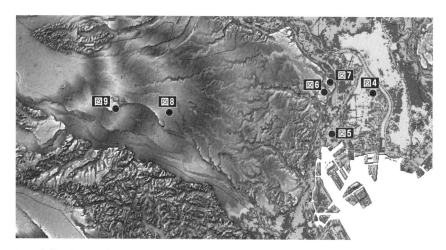

図3　起伏に富んだ東京の地形（出典：「KASHIMIR 3D」により作成）

図4　平地域の植栽樹種に災害の歴史を止めている（下町のプラタナス）

図5　平地域の街路や緑道の線形や名称に河川であった記憶をとどめている（築地川公園）

図6　境界域の大名屋敷庭園が大学の緑地として記憶をとどめている（東京大学育徳園：三四郎池）

図7　境界域の台地上に継承されている近代技術の象徴（上野公園竹の台広場噴水）

図8　長く続く「みどり」の風景として郊外台地上に残されている新田開発の記憶（吉祥寺住宅地）

図9　段丘崖線下の歴史的な風致を構成する「みどり」や水路（国分寺お鷹の道）

憶をとどめているものがある。

　また、近代以降、小河川が埋め立てられるなどして姿を消したものの、その河道が、街路や歩行者道の線形に残されているケースも少なくない（図5）。

境界域に残された自然が示す地域の歴史

　低地部と台地部との境界域には斜面を中心に古くから残されている都市自然が少なからず存在する。特に東京の場合には地形が入り組んでおり、大名屋敷や社寺等において境界域の高低差を活用した庭園等の土地利用が行われていた。その際、斜面は緑地として活用され、それが現在、公園や学校等の敷地の中に残され、近世の土地利用の記憶をとどめているものがある（図6）。また、こうした斜面地を挟んで、江戸期の名所であったところがあり、季節の花の名所として現代の公園でも活かされ人々を魅了しているところもある（下村、2016）。

　そのほか、上野竹の台広場の噴水は、境界域の地形を活用して諸施設を配しつつ開催された明治初期の内国勧業博覧会の名残であり、台地上で水を噴き上げる近代技術の象徴であった歴史の一コマを継承するものである（図7）。

近郊台地上の土地利用の記憶をとどめる都市自然

　図8は、東京の住宅地の庭木が創出する「みどり」の風景である。延々と続く道路に沿って線状の「みどり」を形成している。この周辺には、こうした長く続く道路が平行して何本も走っており、その道路沿いに線状の緑が形成されている。これは、近世期（17世紀）の新田開発の名残である。近世期、世界有数の大都市であった江戸を支えるために江戸近郊に広がる台地上に水路が開削され、短冊状に農地が開発された。近代になり、人口が急増する過程で住宅地開発が急激に進み、従前の新田集落の区画がそのまま活用され、現在の街区にもその風景が残されている（下村、2017）。このように住宅の「みどり」にも地域文脈を示すものがある。

郊外河岸段丘崖の活用が読み取れる都市自然

　一方、台地から多摩川へ下る河岸段丘の崖線下は、湧水があり古くから集落が展開していた。主要な湧水点には神社が立地して護られ、そこから延びる水路を基軸として集落が構成されていた。10 ～ 20 mの高さの崖線には落葉広葉樹を中心とした二次的森林があり、集落の背景として、崖線沿いの歴史的風致を構成する重要な要素となっている。近年では、こうした崖線の緑地や水路、

それに沿った小径が散策コースとして整備され、多くの人々のレクリエーションの用に供されている（図9）。

| 2 | 地域の文脈を混乱させている事例

　このように、地形・水系に自然合理的に対応していた人々の営みの歴史が刻まれた都市自然がある一方で、近代以降の建設技術に任せて整備された都市自然の中には、土地の自然的、歴史的文脈を混乱させるものもある。

　たとえば、図10は、陸域の植栽と淡水の池が整備されたどこにでもある普通の公園であるが、この公園の立地は海域の埋立地である。しかしながら、この公園に行っても、かつてこの場所が海であったことや、国際港として整備した人々の努力を気づかせるものはなく、この場所に積層した記憶を消してしまう整備となっている。均質な「みどり」を標準的に整備し、人々に公平に提供するという方針での整備の場合、こうした状況が生じることになる（下村、2015）。

　また図11は、元来、城の外堀であったエリアが再開発され、その公開空地の部分に整備された水の施設である。風景としては緩やかに流れる河川を思わせ、美しく整えられているものの、この場所が堀であり、近世には運河として活用されていたという歴史に思いを馳せることはできない。

　今後、都市自然を地域資源として活用するには、地域文脈の読み取り・継承への慎重な配慮が課題となると考えられる。

図10　海であった地域文脈を混乱させる淡水と陸域樹種による「普通の」公園

図11　河川の中流域を想起させ、堀・運河・河岸であった地域文脈を混乱させる水景整備

③ 都市自然にみる日本らしさ (和風) について

多くの外国の人々が日本に来訪する今日、日本らしさや和風を感じさせる演出について考えることの重要性も高まっている。そうした状況の中で、伝統的な日本庭園は観光資源として注目され、現代における特別な都市自然と見なされている。しかし、伝統的な日本庭園は単に資源として注目されるだけでなく、その土地の自然および歴史文脈を読み取ることもできるし、都心域や町並み等において日本らしさや和風を演出する際に、日本庭園の風景づくりの手法や技法は重要な示唆を与えてくれる。

|1| 地域文脈としての日本庭園

伝統的な庭園 (以下、日本庭園) は、見晴らしの良い台地上、傾斜地、川が海に注ぐ三角地帯、湧水地など、自然環境が特徴的な場所に立地することが多く、その地形本来の特徴を生かし強調して風景をつくり出している。たとえば東京文京区にある小石川後楽園は、小石川台地の先端にあり、その地形起伏に従っ

図12 地形の起伏を活かした小石川後楽園の風景

た園内の高低差を活用して、特徴的な俯瞰景をつくり出している (図12)。また、日本庭園は都市の歴史文脈と繋がっているし、都市に個性を付与している。茨城県水戸市にある日本三大名園の1つである偕楽園は、3000を超える梅を誇り、毎年2月に盛大な梅まつりが行われる。その膨大な数の梅の木を植えた理由は、偕楽園を計画した斉昭公が生来梅を愛したことに加え、水戸藩の軍用梅干しの確保のためであったことが知られている。この壮大な梅林の風景は、水戸藩の軍事的な強さをも示すものと言える。梅は偕楽園のシンボルであるとともに、水戸市

の自然的なシンボルでもあり、1973年に水戸市の市の木として指定されている。

このように、日本庭園の風景からは、土地本来の特徴や地域の歴史を知ることができる。近年、地元の人々をボランティアとして募集し、来訪者に日本庭園の風景や関連する地域の歴史を解説する事例が増えており、日本庭園は将来的にまちづくりの拠点として機能することが期待されている。

| 2 | 日本庭園の空間づくりの手法

近年、情報のグローバル化やインバウンド観光の進展に伴い、日本の伝統文化がますます注目されている。そして都市空間における都市自然にも、日本ならでは（和風）を感じさせるデザインや演出に対する期待が高まっている。こうした現代の都市自然に日本らしさ（和風）を付与するうえで、日本庭園における風景づくりの手法から学ぶべきことは多い。ここでは、江戸時代における庭づくりの教科書ともいうべき『築山庭造伝（前篇・後篇）』[注1]から、和風の風景づくりに参考となる点を整理してみたい。

主役を過度に目立たせない

日本庭園の構成要素としては石、植物、山、流れ・池、人工造形物（石灯篭・手水鉢等）、建物（東屋・茶室）、敷地（砂・飛び石）、垣等が挙げられる。これらの要素には、それぞれに固有の「役」があり、その中で「主」と「副」についても設定されている。そして西洋庭園では、風景の主役といえる彫像・噴水などを大きく目立つように設置するが、日本庭園では、主役を単独で目立たせることは好まれない。いくつかの副役の要素と組み合わせて、風景を形成する（図13）。「主」と「副」は、大きさ・色・素材などにおいて異なっており、コントラストと調和がとれた自然な風景を演出することが、日本的な風景づくりの重要なポイ

図13 『築山庭園伝（後篇）』における景物の作例の1つ（出典：上原1969、p.59）

ントの1つだといえる。

要素や空間相互の繋がりをつくり出す

　そして景物と景物、空間と空間の「繋がり」をつくり出すことも重要である。たとえば広大な敷地を有する大名庭園では、「水」で空間を繋いでゆくことが基本である。滝から水が落ち、流れとなり、庭園のいくつかの空間を通って、海を象徴する池に注ぐ。枯山水庭園においても同様であり、水が見えなくとも滝や河川を想起させる風景がつくられている（上原1970：37）。

見え隠れを演出する

　また、日本庭園では、景物全体の姿を鑑賞者に直接見せるケースは少なく、全体を見せない「見え隠れ」の手法が多く使われている。『築山庭造伝』には「飛泉障りの樹」という役木に関する解説があり、この木の枝葉で鑑賞者の視線を遮り、実際の奥山や里山にあるような自然の風景を演出することが記載されている。また、池の周りに小石を置いたり草花を植えたりして、水際線を隠すことで池を実際より広く見せる方策も書かれている。こうした「見え隠れ」の手法は、視線に対する操作であるため、現代の都市自然でも適用しやすい手法であると考えられる。

| 3 | 都市緑地にみる日本らしさ

図14　虎ノ門ヒルズ緑地空間：「滝（山）─流れ─海」の
空間秩序が演出されている

　日本庭園的な手法を現代の都市緑地空間で活用した事例として、東京都内の虎ノ門ヒルズ緑地を紹介しておきたい。この緑地は2014年に完成した駐車場の屋上に整備されたものである。空間構成としては、奥に人工的な「山」があり、地形の変化に合わせ、屋上緑地から地面へと自然風のせせらぎが流れ、大きな池に注ぎ込む設計がなされている。

日本庭園によくみられる「滝（山）—流れ—海」の空間秩序と同様に、地形と水を特徴的に用いることで、先述した日本庭園の手法である〈複数の空間相互の繋がり〉を演出している（図 14）。また、植物の枝を用いて硬質な石のベンチの輪郭線を和らげることや、草花を植栽して水際線を隠すなど〈見え隠れを演出する〉手法などもみて取ることができる。

　虎ノ門ヒルズの緑地の設計コンセプトには、日本庭園らしさ・日本らしさの演出などについて明記されていない。しかしながら、その空間の構成には日本庭園における風景づくりの手法を想起させるものが随所に見られ、都心部のオープンな緑地において日本らしさを感じさせるスポットとなっている。

（4）地域資源としての都市自然管理

　2017 年、国土交通省は、社会情勢の変化等に対応するため、公園緑地行政は新たなステージへ移行すべきとして、都市緑地法とともに都市公園法を改正した。その新たなステージの想定や今後の公園緑地行政の方向性については、「新たな時代の都市マネジメントに対応した都市公園等のあり方検討会」による最終報告書（2016 年）がベースとなっている。

　その報告書には、基本的考え方とともに、具体的な展開として、美しく風格ある都市の再構築や経営への貢献、個性的で活力のある都市づくりの拠点化、整備や管理に際しての官民協働や民間活力の導入、地域の課題やニーズに応じた市民生活の質の向上への支援があげられている。

　こうした行政の動きから、近代の都市における公園や緑地の概念が変化してきたことがうかがえる。1 つは、「公園」という言葉に象徴される、近代における制度面での変化で、「公」である行政が「民」に緑地を提供し管理するとの図式が、「民（共・私）」も都市自然の整備や管理に関与するという図式へ変化している。もう一点は、都市自然の役割や位置づけの変化であり、人が自然に接し楽しむ空間であるとの概念に加え、人々が地域に関わる諸情報に接し地域を再認識する場であるとともに、人々が集い交流する拠点となり、地域コミュニティの強化、再構築を促す空間という認識が強くなってきたと考えられる。

図15　その地域の原風景の再現を試みる
　　　とともに、そのことを記した解説
　　　板を設置

図16　公園内にカフェを併設した図書館
　　　を整備し、住民の良質な滞留・交
　　　流を促そうとした事例

　このように都市自然の社会・文化的側面への認識が高まり、地域の特性や物語を再認識したり洗練したりする場であり、コミュニティに開かれその再構築や自立を支援する拠点としてのあり方が模索されるようになっている。こうした変化により、都市自然は観光まちづくりを進めるうえでより重要な役割を果たし得るようになった。もとより都市自然は、都市の風致・風格を高める要素であるが、それに加えて、各都市の個性や日本らしさに関する認識を促し、地域コミュニティの拠点としての役割を担うことで、観光にとってもまちづくりにとっても重要な「地域資源」としての性格を強めることとなってきた。

　したがって今後の都市自然には、①地域の歴史文化や自然環境の特性など、地域文脈を継承し伝える場であること、②人々が集い交流し協働して、地域コミュニティの再構築を促進する場であることが求められる。

　したがって、こうした地域資源としての都市自然のあり方に関わる計画・設計論を構築していくことが課題である。

　①の地域の自然的・歴史的文脈の継承については、第2節で述べたような都市自然の風景の中に、容易に地域文脈を読み取ることができるように保全や整備を図るとともに、的確な情報を提供し、ランドスケープ・リテラシーを高める場として位置づけるための方法論の検討が重要である。その実現により、地域の個性的な風景の形成や管理に貢献し、その風景を共有することで住民の帰属意識の向上にも寄与することができると考えられる（下村2019、図15）。

　また、②の地域コミュニティの再構築促進については、都市自然を広義の地

域コミュニティ施設（飲食施設、福祉・教育施設、地域住民や団体の活動拠点施設等々）と連携させて、人々が集まり交流するとともに、営みを協働する機能を強化・支援する場とするための方法論の検討が重要である。その実現をとおして、都市自然はエリアマネジメントの拠点となり、地域コミュニティの自立、再構築に寄与することができると考えられる（図16）。

[注]
1 『築山庭造伝（前編）』は1735（享保20）年に北村援琴が著したもので、『築山庭造伝（後篇）』は1829（文政12）年、秋里籬島が著したものである。

[引用文献]
上原敬二編（1970）『築山庭造伝（前篇）解説』加島書店、p.37
上原敬二編（1969）『築山庭造伝（後篇）解説』加島書店、p.59
下村彰男（2015）「海と港と、公園緑地」『都市公園』Vol.208、pp.2-5
下村彰男（2016）「自然との繋がりの場としての都市近郊林の現状」『環境情報科学』Vol.45、No.2、pp.4-8
下村彰男（2017）「都市森林の文化性」『林業研究専志（台湾）』Vol.24、No.6、pp.22-26
下村彰男（2019）「風景計画とは―ランドスケープ・リテラシーのすすめ」『実践 風景計画学』日本造園学会・風景計画研究会監修、朝倉書店、pp.1-8

第4章

地域とともに、地域を読み解く学芸員
——博物館のこれから

石垣　悟

　以前、某地方創生大臣が「一番のがんは文化学芸員と言われる人たちだ。観光マインドが全くない。一掃しなければ駄目だ」と発言し、物議を醸した。これを博物館の危機と受け止めた関係者も多かったが、「地方創生」や「観光」と絡めた発言であったことは看過できない。

　そこで本章では、観光まちづくりとの関係で博物館の未来を前向きに考えてみたい。博物館関係者の中には、これにある種の違和感を抱く人もいるだろうが、筆者にはそれは現実から目を背ける姿勢にも映る。博物館のこれからを現実的に考えるならば、今や観光まちづくりを無視できないのではないか。むしろそこに大きな可能性を見出すべきなのではないか、と思うのである。

　「観光まちづくり」とは何か。本章ではごく簡単に交流／関係人口を適度に取り込みながら地域社会の暮らしを充実したもの・幸せなものにし続ける実学的取り組みとしておく。すでに西村幸夫も指摘するように、かつて「観光」と「まちづくり」は乖離し、時に対立・矛盾を孕む関係にあった。しかし、21世紀以降、グローバルとローカルという逆方向のベクトルが混在するグローカリゼーションの中で、観光まちづくりは、多くの課題を抱える地域社会に向き合う視座としてその有効性が明らかになりつつある（西村、2009）。

　本章では、最初に日本の博物館の歩みを振り返りつつ、今後求められる博物館像を検討し、次いで民俗学の方法と視座を確認、さらにこれらと深く関わる（民俗）文化財保護行政の現状をみたうえで、観光まちづくりの場での博物館、民俗学、文化財保護の重なりから日本版エコミュージアムの可能性を見出す。

①1 博物館法の改正と第四世代博物館

　今日、日本には博物館と呼びうる施設が約5700館ある。それらは、歴史博物館をはじめ、自然博物館、美術館、科学館、動物園、植物園、水族館など多様である。したがって、この館数は一概に他国と比較できないが、それでも日本は世界有数の博物館立国とされる。

　この博物館を規定する法律が1951年に制定された博物館法である。この法律は2022年に大幅に改正された。改正のポイントはいくつかあるが、本章では、この法律が文化芸術基本法と紐づけされたこと、第3条「博物館の事業」に「文化観光」という文言が明記されたことの2点に注目したい。

　博物館法で、博物館は「歴史、芸術、民俗、産業、自然科学等に関する資料を収集し、保管し、展示して教育的配慮の下に一般公衆の利用に供し、その教養、調査研究、レクリエーション等に資するために必要な事業を行い、あわせてこれらの資料に関する調査研究をすることを目的とする機関」（第2条）と定められる。ここから博物館の基本的活動は**図1**のように整理できる。調査・研究を基盤に資料の収集・整理を進め、その資料を後世のため保管・修理しながら、展示・教育に資する。加えてこれらの活動自体も調査・研究の対象となる。これら有機的に関連する4つの活動を専門的な知識と技術で遂行するのが学芸員である。来館者は、主に展示・教育を介して教養と娯楽を享受する。

　日本の近代博物館の歴史を紐解けば、市川清流の訳語「博物館」（1862）や福

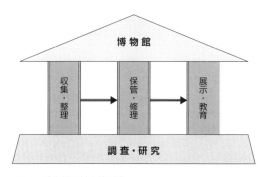

図1　博物館の基本的活動

沢諭吉の『西洋事情』(1866) にいきつく。特に福沢による欧米の博物館や博覧会の紹介を受けて、1871 年に文部省博物局博物館 (これは組織であり施設ではない) が設置され、翌 1872 年に湯島聖堂大成殿で日本初の博覧会が開催された。1873 年この博覧会の出品物の一部が内山下町 (現千代田区内幸町) に常設され、毎月 1 と 6 の付く日に一般公開された。近代博物館の誕生である。この後、所管を文部省から内務省、農商務省、宮内省と変えつつ、1881 年には場所も上野恩賜公園に移転し、年末年始・月曜休館という開館スタイルも定まり、1889 年、宮内省所管の帝国博物館に落ち着いた。今日の東京国立博物館である。また、国の動きを受けて大倉集古館 (1917) や大原美術館 (1930)、根津美術館 (1941) などといった実業家の収集資料を保管、展示する私立美術館も次々と誕生した。これら戦前の博物館は、歴史的・美術的に貴重な品々、いわば「宝物」を収集し、保管することを活動の中心に据えていた。

博物館法の制定

　そして戦後、博物館法が制定される。博物館法は、日本国憲法で規定される教育を受ける権利に連なる。すなわち、1947 年に制定された教育基本法に基づき 1949 年に社会教育法が制定され、この社会教育法を基に制定されたのが博物館法である。戦後の博物館は、教育という国民の権利に係る社会教育施設としてスタートしたのである。以降、高度経済成長を背景に全国各地に博物館が設立された。特に 1980 年代から 1990 年代初めにかけて地方公共団体が、域内の歴史や自然、文化などを扱う公立博物館を盛んに設置した。公立博物館は、博物館全体の約 6 割を占める。

　戦後の博物館は、今日まで大きく 3 つの世代に分けられる。第一世代は 1950 ～ 60 年代の保存志向型博物館、第二世代は 1970 ～ 80 年代の公開 (教育) 志向型博物館、第三世代は 1990 年代以降の参加志向型博物館である。このうち保存志向型博物館は、戦前の博物館の延長といえ、収集・整理した「宝物」の保管を第一とし、そのために必要な調査・研究を行った。

　1970 年代に入ると、展示を重視する公開 (教育) 志向型博物館が増えてくる。資料を単に陳列するだけでなく、丁寧な解説を付し、模型やジオラマ、映像、写真、音声なども駆使したわかりやすい展示がなされた。教育的効果の高まりから学校の博物館見学の増加するのもこの頃からとなる。

1990年代に入ると、参加志向型博物館が重視され始める。これには1990年に社会教育法に紐づけて制定された「生涯学習の振興のための施策の推進体制等の整備に関する法律」が大きく影響している。社会教育と生涯学習は、どちらも時と場を限定しない教育／学習であり、内容にさほど違いはない（ただし生涯学習は学校教育も含む）。しかし、その主体は決定的に異なる。社会教育は「教える」、すなわち主体は教育者にある。これに対して生涯学習は「学ぶ」、すなわち主体は学習者にある。学習者が生涯を通じて自らの意思で学びたい時に学びたい場で学ぶのが生涯学習である。その学びの場に図書館や公民館などとともに博物館も位置づけられた。この法律を受けて博物館は、積極的に展示解説や体験学習などを行うようになり、来館者も自ら資料に触れたり（ハンズオン）、資料を使ったり（体験）して学ぶようになった。来館者が単なるお客さんではなく、博物館活動にも関わり始めたのである。ボランティア養成が始まるのもこの頃からになる。

　以上のようにみてくると、博物館／学芸員と来館者の距離はしだいに縮まってきたことがわかる。資料を扱う学芸員と鑑賞する来館者という壁は取り払われ、かつて「資料の番人」としてバックヤードで資料の保管・修理や調査・研究に従事した学芸員の顔が徐々に見えるようになってきたのである。

　現在は、参加志向型博物館から第四世代への移行期とされる。その型は明確に示されていないが、2001年以来、日本博物館協会が21世紀の博物館像の基軸に「対話と連携」を据えていることを鑑みれば、対話・連携志向型博物館が相応しいだろう。「対話と連携」は、2003年には「市民の視点に立ち、市民と共に創る博物館」とも言い換えられている（日本博物館協会、2003）。つまり、ここでいう対話・連携とは、住民との対話や諸機関との連携を深めることであり、その先に住民自身が調査し、資料を収集・整理し、さらに展示にも携わるといった活動も視野に入れている。住民主体の博物館活動が想定されているのである。そこでは住民が自身の耳目を通して資料を扱うから、自ずと彼らの思いが反映されてくる。学芸員は、専門的な知識や技術に基づいてこの住民の活動を支援することになろう。

2022年博物館法改正と文化観光

　博物館をめぐるこうした状況下で博物館法が改正され、第3条「博物館の事

業」に新たに明記されたのが、「文化観光その他の活動の推進を図り、もつて地域の活力の向上に寄与するよう努める」という文言である。実は文化観光に言及した法令はこれが初めてではない。この改正に先立つ2020年、「文化観光拠点施設を中核とした地域における文化観光の推進に関する法律」(以下、文化観光推進法)が制定された。その第2条で文化観光は、「有形又は無形の文化的所産その他の文化に関する資源の観覧、文化資源に関する体験活動その他の活動を通じて文化についての理解を深めることを目的とする観光」と定義される。この法律で注目すべきは、文化資源の保存・活用／文化の創造・発展 → 観光振興と地域活性化 → 文化の創造・発展という循環的構図を描いていることである。そして、その実現の核となる文化資源保存活用施設に社寺や城郭などと並んで博物館も位置づけ、文化観光拠点施設としての役割を期待する。要するにこの法令では観光まちづくりを見据えた博物館活動が期待されており、改正された博物館法にもその文脈で文化観光が明記されたわけである。

② 博物館と民俗学

　観光まちづくりを見据えながら対話・連携を深める博物館といっても、そこで扱う分野は多岐にわたる。中でも域内の住民との対話という点に目を向けると民俗学が浮かび上がる。先に触れたように「民俗」は、博物館法の博物館の定義にも明記される。この語を耳にしたことのある人も多いだろうが、その実を正確に理解する人は必ずしも多くない。同じ音の「民族」と混同する人すらいる。民俗は、民俗学上の学術用語で、端的にいえば「地域社会の中で上の世代から受け継がれてきた暮らしの様式（人々の行為や言葉)」をいう。したがって、人の営みがあるところに民俗は必ずある。暮らしの中での行為や言葉にまったくの0から新たに創り出されたものはほとんどない。朝起きて顔を洗い、箸で食事を摂り、「おはよう」「いただきます」と挨拶を交わす、こうした当たり前で何気ない行為や言葉は、私たちが生を受けて成長する過程で半ば無意識に両親や祖父母などから受け継ぐ形で身体化される。と同時に私たちはそれを鵜呑みにせず、取り巻く環境に合わせて創意工夫も加える。つまり、民俗は、過去

から受け継がれてきた点で通時的であり、現在も息づいている点で共時的でもある。それゆえ民俗は、歴史や自然、社会といった環境と深く関わり、地域によって様相を異にする。民俗学は、この地域性を重視する。

　日本の民俗学の父　柳田國男は、民俗学の調査法、つまり民俗を捉える手順を「目で見る有形文化」「耳で聞く言語芸術」「心で感じる心意現象」という3つの段階として提示した（柳田、1934）。「目で見る有形文化」は、人々の行為を見ること（観察）で得られる。それは相対的に客観性が高い。「耳て聞く言語芸術」は、人々の言葉を聞くこと（聞き書き）で得られる。それは話した人の主観が入ることも多い。一般に近代科学はこの主観を極力排除して資料化することで成立する。しかし、民俗学はこの主観を排除せず、むしろ重視するところに大きな特色と魅力がある。たとえば、民俗学の処女作とされる柳田の『後狩詞記』(1909) や『遠野物語』(1910) には、宮崎県椎葉村や岩手県遠野郷の人々から聞いた風習や伝説が数多く記される。それらは、他地域の人々には単なる作り話かもしれないが、明治末期の椎葉村や遠野郷の人々にとっては「山中のおほやけ」「現在の事実」、つまり常識であり真実であった。民俗学は、こうした椎葉村や遠野郷の人々に寄り添い、心を掬い取ろうとする。ここに「心で感じる心意現象」の獲得がみえてくる。要するに民俗調査とは、現場に共感しながら丁寧に観察や聞き書きすることなのである。柳田は、この心で感じる／共感を最も重視したが、同時に真の意味での共感は部外者には不可能ともいって煙に巻く。真に共感できるのは現地でともに暮らしを営む者だけであるといい、住民自身が何気ない日々の暮らしを自ら観察し、聞き書きすることこそ、民俗学の理想的な調査というのである。自身の耳目で自身の足元を捉え直す視座は、先に触れた第四世代／対話・連携志向型博物館の住民主体の活動にも通じる。

民俗学の学芸員

　では学芸員は、こうした視座をもつ民俗学にどのようにコミットできるのか。柳田は民俗調査の適任者を「心有る青年」と呼んだ（柳田、1918）。「心有る青年」とは教員を指す。戦後まもなくまで教員の多くは、地域で生まれ育った後、地域を一度離れて教養を積み、地域に戻って教鞭を執った。かの折口信夫もまた、國學院大學卒業後、郷里に近い大阪府立今宮中学校に教員として赴任している。つまり「心有る青年」は、共感と客体的眼差しの双方を併せもつ存在で

あった。地域にあって共感を伴った観察や聞き書きをし、それを日本列島という大きな枠組みで比較することで地域性や歴史性を見出してきたのが民俗学者であった。その先には、この地域性や歴史性を地域に還元し、地域の人々の幸せに寄与することも想定されていた。

　今日、地域でそうした眼差しを持ちうる人材こそ、学芸員ではないだろうか。地域には蓄積されてきた歴史と、取り巻く自然や社会があり、それらを背景に当該地域で通じる「常識／真実」がある。学芸員は、住民に寄り添いながらこれを丁寧に掘り起こし、地域性や歴史性を明らかにし、それを住民に還元すべきであり、それによって住民は未来への展望を拓くことができるだろう。こうしてみると民俗学の方法と視座は、第四世代／対話・連携志向型博物館に馴染みやすいことがわかる。

民俗系博物館の誕生と野外博物館

　これをより博物館に引きつければ、地域の暮らしの様式を歴史や自然、社会といった環境に留意しつつ調査・研究し、関係する道具類を収集・整理し、保管・修理しつつ展示・教育に供することになる。そうした形での博物館活動が実現するようになるのはいつ頃からだろうか。先に触れたように、戦前の博物館はもっぱら「宝物」を扱った。「民俗」を公的に対象とするのは、戦後の博物館法制定を待たなければならない。その点で戦前の澁澤敬三の活動は異彩を放つ。澁澤栄一の嫡孫である敬三は、大学卒業後の1921年、横浜正金銀行に勤務する傍ら、友人とともに自宅の屋根裏部屋にアチックミューゼアム（以下、アチック）と称する小さな博物館を開設した。最初は、郷土玩具や達磨などの縁起物を主に収集したが、やがて日々の暮らしで使われてきた道具類を収集するようになった。敬三は、これを「我々同胞が日常生活の必要から技術的に作り出した身辺卑近の道具」と定義し、「民具」と名づけ（澁澤、1936）、経済界・財界の人脈を駆使して全国から収集を図った。草履の一種である足半や魚を捕まえる筌などの調査成果を世に問うたほか、1939年には膨大な民具を保管するために私財を投じて東京府保谷村（現西東京市保谷町）に日本民族学会附属民族学博物館も開館した。何気ない暮らしの道具類を民具として相対化した活動は、当時の博物館活動とは一線を画していた。

　この博物館のもう1つ特筆すべき点は、野外博物館も付属させていたことで

ある。野外博物館とは屋外に資料を展示する博物館をさす。動物園や植物園、一部の美術館なども広い意味でこれに当たるが、通常野外博物館といえば、建物を一定敷地内に移築／収集し、関連の道具類を内部に復元的に展示した施設をいう。世界初の野外博物館は、1891 年にスウェーデン・ストックホルムに開館したスカンセンで、近代化で衰滅しつつあった伝統的な民家を、道具とともに各地から移築・収集して展示した。敬三は、横浜正金銀行ロンドン支店に勤務中（1922 ～ 1925）にスカンセンを訪れ、帰国後これを範に実現させたのがこの野外博物館であった。

　この博物館の敷地には、アイヌの伝統的民家、チセをはじめ、白川の合掌造などの民家や炭焼小屋、水車小屋などが移築・収集された。この敬三の蒔いた種は、戦後、1956 年に開館した大阪府豊中市の日本民家集落博物館（公的にはこれが日本初の野外博物館とされる）を皮切りに、飛騨民俗村飛騨の里（高山市、1959）、千葉県立房総のむら（千葉県栄町、1986）、江戸東京たてもの園（小平市、1993）など各地の野外博物館に受け継がれた。いずれも建物だけを展示するのではなく、内部に道具類も復元展示し、囲炉裏に火も入れる（動態展示）など暮らしをリアルに体感できる工夫がなされる。野外博物館は、実際の暮らしがそこにあるわけではないが、ある種の景観を成すことも多く、伝統的町並みの保存・活用と相通じる面もある。その意味で観光まちづくりとの絡みで大きな可能性をもっており、そこに民俗が深く関わっていることに注意したい。

③ 博物館と（民俗）文化財保護

　ところで敬三が博物館の活動を通じて収集した膨大な民具は、戦後、一部が国の重要有形民俗文化財に指定されている。博物館の扱う民具／民俗資料は、このように民俗文化財として評価されることも多い。民俗文化財は、文化財保護行政の中で評価される文化財の一種別である。文化財保護は、1950 年に制定された文化財保護法に基づいて行政が重要なものを選んで保存と活用を図る制度である（石垣、2020）（第 1 章の表 1 参照）。民俗文化財は、文化財保護法で「衣食住、生業、信仰、年中行事等に関する風俗慣習、民俗芸能、民俗技術及

びこれらに用いられる衣服、器具、家屋その他の物件で我が国民の生活の推移の理解のため欠くことのできないもの」（第2条）と定義され、有形と無形の2つの分野からなる。有形の民俗文化財とは、民具や建物など人々の営みに関する物体をさす。それは形が有るから目で見て手で触れることができる。いっぽう無形の民俗文化財は、暮らしの中の人々の行為や言葉をさす。それは形が無いから目には見えるが手で触れることはできない。いわゆる慣習、祭り・行事や民俗芸能、物づくりの技術などはこれにあたる。

　この有形、無形の区別は、博物館ではあくまで便宜的に過ぎないことには注意しておきたい。博物館といえば、「物」の字がつくことから有形だけを扱うと思いがちである。確かに展示室で直接目にするのは有形の物体である。しかし実際は、その物体の名称や使い方、使われた時期や場所、使った人、さらには使った人の思いなどの無形の情報も重要である。情報を付与されることで物体は展示や教育に有益な資料となり、学びも深まる。加えて情報が多いほど展示や教育も深みと拡がりをもつ。つまり、博物館には情報の収集も不可欠である。そのため時に博物館は、「博情館」ともいわれる（梅棹忠夫、1983）。この情報は、物体をめぐる行為や言葉、心意であり、柳田のいう「有形文化」「言語芸術」「心意現象」にほかならない。アチック／敬三の活動は、有形の物体を収集しながら、そこに観察や聞き書きによって無形の情報を付与する試みであった。結果、その一部が重要有形民俗文化財に指定されたのである。

2018 年文化財保護法改正と博物館

　ところで、文化財保護法はこれまでも何度か改正されている。中でも 2018 年改正は、文化財保護の権限を国から地方公共団体に委譲するという運用自体を大きく転換するものであった（石垣、2021）。具体的には、都道府県の作成した文化財保存活用大綱に基づいて市町村が文化財保存活用計画を立てれば、市町村の裁量で一定程度保護を進められるようになった。この背景には、改正前年に文化審議会が「文化財をまちづくりに活かしつつ、地域社会総がかりで、その継承に取り組んでいくことが重要」と答申したことがある。そのため、2018 年改正に合わせて「地方教育行政の組織及び運営に関する法律」も改正され、文化財保護の担当部署も従来の教育委員会以外の部署、たとえば商工観光課や地域づくり課、地域創生課などにも設置できるようになった。このよう

に 2018 年改正は、文化財保護をまちづくりと絡めながら推進する方向に大きく舵を切った（石垣、2019）。

　2018 年の文化財保護法改正は、2022 年の博物館法改正と直接連動してはいないが、同年、文部科学省設置法も改正され、博物館に関する事務が文化財保護を所管する文化庁に一元化されており、何らかの呼水となったことは明らかである。改正された博物館法は、先に触れた「文化観光」の明記に加え、第 1 条に「文化芸術基本法の精神に基づき」という文言が入って文化芸術基本法と紐づけられた。2017 年に改正・公布された文化芸術基本法の目的は、「文化芸術に関する活動を行う者の自主的な活動の促進」（第 1 条）であり、そのための 10 の基本理念（第 2 条）が掲げられる。その中に「地域の人々により主体的に文化芸術活動が行われるよう配慮するとともに、各地域の歴史、風土等を反映した特色ある文化芸術の発展が図られなければならない」（第 6 項）、「文化芸術の固有の意義と価値を尊重しつつ、観光、まちづくり、国際交流、福祉、教育、産業その他の各関連分野における施策との有機的な連携が図られるよう配慮されなければならない」（第 10 項）とあり、住民主体の活動と観光・まちづくりを重視していることがわかる。そしてこれを実現するための重点項目に「文化財等の保存及び活用」（第 13 条）、「美術館、博物館、図書館等の充実」（第 16 条）を掲げる。要するに住民活動と観光まちづくりを重視する文化芸術基本法を仲立ちとして、文化財保護法と博物館法は確実に繋がっている。

④ 日本版エコミュージアムという可能性

　このように博物館と民俗学と（民俗）文化財保護行政の三者は深く関係しており、その結節点に観光まちづくりがある。冒頭で触れたように違和感を覚える関係者も多いだろうが、これが現実である。こうした状況下で改めて博物館として何ができるのか。その可能性として本章ではエコミュージアムに注目する。

　エコミュージアムは、1970 年代にフランスで生まれた構想である。博物館学の世界的権威で国際博物館会議（International Conversation of Museums：ICOM）

の初代会長であったリヴィエール（G. H. Riviere）が 1960 年代に構想し始め、1971 年の ICOM 大会で時のフランスの環境大臣がこれを提唱した。リヴィエールがこの着想に至った経緯は、1960 年代のフランスの国情、すなわち疲弊する地方農村と中央との地域格差とその解消がある。この点だけでもエコミュージアムがまちづくりと深く関わることがわかる。

　ではエコミュージアムはどう定義されるのか。日本にこの概念を紹介した新井重三は、リヴィエールの議論をもとにエコミュージアムを「生活・環境博物館」と訳し、「地域社会の人々の生活と、そこの自然環境、社会環境の発達過程を史的に探究し、自然遺産および文化遺産を現地において保存し、育成し、展示することを通して当該地域社会の発展に寄与することを目的とする博物館」とする（新井、1995）。ここでいうエコは、人と自然、および人と人の時間的かつ空間的な関係をさす。それは地域での人々の営みを通時的かつ共時的に捉える視点と言い換えうる。エコミュージアムに馴染みやすい資料は民俗なのである。

　この点に留意しつつエコミュージアムの理念をみてみよう。新井によれば、エコミュージアムは行政と住民が一体で動かすもので、行政は資金や施設、専門技術などを提供し、住民はアイデアやビジョンを提供する。住民は自ら、身のまわりの自然や歴史、社会を調査・研究しつつ保護にも携わる。その結果、調査・研究や保護に資する人材が育ち、住民の心を反映した活動が実現するという。その基本的仕組みは、コア・ミュージアム（以下コア）と、それを取り巻くサテライト・ミュージアム（以下サテライト）からなり、コアとサテライトを有機的に連携させる（発見の）小径（ディスカバリートレイル）が設けられる。コアは、中心的役割を果たす施設で、本部事務局や研究室、情報センター、図書室、会議室などが置かれる。サテライトは、このコアの周辺に点在する。サテライトは専用施設とは限らず、むしろ、自然景観や文化景観、生活・生業の場、町並み、信仰の場、寺社、遺跡、城郭など様々である。それらを現地でありのまま保管・公開するのがエコミュージアムの肝である。訪問者は、コアを起点に小径を使ってサテライトをめぐり、学びを深め、楽しみを発見する。

　このようにエコミュージアムには、地域をまるごと捉えて幸せを追求する大きな可能性がある。日本でも 1990 年代以降、エコミュージアムを標榜する取

り組みが生まれてくるが、残念ながら理念を忠実に踏まえたものは少ない。自然環境に偏ったもの、古い物の単なる保管の場、土産物売り場、陳列ギャラリーに留まる例も多く（大原、2004・落合、2014）、学芸員による調査・研究を基礎に置くものも少ない。その要因には日本の博物館学がこの構想に一定の距離をとってきたことも大きい。新井自身も、エコミュージアムを現地保存・展示型の博物館と位置づけつつも、いっぽうで博物館とは目的や活動、運営主体などの点で決定的に異なるといい、加藤有次に至っては、エコミュージアムはモノを基本とする博物館から逸脱し、行政に都合よく担ぎ上げられた輸入品に過ぎず「博物館とは考えない」と言い切る（加藤、2000）。こうした博物館学からの嫌悪感にも似た見解が、逆に結果的に日本のエコミュージアムを安易な地域活性化に結びつけている点は否めない。

エコミュージアムと学芸員

しかし、エコミュージアムも国際博物館会議を出発点とし、「ミュージアム」を名乗る以上、博物館や学芸員と無関係ではないはずである。既存の博物館を活かした日本版エコミュージアムを構想すべきだろう（里見、2000）。その時コアとなるべき既存の博物館には学芸員がすでに常駐することも多い。学芸員は、行政側に位置するが、民俗学の素養があればそれを背景に住民に共感的に接することで、行政と住民の橋渡し的存在になれるだろう。フランスのエコミュージアムを体験した小川剛も「あらためて痛感させられたのは、学芸員の存在の重さである」というように（小川、1999）、学芸員が扇の要となってこそ、エコミュージアムは持続可能なものとして真に動き出す。

サテライトは、住民の営みのあるところ、どこでも存する可能性がある。その全てを後世に受け継ぐことは現実的に不可能であるから、受け継ぐべきサテライトを調査で顕在化させ、選択・決定する必要がある。資源の掘り起こしである。それを行うのは住民自身である。エコミュージアムは、住民参加を必須とするゆえに第四世代／対話・連携志向型博物館とも同じ方向を向いている。その活動を住民と対話しながら支援するのが学芸員である。ヨーロッパでいうエコミュージアムは、サテライトでの現地保管・展示を原則とし、コアに保管・展示の機能をもたせないが、既存の博物館をコアとする日本版エコミュージアムでは、コアでも保管や展示をすべきだろう。要は、現地保管・展示する

サテライト、それを補完するコアという固定化された役割分担ではなく、コア／学芸員とサテライト／住民との柔軟かつ緊密な対話／連携こそ大切なのである。その積み重ねが互いの信頼を育み、地域の課題を共有し、解決の糸口を探っていくことにも繋がる。対話・連携の中で住民自身は足元を見つめ直し、暮らしの多様性や価値を知り、そこに誇りをもち、ひいては暮らしを向上させる可能性を拡げる。それは民俗学の理念にも通ずる。

　博物館、民俗学、（民俗）文化財保護行政は互いに関連しており、その結節点に観光まちづくりがある。これをうまく活かす可能性の1つが日本版エコミュージアムである。既存の博物館をコアとし、そこに常駐する学芸員が住民と対話・連携しながらサテライトも含めた「まるごとの活動」をすることで、地域の課題の解決の糸口を探り、暮らしの向上へと繋げる。専門的見地をもちながら共感的に住民活動を支援できる学芸員が観光まちづくりの中で果たす役割は極めて大きく、そこにこそ博物館のこれからもあるのではないだろうか。

［引用・参考文献］

アチックミューゼアム（1936）『民具蒐集調査要目』

新井重三（1995）『エコミュージアム入門』牧野出版

石垣悟（2019）「災害から考える有形の民俗文化財と地域博物館」『博物館研究』54巻7号

石垣悟（2020）「文化財保護と民俗学」『講座日本民俗学1 方法と課題』朝倉書店

石垣悟（2021）「日本における文化財保護法改正と地域文化の活用の可能性と限界」『地域文化を活用する』国立民族学博物館・日高研究室

伊藤寿朗（1993）『市民のなかの博物館』吉川弘文館

梅棹忠夫（1983）『博物館と情報』中公新書

大原一興（2004）「日本におけるエコミュージアムのこれまでとこれから」『かながわ学術研究交流財団2003年報』

小川剛（1999）「エコミュージアムの原点」『エコミュージアム 21世紀の地域おこし』家の光協会

落合知子（2014）『野外博物館の研究』雄山閣

加藤有次（2000）「博物館と地域社会」『新版博物館学講座3 現代博物館論』雄山閣

里見親幸（2000）「我が国の博物館の現状と課題」『新版博物館学講座3 現代博物館論』雄山閣

西村幸夫（2009）「観光まちづくりとは何か」『観光まちづくり』学芸出版社

日本博物館協会（2003）『博物館の望ましい姿』

柳田國男（1909）『後狩詞記』（参照は『定本柳田國男集』27巻筑摩書房版）

柳田國男（1910）『遠野物語』（参照は『定本柳田國男集』4巻筑摩書房版）

柳田國男（1918）「村を観んとする人の為に」（参照は『定本柳田國男集』25巻筑摩書房版）

柳田國男（1934）『民間伝承論』（参照は1980 伝統と現代社版）

第2編

地域の多様な つながりを つくり、活かす

日々の暮らしや交流の中にある
多様で多層なつながりを見つめ直し、
地域課題の解決へ活かす。

　少子高齢化が進み、空き家や耕作放棄地の増加など地域では目に見える課題が山積みだが、それらの解決を共に担う主体は誰でもよいわけではない。内外の主体（住民、移住者、観光客など）に丁寧にアプローチしていくことによって、地域の価値観を共有できる仲間に出会うことができる。従来から言われてきた「定住人口」と「交流人口」の間は、年々シームレスになっており、「二地域・多地域居住」や「関係人口」という概念が急激に普及し、「観光まちづくり」の担い手としても期待されるようになってきた。このような多様かつ多層なコミュニケーションとネットワークを「観光まちづくり」で戦略的に構築していく。

キーメッセージ ③ 地域に愛されることを大切にする

**地域の人々に日常的に愛される
モノ・コトを大切にし、
つながりを広げる。**

　「近き者悦び、遠き者来る」という言葉や数多の実例が示しているように、近い人々に日常的に愛されてこそ、遠くの人々を惹きつける魅力になりうる。特に、近年、大規模災害や感染症など広域的な移動が難しい状況が頻繁に生じているが、このような時に地域を経済的・精神的に支えるのもローカルマーケットである。これからの「観光まちづくり」では、平時においても非常時においてもそのことに一層意識的でなければならない。

キーメッセージ ④ 地域で出会えるワクワク感を大切にする

**地域でのリアルな空間体験と
出会いによるワクワクを生み出し、
活かす。**

　インターネットに加えて、オンラインミーティングシステムや AI（Artificial Intelligence：人工知能）、VR（Virtual Reality：仮想現実）技術の進化と普及に伴って、地域へ足を運ばないでも得られる情報は増えている。だからこそ、わざわざ移動して対面すること・交流すること・リアルな体験をすることの意義が見直されている。

　地域のリアルな空間体験とそこでの「出会い」や偶発的な面白さ、ワクワクを生み出す仕掛けを「観光まちづくり」で戦略的に創り出していく。

第5章

地域との協働による自然環境資源の保全と活用に向けて

堀木美告

1 国立公園の現在地点

| 1 | 国立公園の存在感と認知度

2023年現在、我が国では34の国立公園に加え、58の国定公園、310の都道府県立自然公園を含むおよそ560万haが自然公園として指定されている（**表1**）。国土面積に対する自然公園面積の比率は

自然公園の種別	公園数	公園面積（万ha）	国土面積に対する比率(%)
国立公園	34	219.6	5.8
国定公園	58	149.4	4.0
都道府県立自然公園	310	191.3	5.1
合計	402	560.3	14.8

表1　自然公園の面積（出典：環境省「自然公園面積総括表」）

実に15％近くにも達しており、観光レクリエーションのデスティネーションとして多くの来訪者を惹きつけている拠点も多い（**図1**）が、これらの来訪者が必ずしもその場所が自然公園の一部であることを認識していないなど、国立公園あるいは自然公園としての存在感がやや希薄であることが懸念される。

たとえば、やや古くはなるが「国立公園に関する世論調査」（2013年8月、内閣府）では、自然に親しむための枠組みとしての国立公園、国定公園、都道府県立自然公園、ジオパーク、世界自然遺産、ユネスコエコパークの認知度について尋ねている。この結果では国立公園は90.4％で世界自然遺産の85.2％を上回ったものの、これらの場所への来訪意向を尋ねた結果では国立公園は47.4％に留まり、世界自然遺産への来訪意向70.2％との間には大きな差が認められた。

こうした背景には、我が国の自然公園が後述するとおり地域制をとっており、空間としての公園内外の境界を明確に認識しにくいことに加え、自然環境を利

図1　**自然公園の風景**　上段左から、支笏湖（支笏洞爺国立公園）、尾瀬沼北岸・大江湿原（尾瀬国立公園）、大涌谷（富士箱根伊豆国立公園）。中段左から、佐渡島・二ッ亀（佐渡弥彦米山国定公園）、上高地・河童橋（中部山岳国立公園）。下段左から、琵琶湖・湖西地区（琵琶湖国定公園）、宮島・厳島神社（瀬戸内海国立公園）、展海峰からの九十九島（西海国立公園）。

用する側面よりも保護する側面に軸足を置いて推移してきたこと等が複合的に作用していると考えられる。しかしながら自然公園を取り巻く状況は近年大きな転換点にさしかかっており、このことが後述する 2021 年の自然公園法の改正にもつながってゆく。

| 2 | 国立公園の利用状況の推移

　国立公園を含む日本の自然公園の利用状況の推移を概観すると、戦後の「第一次利用拡大期（戦後〜 1974 年）」、オイルショック後の「利用停滞期（1975 〜 83 年）」、バブル経済期にかかる「第二次利用拡大期（1984 〜 92 年）」をへて 1992 年に延べ約 10 億 2 千万人の過去最大値を示した後は「利用減少期」に転じた（山本、2018）が、2011 年の東日本大震災の影響からも徐々に回復し、コロナ禍直前 2019 年の利用者は延べ約 8 億 9 千万人であった。

　コロナ禍に見舞われた当初は国内外のヒトの移動も大きく制約され、2020

年の国立公園を含む自然公園の利用者数は延べ約2億2千万人にとどまった。その後、感染状況の推移に応じて海外からの出入国、国民の国内移動の双方とも制約の見直しが行われてきたが、2022年10月に外国人観光客の入国に際する査証免除措置が再開され、また国民向けに全国旅行支援が始まったことを1つの契機として国内観光地も来訪者数ベースでは回復基調となり、国立公園内の利用拠点でも外国人旅行者で賑わう光景は珍しくなくなった。

　2022年11月下旬～12月初めに国民の旅行に対する意識の把握を試みた「JTBF旅行者意識調査」（(公財)日本交通公社）の結果では、「日本の国立公園を訪れる旅行」は「ドライブ旅行」「自然の道を歩く旅行」「歴史の道を歩く旅行」などと並び参加意向が高くなっている（寺崎ら、2021）。アフター・コロナ／ウィズ・コロナの社会において引き続き三密を回避しやすい旅行スタイルや目的地が指向されるとすれば、国立公園も有力な選択肢としてあらためて注目されるだろう。

②日本の国立公園を取り巻く状況の変化

|1|日本での国立公園の成立

　日本で国立公園法が制定されたのは1931年のことで、これを受けて1934年に瀬戸内海、雲仙、霧島、大雪山、阿寒、日光、中部山岳、阿蘇の計8カ所が日本で最初の国立公園に指定された。以降、1949年の国立公園法改正に伴う国定公園の追加、1957年の国立公園法の廃止・自然公園法の施行に伴う都道府県立自然公園の追加等をへて我が国の自然公園の体系は拡充され、現在では全国34カ所が国立公園として指定されている（2023年3月時点）。

　「優れた自然の風景地を保護するとともに、その利用の増進を図ることにより、国民の保健、休養及び教化に資するとともに、生物の多様性の確保に寄与する」ことを目的とした自然公園法において、国立公園は「我が国の風景を代表するに足りる傑出した自然の風景地（海域の景勝地を含む）」であるとされる。IUCN（International Union for Conservation of Nature；国際自然保護連合）によるカテゴリー分類（**表2**）が示すとおり、自然保護地域の目的や対象は多岐にわたり

カテゴリー1	厳正保護地域 原生自然地域	学術研究もしくは原生自然の保護を主目的として管理される保護地域
カテゴリー2	国立公園	生態系の保護とレクリエーションを主目的として管理される地域
カテゴリー3	天然記念物	特別な自然現象の保護を主目的として管理される地域
カテゴリー4	種と生息地管理地域	管理を加えることによる保全を主目的として管理される地域
カテゴリー5	景観保護地域	景観の保護とレクリエーションを主目的として管理される地域
カテゴリー6	資源保護地域	自然の生態系の持続可能利用を主目的として管理される地域

表2　IUCNによる自然保護地域のカテゴリー分類（出典：IUCN日本委員会ウェブサイト）

多様な様式が存在するが、国立公園を含む自然公園はカテゴリー2に加え、カテゴリー3（天然記念物）、カテゴリー5（景観保護地域）に相当するものである。

　以下、「自然の概念」「自然の利用志向」「自然の守り方の概念」「公園管理の考え方」に着目して国立公園を取り巻く状況の変化を概観する。

| 2 | 自然の概念の変化

図2　近代以降「発見」された尾瀬の風景（2022年7月）

　一般的に「自然」として想起されるイメージは様々で、興味対象となる事物も時代背景に応じて変化してきた。近代以降は交通機関の発達と、自然科学的知見やアルピニズム等の浸透により人為の関与が限定的な原生自然が人々の関心を集め、「発見」されていった。たとえば現在では多くの人々に知られる尾瀬や上高地の風景はその典型と言える（図2）。

　近年は自然と共生する暮らしのありようへの関心から里地・里山といった二次的自然への注目が高まっているが、最近では自然と文化の関係性をより密接に捉える傾向があり、下村（2022）は「人と（地域の）自然や社会との相互関係にもとづく営為の歴史的集積として形成された（地域）独自の自然の総体」を地域の自然環境資源として位置づけている。

| 3 | 自然の利用志向の変化

　また、国立公園内での自然の利用の志向性も大きく変化している。国立公園

は我が国の代表的な自然保護地域であるが、一方で自然を「利用」するという面においても大きな役割を果たしてきた。先に触れたとおり戦後の高度経済成長社会においては増大する国民のレクリエーション活動の受け皿となり、高速交通網の発達と歩調を合わせるようにして周遊型観光を育んできた。

図3　国立公園内でのガイド付きツアーの様子（2013年11月）

国立公園内でも周遊型観光に対応する形で国民保養温泉地、国民宿舎、国民休暇村等の滞在拠点や、ドライブウェイ、スカイライン等の呼称で各地の観光道路の整備が進められた。さらに1980年代から90年代には移動しながら優れた風景等を楽しむ周遊型から、同じ場所に留まって風景だけでなく地域の自然・歴史・文化とふれ合う滞在・滞留型へと観光の形態が変化し、こうした「ふれ合い利用」に対応する施設整備も進んだ。近年は2008年に施行されたエコツーリズム推進法にもとづきエコツーリズム、すなわち資源の持続性を担保しつつ興味対象となる資源に関する情報提供を行うことで資源の魅力も高めるような「質の高い利用」形態の普及が進められている。

｜4｜自然の守り方の概念の変化

　一方で、自然そのものの概念の変化とも呼応して、自然の守り方についての概念も変化している。守る対象が人為の及んでいない原生自然である場合は人と自然は対立的な存在として捉えられ、ここでは人為を排除することが自然を守ることと同義である。守り方の概念としては「保護」だと言え、その具体的な方策は立入規制や建築規制等、制度によるものとなる。一方、二次的自然が守る対象であれば、人と自然は共生・共存する存在として捉えられ、適切な形で人為を継続させることが自然を守ることになる。ここでの守り方は原生自然の「保護」に呼応させれば「保全」と言うことができ、継続的な保全活動のための財源や担い手の確保が重要になる。

　近年では原生自然の守り方についても、人為を排除するいわば静的な「保

護」から脱却して動的に（換言すれば継続的に）自然環境をモニタリングし、その結果を踏まえた環境の修復・再生といったフィードバック作業を行う循環型管理へと転換しつつある。モニタリングとフィードバックを繰り返す順応的な維持管理システムの構築が求められていると言える。

┃5┃観光立国の潮流と国立公園

　2002年当時の小泉首相による施政方針演説以降の観光立国の潮流も見逃せない。観光立国推進基本法の成立（2006年）、観光庁の設立（2008年）等をへて2016年には「明日の日本を支える観光ビジョン」が策定された。観光先進国を目指して3つの視点と10の改革を示しており、「視点1 観光資源の魅力を極め、地方創生の礎に」に関連づけて「『国立公園』を世界水準の『ナショナルパーク』へ」との記載がされ、2020年を目標に全国5カ所の国立公園について民間の力を活かして体験・活用型の空間へと集中改善することが掲げられた。

　これを受け、環境省では有識者会議での検討をへて阿蘇くじゅう、阿寒、十和田八幡平、日光、伊勢志摩、大山隠岐、霧島錦江湾、慶良間諸島の8つの国立公園を先進的・集中的に取り組みを行う公園として選定し、「国立公園満喫プロジェクト」をスタートさせた。それぞれの公園では多様な主体で構成される地域協議会を設立し、「ステップアッププログラム」を策定して今後の取り組みの具体的な方向性を定め、民間活用によるサービス向上（多様な宿泊体験の提供など）と受入環境整備（コンテンツのみがき上げ・受入体制強化など）を中心とした取り組みが進められている。

┃6┃公園管理の考え方の変化

　国など公園の管理主体が大規模な土地を専有して設置する営造物公園型の国立公園（アメリカ、オーストラリアなど）と異なり、日本やヨーロッパ諸国では限られた国土に人々が住まい、多様な土地利用を行ってきたため大規模な公園用地の専有には困難が伴う。そのため日本の国立公園は、土地の所有状況に関わらず国が公園の指定を行って利用に供する地域制公園の形をとっている。このことは国立公園を管理運営する際に調整すべき対象となる主体が多岐にわたることを意味する。しかしながら、先に触れた自然の概念や自然の利用志向、自

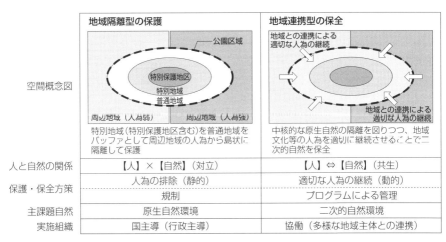

	地域隔離型の保護	地域連携型の保全
空間概念図	特別地域（特別保護地区含む）を普通地域をバッファとして周辺地域の人為から島状に隔離して保護	中核的な原生自然の隔離を図りつつ、地域文化等の人為を適切に継続させることで二次的自然を保全
人と自然の関係	【人】×【自然】（対立）	【人】⇔【自然】（共生）
保護・保全方策	人為の排除（静的）	適切な人為の継続（動的）
	規制	プログラムによる管理
主課題自然	原生自然環境	二次的自然環境
実施組織	国主導（行政主導）	協働（多様な地域主体との連携）

図4　自然環境の保護・保全に関する概念と動向（出典：下村彰男（2014）「第一回アジア国立公園会議の地域性と時代性」を元に筆者作成）

然の守り方の概念の変化も踏まえ、国立公園の運営管理の考え方についても、従前の国主導から地域との協働へという大きな流れが生じている。

　従来は普通地域[注1]をバッファとして周辺の地域から島状に切り離し、人為を排除することで特別地域[注1]を保護してきた。しかし普通地域の中にも人と自然の共生の観点から高い資源性を有する里地里山などが含まれている。今後はそれら人為の介在を前提とした環境の保全・活用も検討すべきで、そのためには土地所有者をはじめとする多様な地域の主体との官民連携を強化し、その枠組みの中で適切な人為を継続することが効果的である（図4）。

③ 自然公園法の改正

　以上見てきたような国立公園を取り巻く社会の認識や関心の変化、さらには観光立国の潮流、特に直近では国立公園満喫プロジェクトの成果等も踏まえ、中央環境審議会が行った2021年1月の答申を受け、同年4月に自然公園法が改正された。改正の主な内容は①自然体験活動促進計画制度の新設、②利用拠点整備改善計画制度の新設、③国立公園等の保全管理の充実の3点で、特に利用に関する取り組みの強化が行われた。ここではこうした法改正の背景となった中央環境審議会答申の基本的な考え方である「質の高い利用に関わる計画」

と「地域との協働による循環型管理」に触れる。

| 1 | 質の高い利用に関わる計画

　現在全国で34カ所が指定され、戦後の国民の観光にも大きな役割を果たしてきた国立公園だが、その一般的イメージは不明瞭でブランド化されるには至っていない。実際に国立公園を訪れていたとしても、来訪者自身がそのことを認識していないような状況にもつながっている。

　従来の自然公園法にもとづく公園計画は規制計画と事業計画からなり、前者はさらに保護規制計画と利用規制計画とで構成されていた[注2]。国立公園に指定された地域に対して各計画のレイヤーが重ねられている状態だが、保護規制計画が原生自然環境の保護を中核として階層構造をとる面的なゾーニングの計画であるのに対し、利用規制計画と事業計画は利用拠点とそれらを結ぶ利用動線からなる点と線のネットワークの計画だという大きな違いがある。

　この点と線のネットワーク方式の利用規制計画と事業計画は旧来の周遊型観光を念頭に置いたものだが、国立公園のブランド化を図るうえでは周遊型観光の枠組みに縛られず、前述の「質の高い利用」を実現することが欠かせない。そのためには土地の性格に応じた利用のポテンシャルを把握し、利用の観点からの面的なゾーニング、すなわち「質の高い利用」に関わる計画を定めること、その計画に即して各ゾーンの性格にマッチしたエコツーリズムなどのプログラムを提供することがポイントとなる。

| 2 | 地域との協働による循環型管理

　国立公園の管理の基本的な考え方として保護・保全と利用とをよい形で循環させることが重要だが、今後は地域との協働という観点から、この循環について仕組みの構築と経済循環の両面からあらためて検討することが求められる。

　循環の仕組みとしては保護・保全と利用という2つの要素だけでなく、地域資源の価値を周知・共有を図るプロセスと、土地の現状を継続的に把握するモニタリングのプロセスを組み込むことがポイントとなる。前者は地域の自然資源が有する価値を共有したうえで地域が一体となって守ることにつながり、後者は継続的な自然資源の調査を通じて利用による自然資源への影響を把握する

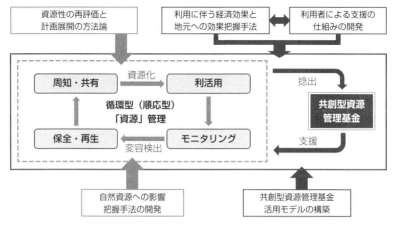

図5　国立公園の循環的保全に対する共創型管理モデル（出典：山本清龍ら（2022））

とともに、保全や再生の取り組みを通して資源性を向上させることにつながる。

　一方、こうしたモニタリングを地域との協働により継続的に実施するためには相応のコストを要する。公的な財源に加え地域の自然資源の利活用を通じた支払いの中から自主的な財源を確保することや、利用者の協力によりモニタリングを効果的に行う仕組みを構築することが求められる（図5）。

　2022年12月の中央環境審議会・自然環境部会自然公園等小委員会では、初めて「自然体験活動計画」が申請された。今般の自然公園法改正を受けて中部山岳国立公園、阿蘇くじゅう国立公園等においてこうした動きが出て来たものの、同計画の基礎となるべき土地の利用ポテンシャルの把握やそれを踏まえた利用のゾーニングが欠け、法改正の主旨や背景となった審議会答申の考え方が現場に十分に伝わっていないようにも見受けられる。

　今回の法改正は大きな転換点であり、こうした計画論の歴史的な動向が自然公園管理の現場側に浸透していくには、さらに時間を要するものと思われる。今後の課題と言えるだろう。

④ 「国から地域へ」の潮流の加速と海外へのプレゼンス向上

　ここまで国立公園を中心とする自然公園を取り巻く社会環境の変化と、それらを踏まえた自然公園法の改正について述べてきた。従来は国が主体となり

図6　信飛トレイルルート上の風景　上段左端が松本市側のトレイル始点付近からの眺め、下段右端が高山市側の終点付近の様子（2023年8月）

「国の資源」として量的にも質的にも均質な国立公園サービスの提供を目指してきたが、「地域の資源」として地域らしいサービス、多様性に富んだサービスを地域との協働により提供する方向へと大きく転換しようとしている。

このように「国から地域へ」という潮流がある一方で、同時に国立公園にはNational Park として海外に対するプレゼンスも一層求められている。両者は対極的な動きにも見える。しかし日本の自然の魅力の基軸の1つがそれぞれの地域に根づいた人と自然の関係性の多様さにあることを考えれば、「国から地域へ」という流れを加速させていくことが、すなわち海外へのプレゼンス向上にも大きく寄与することが十分想定されよう。

さらに言えば、「自然環境の多様性」と「ヒトの営為（自然環境との関わり方）の多様性」の組み合わせが地域資源の固有性や複合性につながっている。自然環境そのものにのみ地域資源としての価値を見いだすのではなく、ヒトの営為の中にそれらを見いだそうとする気運は高まっており、その取り扱いは観光まちづくりの場面においてもさらに重要視されていくであろう。

たとえば中部山岳国立公園では、同公園南部地域を跨ぎ長野県松本市と岐阜県高山市を結ぶロングトレイル「信飛トレイル」の開設準備を進めている。主体となっているのは行政機関や関係団体等で構成する同公園南部地域利用推進協議会のプロジェクトチームである。上高地周辺地区では周遊型観光での立ち寄りと北アルプスへの登山基地としての利用が多くを占めると思われるが、ロングトレイルを歩いて沿道の国立公園内外の地域を一体的に体感する新たな楽

しみ方を提起するものだと言えよう。これは国立公園周辺地域との協働によって自然環境から歴史・文化まで多岐にわたる地域資源群を俯瞰し、現代的な視点のもとに再編集する試みと捉えることもできる。その再編集の基軸となるのが中世に当地と幕府を結んだ鎌倉街道や近代登山黎明期より上高地への入山口であった徳本峠道など様々な古道・旧道であり、それらは限られた土木技術によって自然条件との折り合いをつけながら整備され、異なる時代背景や目的の下に人々が往来した履歴を示すものである。国立公園と周辺地域の協働によってもたらされる同トレイルが、標高600m弱の松本・高山市両街地から2455mの焼岳山頂に至る自然環境とヒトの営為の多様性として地域個性を明示するとともに、国立公園における「質の高い利用」のプラットフォームとして機能することが期待される。

[注]
1　普通地域、特別地域ともに国立公園の保護規制計画上の区分。陸域の場合、規制の厳しい順に特別保護地区、特別地域（第1種～第3種）、普通地域となる。
2　2009年の自然公園法改正では生態系維持回復計画が、2021年の同法改正では自然体験活動計画が公園計画として新たに位置づけられた。

[引用・参考文献]
環境省中部山岳国立公園管理事務所（2023）「中部山岳国立公園南部地域横断自然歩道 基本計画」
佐山浩（2022）「自然公園の仕組み」『造園大百科事典』朝倉書店、pp.558-559
下村彰男（2014）「第一回アジア国立公園会議の地域性と時代性」『國立公園』No.721、pp.20-21
下村彰男（2014）「国立公園が果たした役割と今後」『ランドスケープ研究』Vol.78、No.3、pp.204-207
下村彰男（2022）「最近の自然環境保全（ふれあいを含む）の動向について」『一般社団法人自然環境共生技術協会 令和3年度特別講演会』講演資料
寺崎竜雄・安原有紗（2021）「コロナ禍における観光レクリエーション これまでの経験と今後の意向」『観光文化』248号、pp.4-6）
内閣府大臣官房政府広報室「国立公園に関する世論調査」『世論調査報告書 平成25年8月調査』
　　https://survey.gov-online.go.jp/h25/h25-kouen/index.html
西田正憲（2022）「海外の自然公園」『造園大百科事典』朝倉書店、pp.78-79
山本清龍（2018）「国立公園と観光のこれから―自然観光地としての管理、計画、地域との協働」『観光研究』Vol.29、No.2、pp.100-105
山本清龍・海津ゆりえ・伊藤弘・米田誠司（2022）「共創時代における地域資源としての国立公園の保全管理モデルの構築」環境研究総合推進費終了研究成果報告書、2022年5月
IUCN日本委員会ウェブサイト http://iucn.jp/

第6章

デジタルでつながりを深める観光まちづくり

小林裕和

1 観光まちづくりとデジタル技術の活用

　デジタル社会の実現に向けた取り組みが加速している。2014年に施行された「まち・ひと・しごと創生法」のもとに進められてきた総合戦略が、2022年12月に抜本的に改訂され、2023年度を初年度とする5カ年の「デジタル田園都市国家構想総合戦略」（以下、「総合戦略」と記載）が新たに策定された。デジタルの力により、「全国どこでも誰もが便利で快適に暮らせる社会」というデジタル田園都市国家構想の実現を目指すとされており、「デジタル実装に取り組む地方公共団体：1500団体（2027年度まで）」などのKPIにより、地域の社会的課題の解決などに向けて様々な取り組みが進められている。

　「総合戦略」ではデジタル田園都市国家構想の実現のための施策に「地方に仕事をつくる」ことが掲げられているが、その重要施策分野のひとつが「観光DX（デジタルトランスフォーメーション）」である。観光は、国内外の需要を地域に取り込み、地方経済を支える重要な産業であると認識され、観光DXが「旅行者の利便性向上及び周遊促進、観光産業の生産性向上、観光地経営の高度化等を図ること」を可能とするとされている。さらに2023年3月には新たな「観光立国推進基本計画」が策定され、観光DX施策は、3本柱の1つである「持続可能な観光地域づくり戦略」の中に位置づけられた注1（表1）。すでに観光庁による観光DX推進事業が2021年度から本格的に始まり、実証から実装の段階に進みつつある。

　観光まちづくりには「地域の多様なつながりをつくり、活かす」という柱がある。そこには地域の日々の暮らしや交流の中にある多様で多層なつながりを

見つめ直し、地域課題の解決へ活かしていく、というメッセージが含まれている。観光まちづくりを進めるうえで、デジタル技術をどのように活用できるのだろうか。

1	地域一体となった観光地・観光産業の再生・高付加価値化
2	観光 DX の推進
3	観光産業の革新
4	観光人材の育成・確保
5	観光地域づくり法人（DMO）を司令塔とした観光地域づくりの推進
6	持続可能な観光地域づくりのための体制整備等の推進
7	良好な景観の形成・保全・活用
8	持続可能な観光地域づくりに資する各種の取組
9	国家戦略特区制度等の活用
10	旅行者の安全の確保等
11	東日本大震災からの観光復興
12	観光に関する統計等の整備・利活用の推進

表1　観光立国推進基本計画における「持続可能な観光地域づくり戦略」
（出典：観光立国推進基本計画（2023 年 3 月 31 日閣議決定））

②スマートツーリズム、スマートデスティネーション

　スマートツーリズムは、新しい情報技術やデータを活用することにより、効率性や持続可能性、経験の豊かさに焦点を当て、旅行客の体験価値の向上やビジネスの価値提案につなげる取り組みと定義される（Gretzel et al., 2015）。デジタル技術の活用により観光地の競争力向上を目指すことだけでなく、観光地域における持続可能性の実現や包摂性を目指すものとして、この 10 年間で関心が高まってきた。

　スマートツーリズムは、スマートエクスペリエンス、スマートビジネスエコシステム、スマートデスティネーションという 3 つの要素から構成される。まずスマートフォンに慣れた旅行者は、観光地で情報を検索するだけでなく自ら情報発信者となり、旅行の経験を豊かにする（スマートエクスペリエンス）。そして観光事業者、観光行政などの官民が連携し旅行の経験を共創する（スマートビジネスエコシステム）。そして観光地においては、情報技術と物理的なインフラストラクチャーが統合されている。さらに、これらの 3 つの要素間でデータが収集され、交換され、そして処理される（Gretzel et al., 2015）。

　スマートデスティネーションは、スマートシティの考え方を観光地（デスティネーション）に適用して生まれてきた。デジタル技術により、旅行者を含む全

選出年	都市（国）
2019	ヘルシンキ（フィンランド） リヨン（フランス）
2020	ヨーテボリ（スウェーデン） マラガ（スペイン）
2022	ボルドー（フランス） バレンシア（スペイン）
2023	パフォス（キプロス） セビリア（スペイン）
2024	ダブリン（アイルランド）

表2　欧州スマートツーリズム都市一覧（出典：
European commission（2023）などより筆者作成）

ての関係者が情報にアクセスできるようになり、それによって官・民・消費者の協働が促され、観光地の市場価値をもたらす、という概念とされる。一方、スマートデスティネーションの取り組みには課題もある。たとえば、ビッグデータを扱う際の倫理的な課題、とくにプライバシー、セキュリティの問題、データガバナンスのありかたをさらに検討していく必要がある。

　海外の事例では、たとえば欧州連合の政策執行機関である欧州委員会による「欧州スマートツーリズム都市」は、アクセシビリティ（利用しやすさ）、持続可能性、デジタル化、文化遺産および創造性の観点から欧州の都市を選定している。2019年に始まり、ヘルシンキ（フィンランド）やリヨン（フランス）など2024年までに9都市が選ばれている（表2）。また、スペインは世界の観光DXをけん引する国の1つであり、スマートデスティネーションの取り組みはすでに10年以上の実績がある。政府の専門組織がイノベーションのための研究・開発や、公民のパートナーシップを促す観光DXの推進役を担い、観光地のデジタル化に関するプロジェクトを推進している。そのほか、アジアでは中国、韓国、ベトナム、タイなどでもスマートツーリズムが実践されている。

③ 観光DXとDMOの役割

　観光DXの推進において、観光地マネジメントやマーケティングを担うDMO（観光地域づくり法人）が果たすべき役割はどのように変化するだろうか。

　DMOを取り巻く地域の環境は、地域特性や、都市部と地方等のタイプによって異なり、DMOの役割や目的、ターゲットなどに応じて、マネジメントやマーケティングする地域の範囲が異なる。そのため、我が国においては、広域、地域連携、地域といった区分を設けており、DMOがカバーする地域の範囲が

異なっている。したがって、観光地における課題やそれを解決する優先順位などによって、DMO によるデジタル技術の活用法も異なるだろう。

　国連世界観光機関（UNWTO）は、観光セクターがデジタル化されることにより、その継続的な競争力や成長、持続可能な発展を確保するためにイノベーションを起こし、新しいビジネスチャンスを生み出すことが必要であり、最終的な目標は「持続可能な開発目標」（SDGs）の達成に貢献することであると述べている（UNWTO, 2023）。そこに、デジタル化によって目指している観光の姿を明確にみることができる。そこでは、DMO は、デジタル技術を活用して、現状の観光を新しい理想的な姿に変えていくこと、すなわち観光 DX の実現に向けての推進役になることが求められている。たとえば、先に述べたスペインにおけるスマートデスティネーション政策においては、情報技術の活用にとどまらず、ガバナンス（管理体制）やイノベーション（革新）、サステナビリティ（持続可能性）、アクセシビリティ（アクセスしやすさ）といった 5 つの分野を統合的に、新しい観光地マネジメントの実践そのものとして進められている。地域の DMO はスペイン政府機関のサポートを受けながら、観光地のデジタル技術の活用による観光地マネジメントを進めている。

　次節以降、デジタル技術を活用した観光まちづくりの 2 つの事例を紹介する。まず地域との共生を目指す宿泊施設である新潟県南魚沼市の古民家ホテル「ryugon」の事例、次に福井県の地域連携 DMO である一般社団法人福井県観光連盟の取り組みである。それぞれ、スマートツーリズム、スマートデスティネーションの事例となる。なお、観光 DX を推進するうえで、デジタル技術そのものは手段でありツールにすぎない。しかし、日本はまだ観光におけるデジタル技術の活用は試行錯誤の段階であり、他の地域にも参考になるよう技術的な側面についてもある程度触れることにした。

④ 雪国を感じる古民家ホテル ryugon
──事例 1：南魚沼市

| 1 | エクスペリエンスを通じて地域との共生を目指す宿泊施設
　新潟県南魚沼市に位置する「ryugon」は、国の登録有形文化財（建造物）に

図1　古民家ホテル ryugon

指定されている約150年前の豪農の館を移築して改装した古民家ホテルである（図1）。1969年の創業以降、「温泉御宿 龍言」として新潟を代表する旅館の1つとして親しまれてきたが、2019年にその経営を㈱いせん（本社：新潟県南魚沼郡）が引き継ぎ、同10月にリニューアルして営業を再開した。代表取締役の井口智裕氏は、新潟県南魚沼郡湯沢町生まれの地元出身で、一般社団法人雪国観光圏の代表理事でもある。

　雪国観光圏は3県7市町村を区域とする地域連携DMOであり、「縄文を基層とする雪国文化と知恵」を独自価値として、「真白き世界に隠された知恵と出会う」というブランドコンセプトを掲げている。その中で井口氏は、ryugonが雪国観光圏で培われた雪国文化というブランドコンセプトを表現する舞台として非常にユニークだと考え、様々な取り組みを行ってきた。たとえば、館内には昭和初期に使用されたカンダハー式締具を装着したスキー板や、江戸後期の越後魚沼の雪国の生活を活写した『北越雪譜』に関連する書籍や掛け軸などを数多く展示している。また、欧州各国の博物館で多く使われているセルフガイドシステムを導入し、館内の展示物や建築などについての説明を聞くことができる。

　中でも象徴的な取り組みは、「龍言時間」と呼ばれる、地域での過ごし方の提案である。ryugonのウェブサイト（https://ryugon.co.jp/）には、「龍言時間」のコンテンツページへのリンクが、最初にユーザーの視線が来る重要な位置に、宿泊予約よりも優先して配置されている。さらに「エクスペリエンス」と称する様々な体験交流型の商品を企画、提供し、顧客はその体験を通じて実際に龍言時間を過ごすことができる。

　ryugonは地域の過ごし方を提案し、関連する交流・体験商品の紹介・販売

を優先させることにより、旅館と地域の新しい関係を構築しようとしている。井口氏はそれを「旅館3.0」と表現している。それは、団体客主体の大型旅館、そして、小規模な高級旅館に続くものであり、宿泊して温泉に入ること自体が目的となる従来型の旅館から、地域と共生しながら発展していく旅館のあり方である。今後は、地域での過ごし方に旅館がどう関わっていくかが重要になるという考え方である。

　一般的に日本人の旅行スタイルは一滞在期間が短い。平均宿泊数のコロナ禍以前の数値を見ると、全都道府県平均は1.85泊であり、1泊が全体の5割、1泊と2泊をあわせると全体の8割を占めている（日本交通公社、2020）。これは周遊型やリゾート滞在を除けば週末1泊2日といった短期間の旅行スタイルが多いためと想定される。さらに平均宿泊数と現地での過ごし方との関係を調べると、都市観光やグルメ、ショッピングといった現地での過ごし方34項目のうち、「現地ツアー・体験プログラム等への参加率」は、「平均宿泊数」と正の相関がみられ、相関係数（＝0.6696）は、全項目のうち最も高かった。つまり宿泊日数が多いことと、現地ツアーや体験プログラムといったエクスペリエンス商品への参加率は、互いにかかわりが大きいことがわかる（Kobayashi, 2022）。

　もちろん相関関係は因果関係ではないので、このデータからだけでは、体験・交流型プログラムへの参加が滞在日数を増やす直接的な要因となっているとはいえない。しかし、今後多様なニーズを満たすエクスペリエンス商品が全国各地で提供され、旅の目的として定着していけば、半日や1日といったプログラムに参加する時間を取るため現地での滞在時間を延ばそうとする観光客が増え、宿泊日数も増える可能性がある。あえて踏み込んでいえば、地域において観光に取り組む意義を考えれば、そのような市場を創造するための努力の価値は高い。宿泊施設の経営や地域の経済におけるメリットだけでなく、地域住民が携わる体験交流の活動を持続的に行うことができ、地域住民のシビックプライドを醸成する機会にもなるだろう。

｜2｜デジタル技術の活用によるコンセプトの実現

　ryugonが提供するエクスペリエンスには、アクティビティ、ツアー、ワークショップといったタイプのプログラムがある。たとえば、田園風景を眺めな

がら自転車で走る「田んぼポタリング」、また「土間クッキング」は、旅館の敷地内にある土間スペースにあるかまどを使って、地域住人から雪国の保存の知恵や暮らしについての話を聞きながら、地元の食材による郷土料理をつくる人気のアクティビティである。通年で開催する商品のほかに、季節やイベントごとに開催する企画や、地元の企業等と連携して実現するものなど様々である。

そのような多種多様な商品をインターネットで販売するために、体験事業者向け専門のクラウドサービスが活用されている。体験プログラムの情報をクラウド上の管理画面に入力すれば即時に自社ウェブサイトで販売ができるため、企画から販売までに要する時間を短縮し、タイムリーな販売機会を確保できる。また、体験交流型プログラムは天候や参加人数等によりオペレーションが複雑になるが、クラウドサービスは体験事業者専用なのでそのような事業特性に対応しており、効率的に企画、販売を行える。さらに、予約管理や販売実績管理などの機能も有しており、多言語による表示や、オンライン旅行会社と接続して訪日インバウンド市場も含めて販路を増やすことも可能である。また消費者から見ても、日付や人数、体験の開始希望時間、送迎の有無など、複雑な体験商品が、簡単に予約できるユーザーインターフェースが実現している。加えて、ryugon が使用しているクラウドサービスは、すでに世界中の体験事業者に活用されているため、多くのユーザーの声を反映し頻繁に機能が更新されより便利になるなど、クラウドサービスならではの活用メリットもある。

以上のように、ryugon の様々な取り組みは、雪国文化というブランドコンセプトを感じてもらうという意図を持って総合的に行われ、地域との共生を目指している。また、そのような活動が、地域のアイデンティティを生み出し、旅行客にその地域を訪問する理由を与えることを目指している。そのような意図を具現化し継続して取り組める仕組みとして、デジタル技術の活用が意味を持ってくるのである。

⑤ 福井県観光 DX 推進コンソーシアム
──事例 2：福井県

福井県は、2024 年春に予定されている北陸新幹線福井・敦賀開業に向け、

「稼ぐ」観光地づくりの取り組みを進めている。2020年7月に策定された「福井県長期ビジョン」では観光まちづくりに重点投資を行うとされ、その推進役となるのが2021年に地域連携DMOとして登録された公益社団法人福井県観光連盟（以下、「観光連盟」）である。2021年8月には、地域の観光を担うプレーヤーを支援する役割を果たす観光地域づくりマネージャーとして、地元あわら市出身の佐竹正範氏を選出した。佐竹氏は情報技術を活用した地域活性化のための自治体支援や北海道美瑛町のDMOの設立に関わり、データを活用した観光地域づくりの経験を持っている。

　佐竹氏のリーダーシップのもと、観光連盟ではデータを重視した観光まちづくりを進めてきた。その中心となる取り組みが、2022年3月、福井県観光データ分析システム「FTAS（FUKUI Tourism data Analyzing System）」（エフタス）の提供開始である。

　FTASではまず、福井県の公式観光情報ポータルサイトである「ふくいドットコム」（https://www.fuku-e.com/）のアクセス情報を、グーグルLooker Studioを活用してオープン化し、ウェブサイト上で誰でも閲覧できるようにした。これによって、どの地域から、どのような検索キーワードで、どのページが閲覧されているかを知ることができる。また、観光客向けアンケートの集計データを個人情報が特定できない形で公開した。県内約70個所に設置したQRコード等の2次元バーコードから得られるデータを日次集計してグラフ化し、回答数、観光客の属性や満足度、消費額などをブラウザ上で分析できる。さらに、観光客のスマートフォンから得られるGPSの地点情報もオープン化し、観光事業者は観光客の動向を多面的、多角的に知ることができる。

　一方、上述したような取り組みを通じて、マーケティングデータがいまだ十分でないため観光の実態が見えず、勘に頼った商品開発や政策、事業展開がなされていること、また、様々な施策の効果が見えにくく、施策のPDCAを回しづらいことなどが課題として認識された。そこで観光連盟は、2022年度に㈱福井銀行や㈱福井新聞社などと「福井県観光DX推進コンソーシアム」を形成し、データを活用した「稼ぐ観光」の実現を目的としてデータ駆動型の観光まちづくりの実証を行った。

　実証事業には観光連盟のプロジェクトマネジメントのもと、実に多種多様な

図2　体験型マーケット施設「RENEW」

メンバーが参加した。Code for FUKUI（所在地：越前市）は、「地域の課題をテクノロジーで解決する」シビックテック活動を行う団体であり、代表の福野泰介氏はデジタル庁オープンデータ伝道師にも選ばれ、日本のオープンデータをけん引する1人である。

事業では「GitHub（ギットハブ）」と呼ばれる、世界中の人々がプログラムコードを保存・公開できるサービスを活用し、得られた結果をオープンデータ化した。また、越前漆器、越前和紙などの伝統工芸が集積する鯖江市・越前市・越前町で2022年10月に開催された体験型マーケット「RENEW」（図2）では、デジタル商品券「RENEW Pay」が実装された。これは福井銀行と福井新聞社のデジタルサービス共同事業である㈱ふくいのデジタル（本社：福井市）が開発した「ふくアプリ」を活用したものである。購買データからユーザー属性や交通手段などが把握でき、次年度に向けての有用なデータを得ることができた。さらに、越前漆器や越前和紙などを販売する工房や小売店に協力いただき、店舗のPOSデータに加えて、アンケート、SNSの広告データ、AIによる人流分析、地域通貨RENEW Payの決済データなど、人・カネ・モノ（地点）のデータにより実態把握し、これらのデータをもとに分析を行い、新商品開発と販促企画の提案まで行った。

　DMOが収集したデータや実証事業で得たデータはほとんどがオープン化されている。そして、オープンデータの利用促進のため、観光関係者を対象に説明会、講演会などを開催し、問題提起や改善案などについて議論を続けている。

　たとえば、あわら温泉地域で開催したデータ分析説明会では、行政や観光事業者、地方銀行などが参加し、アンケートデータや観光予報プラットフォーム[注2]を用いたビッグデータ、あわら温泉に関するSNSの投稿などのデータ分析結果を報告し議論を行った。参加者からは、旅行客の利便性や、地域の一体感を高めることにつながる、という意見があったという。

また、将来の DX 人材の育成のため、シビックテックをテーマとした、高校生向けのアイデアソンを開催した。アイデアソンとは、アイデアとマラソンを組み合わせた造語で、新しいアイデアを生み出すために行われるイベントである。福井県観光アンケートオープンデータと、福井県観光データ分析システム「FTAS」を活用し、観光地の課題を発見、そして課題解決策のアイデアを、高校生 17 名が 4 チームに分かれて競い合った。

　地域が目指す姿は、行政や観光事業者がデータに基づく活動や効果検証を可能とすることである。事業者は商品開発時にデータを容易に参照できるようになり、感覚や感性だけにかたよることなく観光客の満足度を向上させる商品を企画開発することができる。行政関係者は、新たな集客スポット（観光施設など）を開発し、みがき上げを行う際に、データを元にしながら説得力のある政策立案を行うことができる。また、データの取り扱いに関するガバナンスの課題なども浮き彫りになり、今後の発展につながる知見が得られたという。佐竹氏のリーダーシップのもと、デジタル技術とデータの活用を通じて地域の多様なメンバーのつながりをつくり、その活用を進めていったことが印象的である。

⑥ 「地域とともにある観光」に向けて

　地域において観光を進めるため、観光事業者や観光行政だけに限らず、地域の関係者が連携して取り組むことの重要性はかねてから指摘されていたが、コロナ禍をへて一層重要視されるようになっている。たとえば、米国 DMO の統括団体であるデスティネーション・インターナショナルは、公、民、市民の連携の重要性を「観光地における連携（Destination Alignment）」と称し、産業とコミュニティ、国のより深い連携が観光地の競争力とブランド力を高めることの重要性を指摘している（Destinations International Foundation, 2021）。また、旅行・観光の業界団体である世界旅行ツーリズム協議会（WTTC）は、観光地とコミュニティがバランスとニーズを満たすようなアプローチを「観光地スチュワードシップ」と名づけ、観光地の資産、財産の運用管理において、公、民、コミュニティが完全に連携することの重要性を提示した（The World Travel & Tourism Council, 2021）。

　しかし観光に直接従事していない関係者や住民まで巻き込み連携を実現するためには、そもそも、なぜ観光に取り組むのか、という意味を問い直す必要があるだろう。そのプロセスがなければ、たとえばオーバーツーリズムを解決しようと思えば、観光は不要、観光客は来なくていい、という議論で終わってしまう。そこで観光の意味を問い直すこと、つまり「意味のイノベーション」が必要となるだろう。「意味のイノベーション」とは、イタリアのイノベーション研究者ベルガンディ教授が提唱した考え方で、「意味」を、人々が達成しようとする「目的」、何かを行う「理由」として捉える。観光の意味、つまり観光の目的や観光を進める理由自体を問い直し、観光の意味を再定義することが必要である。

　そのために、あらためて観光まちづくりが、観光とまちづくりを融合した視点をもっていることに注目をしたい。観光はこれまで地域の外からもたらされるものとして意識され（観光客は、まさしく地域の外から訪問してくる）、「中」のコミュニティが「外」にある観光にどう対応するかであった。そして「外からもたらされる」観光が、まちづくりを進める地域に対して、ポジティブな影響、ネガティブな影響、あるいは双方をもたらすものとして理解されてきた。しかし観光を、外からやってくるものと観光地域の中にいるものとの２項対立の構造として捉えるのではなく、地域の中で生じている現象として、「地域とともにある」ものとして、観光の意味を捉え直すのである。

　観光の意味を捉え直すことは観光に関わるものだけの役割ではない。その議論の場には観光関係者と非関係者という区別はなく、地域に住むものがつながり、それを活用して知恵を出して考える主題である。そこにデジタル技術を活用する目的がある。ビッグデータやオープンデータ、SNSなどを、産業から行政、高校生から社会人まで、多様で多層な人たちが活用することを通じて、地域における人と人とのつながりが生み出され、活用することが、観光まちづくりを継続するための仕組みになるのである。つまり、デジタルの活用により観光地の変革を目指す、デスティネーション・デジタルトランスフォーメーション（DDX）である。

注

1 観光立国推進基本計画は、「観光立国の実現に関し、政府が総合的かつ計画的に講ずべき施策」として、「持続可能な観光地域づくり戦略」「インバウンド回復戦略」「国内交流拡大戦略」の3つを掲げている。

2 観光予報プラットフォームとは、「自治体、観光協会、DMO、企業に対して、宿泊を基軸にした「観光」に関連、必要とされるデータを提供するプラットフォーム」(観光予報プラットフォーム、2023) であり、2022年度、公益社団法人日本観光振興協会によって構築され、観光予報プラットフォーム推進協議会(事務局:日本観光振興協会)により運営されている。

[引用文献]

観光予報プラットフォーム(2023)https://kankouyohou.com/(2023年10月22日取得)

(公財)日本交通公社(2020)『旅行年報』

Destinations International Foundation (2021) *A Strategic Road Map for the NEXT Generation of Destination Organization*, https://destinationsinternational.org/sites/default/files/DestinationNEXT_2021FuturesStudy_FINAL2.pdf

European commission (2023) https://smart-tourism-capital.ec.europa.eu/index_en(2023年10月22日取得)

Gretzel, U., Sigala, M., Xiang, Z., & Koo, C. (2015) Smart tourism: foundations and developments. *Electronic markets*, 25, pp. 179-188.

Kobayashi, H. (2022) Destination digital transformation derived with accommodation as a new digital intermediary: The centroid of tourism distribution gravity moving toward destination, 3rd World Conference on Smart Destinations.

The World Travel & Tourism Council (2021) *Towards Destination Stewardship*, https://wttc.org/Portals/0/Documents/Reports/2021/Destination-Stewardship-Framework.pdf?ver=2021-07-22-091804-637

UNWTO, 2023, DIGITAL TRANSFORMATION, https://www.unwto.org/digital-transformation(2023年3月19日取得)

[参考文献]

小林裕和(2022)「観光デジタルトランスフォーメーションによる「地域とともにある観光」へ―脱「観光」についての試論」『第37回日本観光研究学会全国大会学術論文』pp. 27-32

佐藤彰洋・笠原秀一(2019)「観光データでデザインするための営み」『デザイン学論考15』pp. 41-49

ベルガンティ・ロベルト著、八重樫文・安西洋之訳(2017)『突破するデザイン あふれるビジョンから最高のヒットをつくる』日経BP

リー・スプロウル、サラ・キースラー著、加藤丈夫訳(1993)『コネクションズ―電子ネットワークで変わる社会』(株)アスキー

第7章

地域の内と外をつなぐ モビリティとミュージアムの ネットワーク

児玉千絵

① つながりの捉え方

|1| 地域で求められる多様な「つながり」

　観光まちづくりと言っても、ピンと来ない読者はいないだろうか。観光？うちは普通のごくありふれた町だから縁遠いよ、という声はよく聞かれるものである。

　一方で、地域の「つながり」と聞いて、どんなものを思い浮かべるだろう。2つの地域の間を往来できるよう空間的に接続されていることだろうか。ある地域の人が、別の地域の人と知り合ってコミュニケーションを取っていることだろうか。もしくは、地域で生産されたモノが、別の地域で売れるといった経済的な関係性も含まれるかもしれない。ここに挙げた例は、順に地域の環境・社会・経済のつながりの一例にすぎないが、観光まちづくりは、こうしたつながりをつくったり、そのつながりを地域の中で活用したりする取り組みであると考えると、少し身近に感じられるかもしれない。

　筆者は都市計画やまちづくりの見地から地域の空間計画に関わる機会が多い。年々、地域住民の生活——特に日々の通勤・通学といった観点で必要なインフラストラクチャー（インフラ）を整備するのみでなく、来街者や地域外で生活する人と地域との接点となる場を創出する局面が増えてきた。また、地域の中でも、これまでまちづくりのプレーヤーとして積極的な参加がなかった住民を対象に、いかにコミュニケーションをとっていくかといった相談も増えたように思う。「観光」という言葉こそ使っていないが、これらは地域の内外の「つながり」づくりに課題を感じている事象だと捉えることができるだろう。

|2| 「つながり」を点と線のネットワークで捉える

　本章では岐阜県中津川市と東京大学交通・都市・国土学研究室（交通研）が実施している地域デザインの取り組みを通して、観光まちづくりに必要なつながり・づくりの実践例を紹介する。その前提として「つながり」をネットワークという観点から捉え直してみたい。

　ネットワークは、複数の点とそれらを結ぶ線で表現することができる。いわゆるグラフ表現である。点はノード（node）、線はリンク（link）とも呼ばれる。「つながり」というと、リンクの

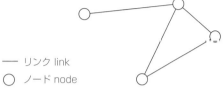

―― リンク link
○ 　ノード node

図1　ネットワークのグラフ表現の例

ほうが線形のイメージと直結しがちであるが、実際には点となるノードの属性や様態もネットワークのあり方を形づくる重要な要素である（図1）。

　人と人のつながりといったときにはノードが人そのものであり、人と人を結ぶリンクは目に見えない情報や心理的なものであることが多い。では地域のつながり、という時には、地域の何がノードで、何がリンクになり得るだろうか。

　たとえば、鉄道ネットワークを考えてみる。ノード＝鉄道駅であり、リンク＝路線だと考えるのが自然だろう。路線のキャパシティとして、線路の本数や車両編成、運行頻度などが鉄道ネットワークのあり方を規定していることは間違いない。しかしそもそもノードとしての駅がなければ、人は車両に乗降することができないし、高頻度に大量の人を鉄道で運ぶためには、駅の内部や周辺に円滑な乗降のための空間が配置されるべきだろう。リンクの可能性を最大限引き出すには、適切なノードの整備が必要なのである。

　一方で、ノードを整備すれば、それにあわせて自然とリンクが強化されるかというと、そういうわけでもない。どんなに大規模な駅を整備しても、鉄道の車両編成が短かったり運行頻度が低かったりする場合、鉄道利用者は当然増えない。このように、ノードとリンクの間には、必ずしも因果関係や相関関係を見出せるとは限らない。両者は自動的には最適化されないのである。リンクとノード、両者が適切に対応した状態にデザインされてこそ、ネットワークの全体が活きるのである。

　次節では、このネットワークの考え方を観光まちづくりの「つながり」づく

りに当てはめながら事例を紹介していく。

②付知町のモビリティとミュージアムのネットワークづくり

｜1｜岐阜県中津川市と東京大学による次世代交通研究の概要

岐阜県中津川市付知地区について

　対象地の岐阜県中津川市は同県の南東、東濃地方に位置する人口約7万6千

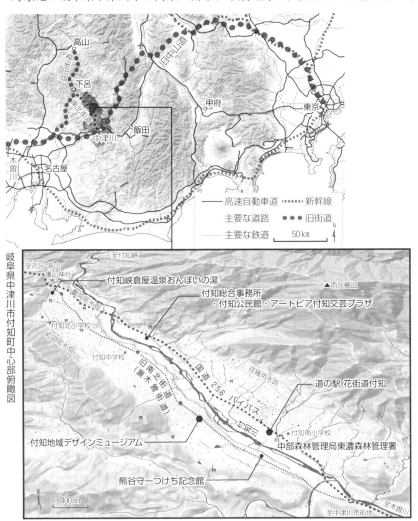

凡例：
　―― 高速自動車道　⋯⋯ 新幹線
　―― 主要な道路　●●● 旧街道
　⋯⋯ 主要な鉄道　50km

岐阜県中津川市付知町中心部俯瞰図

図2　中津川市と付知地区の位置図（地理院地図を加工して筆者作成）

人（2020年国勢調査）の自治体である。2005年に周辺の恵那郡北部6町村と合併し、67.6万m²に及ぶ広大な市域を抱えるに至った。市域の8割超を山林が占め、市内には中山道の馬籠宿に代表されるようなかつての街道沿いの町が点在している。現在は、中央自動車道やJR中央本線などが広域的な交通網として整備されており、2027年にはリニア中央新幹線の中間駅建設が予定されている。

付知地区は、同市の中でも北部に位置し、旧南北街道沿いの旧付知町にあたるエリアである。人口は約5400人（同調査）。旧南北街道は、岐阜県北部の飛騨地方と中山道を結ぶ迂回路として発達した筋で、現在でも中津川市中心部と飛騨地方の下呂市を結ぶバス路線が残っている。付知の中央には木曽川水系の付知川が流れており、上流域には渓谷景観の美しい付知峡や、裏木曽御料林として知られる良質なヒノキ材を産出する山林が広がっている。付知は、この裏木曽の伐り出し拠点として古くから発展し、木曽川にダムが建設されるまでは付知川を使った木材の流送も行われていた。この山の恵みは、付知に山間の村とは思えないほどの賑わいをもたらし、さらに明治期には付知川を上流に遡って岐阜県側から御嶽山に至る王滝新道が拓かれるなど、一時には宿場町のような発展を見せた。

現在の付知は、付知川を挟んだ旧街道の対岸にバイパス国道が整備され、道の駅や支所等の施設も主にバイパス沿いに立地している。車で通過すると、点在するロードサイド型施設と、その後背の棚田、山といった単純な景観を素通りしてしまいそうになるが、旧街道沿いの町の中をつぶさに歩くと、田を潤す

図3　付知町内風景

ようにはりめぐらされた用水や、木材加工業の工場、旧街道沿いの町並みなどから往時が偲ばれ、不思議な魅力が感じられる地域である（図2、3）。

東京大学との研究連携

中津川市と東京大学交通・都市・国土学研究室（以下、交通研）はこの付知地区をモデルケースとして、2020年度から研究連携を行い「次世代交通研究」に取り組んでいる。この立地で交通というといわゆる中山間地域における交通不便解消に向けた取り組みのように感じられるが、交通研の取り組みは、目に見えない情報や人のネットワークと、目に見える空間のネットワークを同時に地域の中でデザインするものである。まさに、観光まちづくりに必要な「つながり」づくりを行っているのである。具体的には以下4つの柱を掲げている。

1. 郷土研究
2. 小学校教育
3. 地域デザインミュージアム
4. 交通社会実験

1つめの郷土研究については、付知の裏木曽御料林の伐り出しという歴史・文化を改めて掘り起こし、地場産業としての木材加工業の立地や、林業から安定的な農業へと産業の変化を可能にした用水開発の歴史等を明らかにする調査研究である。地域の中で埋もれている一次史料にも触れながら、公に共有できるアーカイブをつくる取り組みである。

2つめの小学校教育は、郷土研究の成果も踏まえながら、より身近なテーマを取り上げ、地元小学校で探究の時間を活用し地域に関する学びを深めている。たとえば、民家の間取りに残された地域の特色ある生活様式や、木材加工の現場見学などを行い、子どもたちとともに周囲の生活環境の中に地域の資源性を見出していく取り組みである。交通研の学生や教職員が教育支援を行っている。

3つめは、旧街道沿いの民間建物を使った「付知地域デザインミュージアム」の整備である。これは、1つめに紹介した郷土研究の成果を展示・発表したり、日本各地の地域デザインミュージアムと連動した展示・講演会などを企画したりする実践拠点となる。

最後に、交通社会実験では、自動運転の実用化やリニア中央新幹線開通を見越し、地域の内外を結ぶ新たな交通手段を社会実験として試行しながら、住民

の生活動線と来訪者の動線を支える新たな交通サービスと乗降拠点の整備を行っている。

　これらの取り組みを、観光まちづくりのつながり、すなわち、地域のネットワークづくりという観点からリンクとノードの仕掛けとして紐解いていく。

| 2 | ミュージアムのネットワーク

　付知地域デザインミュージアムは、旧街道沿いに立地する古い旅館の一部をリノベーションして 2022 年に開設された。建物のリノベーションと、旧街道を挟んだ向かいの辻広場の整備を同時に行い、建物内には地元事業者が運営するカフェも併設されているほか、物販コーナーでは地域の農産品や焼き菓子などの販売も行われている（図4）。

　第4章で紹介されたエコミュージアムは、地域の中にノードとしてのコアとサテライト、そしてリンクとしてそれらを連携させる小径（ディスカバリートレイル）を設定する。つまり、地域内のネットワーク構築を志向している。地域デザインミュージアムも、確かにエコミュージアムのように地域内に散在する地域資源を取りまとめて情報発信するコアとしての役割を持っているが、それに加えて地域外とのネットワーク構築を志向している点に特色がある。

　交通研は付知のほかにも、福島県の浪江や愛媛県の松山などで地域デザインに取り組んでおり、そうした地域でも地域デザインミュージアム（TErritorial Design Museums: TED）という形で研究成果のアーカイブおよび情報発信を行お

図4　辻広場から眺めた地域デザインミュージアム外観および内部の物販コーナー

うとしている。この複数の地域間の情報共有の仕組みを地域デザインミュージアムネットワーク（TEDネットワーク）として構築しようとしているのである。

　つまり、付知地域デザインミュージアムは、郷土研究や小学校教育といった地域内の資源発掘の拠点であると同時に、全国のTEDネットワークを構成する1つのノードでもある。他のノード、つまり、全国各地の地域デザインミュージアムとオンライン企画展や講演会などのリンクで活動を同期させながら運営することで、地域の外の情報についても触れることのできる拠点になる。

　地域の博物館というと、地域内の情報を広く知らしめる拠点として解釈しがちである。しかし、地域デザインミュージアムは、地域の外からの情報も入ってくるノードであるという点に、特色がある。この仕掛けによって地域デザインミュージアムは地域の中と外、両方の人にとって新しい情報の出入りがあるノードとなり、来訪者と住民の動線が自然とこの場所で接し、偶発的な出会いが生まれる場となる。

｜3｜ モビリティのネットワーク

　リニア中央新幹線が開通すれば、東京から中津川は60分、名古屋から中津川は10分ほどで結ばれる。また、鉄道だけでなく自動車交通においても、中央自動車道の神坂PAスマートインターチェンジ設置や、高速道路での自動運転技術の実用化が進めば、中津川市内への広域アクセスは格段に改善する（図5）。こうした広域での高速交通ネットワークの変化を地域の望ましい変化につなげるため、交通研は社会実験という形でモビリティネットワークの新たな姿を模索している。

　最初の社会実験は2021年12月、まずは付知の中の人や物の新たな移動手段としてデマンドタクシー、巡回バス、移動販売など多様な形態で試行し、移動のニーズを調査することから始めた。あわせて付知に住む人の中から協力者を募り、携帯電話のGPS機能をつかって日々の移動記録を継続的に調査（プローブパーソン調査）している。

　この結果を踏まえ、2022年10月には道の駅で開催されるクラフトマーケットイベントと同日に地域デザインミュージアムの開設記念イベントを開催し、それらの拠点を結ぶ予約制タクシー、道の駅と地域デザインミュージアムを結

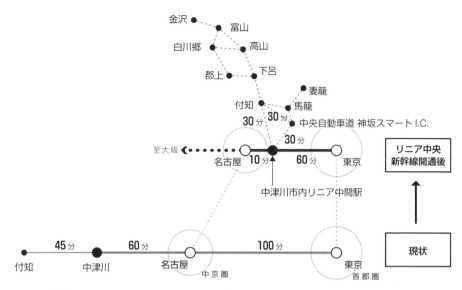

図5　中津川市周辺でこれから見込まれる広域での高速交通ネットワークの変化

ぶ無料シャトルバス、貨客混載での貨物輸送、中津川駅からの北恵那バスの付
知内区間乗降自由化といった施策を試行した（図6）。

　いずれも、予約システムのアプリ開発を行い実際に住民に使ってもらったり、
新たなモビリティサービスの乗降拠点となるバス停に木材を使用して周辺の歴
史文化資源等のアクセスマップや古写真を掲示したりといった工夫を行ってい
る。これにより、住民自身の具体的な交通行動変容が、地域の風景の変化につ
ながっていくというイメージを醸成する効果も無視できない。

　着目すべきは、いずれも主に住民の生活に必要なモビリティサービスを検討
している点である。リニア中央新幹線や高速道路との接続など、高速かつ広域
な交通ネットワークの大きな変化を、よりきめ細やかな地域内のモビリティネ
ットワークとの接続に結実させることを見込んでいるのである。

　たとえば高速バスのアクセスが良くなるといった場合、来訪者の立ち寄り地
にバス駐車場を整備するといったわかりやすい変化が地域に現れることがある。
これは高速バスの往来というリンクが増強されることを見越して、ノード整備
を行っていると考えられる。しかし、1つのリンクに依存して人為的につくっ
たノードに、次にどのような他のリンクが接続するかは分からない。交通研が
付知で目指しているのは、むしろ地域内の移動需要を細かくあぶり出し、ささ

やかでも潜在的に需要のあるリンクをまず発現させるという実験である。広域的な高速交通ネットワークの変化が実現するまでの時間を活用し、先に地域内の潜在的な移動需要を明らかにし、社会実験と調査によって新しい地域内のモビリティネットワークを具現化することを目指している。

　実際に、社会実験の結果では住民の利便性を向上させつつ、同時に来訪者の行動範囲が広がっていることが確認できた。住民と来訪者の立ち寄り地をノードとするモビリティネットワークを検討し、重なり合うリンクの利便性を高めているのである。

　また、住民と来訪者の両者が立ち寄るノードを地域デザインミュージアムのような仕掛けと兼ねることで、空間的な変化を集中的に発現させる点も巧みである。他のリンクが接続する可能性が高いノードに、地域外からの流入が見込める広域高速ネットワークを接続させ、地域内外の人々の接触機会を増やして

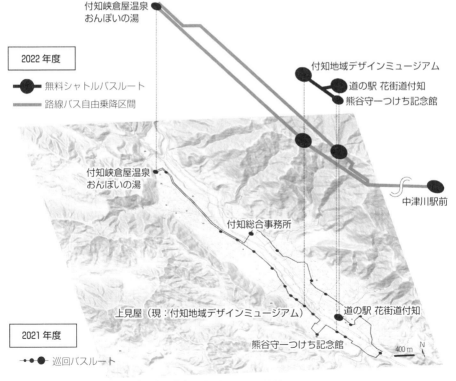

図6　2021年度と2022年度の交通社会実験運行ルート図比較（地理院地図を加工して筆者作成）

いるのである（図6）。また、将来的に、こうしたリンクとしてのモビリティサービスや、ノードとしての地域拠点を地元住民の手で運営することができれば、それは地域マネジメントの財源確保の一手段にもなり得るだろう。

③ 地域のネットワークを重ねてデザインする

｜1｜複数のネットワークが共有するノードとリンクを見出す

　改めて付知での取り組みをネットワークのデザインという点から読み解こう。まず、地域における多種多様な人と人のつながり、場所と場所のつながり、そして人と場所のつながりをノードとリンクから成るネットワークとして仮定する。このとき、付知での地域デザインの取り組みは、それらのネットワークが共有しているノードを地域の拠点として仕立てていると言える。たとえば、クラフトマーケットのため道の駅に来る人や、付知内の小学校に通う子どもたち、日常的に付知内で買い物をする住民といった複数の主体にとって、地域デザインミュージアムは主たる目的地ではないが、複数主体が共有しうる立ち寄り地として拠点性を与えている。さらに、各ネットワークが重なり合うために必要なリンクを、新たなモビリティサービスを提供することで強化している。道の駅や美術館といった来訪者の主要訪問先と地域デザインミュージアムとの間のリンクに新たな移動手段を提供することで、来訪者にとっても、住民にとっても、それぞれのネットワークを構成するノードに足を踏み入れるよう仕掛けているのである。

　このように、リンクとノードの両者に変化を仕掛けることでネットワーク全体が変化しやすくなる。鉄道ネットワークの路線と駅の例で挙げたように、リンクとノードのどちらか一方のみが変わっても、ネットワーク全体は変化しづらい。点の変化を、ネットワークに波及させるため、線にも仕掛ける。線の変化を空間に落とし込むため、点にも仕掛ける。こうして、点から線へ、線から点へと、ネットワーク全体に段階的な変化が期待できる。

| 2 | 絶えず変化するネットワークと地域のデザイン

そもそも地域という単位は、その場所で暮らす人の社会的なネットワーク、つまり人と人とのつながりが、その空間のあり方に強く対応している姿に起源がある。しかし観光まちづくりでは暮らす人のみでなく、立ち寄る人や滞在する人も含めた人々の関係性を、空間に結びつけ、地域の中に落とし込んでいかなければならない。そのとき、それぞれのネットワークのなかで共有し得る人やモノ、場所、情報などを丁寧に空間の拠点と結びつけ、仕立てていくのが観光まちづくりだと言えるだろう。

ただし、こうしたネットワークは古典的な地域社会ネットワークとは異なり、緩やかで移ろいやすいものである。常に新たなノードやリンクが消えたり生まれたりして、絶えず変化するダイナミックなネットワークとして捉える必要がある。そう考えると、地域のデザインという行為には必然的にマネジメントという行為も含まれる。ネットワークを仮定することで、絶えず変化する地域の姿を的確に捉え、望ましい変化を仕掛け、影響を波及させる。この営みを続ける仕組み自体を地域に組み込んでいくことも、観光まちづくりにおける地域のつながりづくりの重要課題である。

［参考文献］
東京大学交通・都市・国土学研究室（2022）「2022 年社会実験報告—令和 4 年度中津川市未来技術地域実装協議会資料」
安田雪（1997）『ネットワーク分析—何が行為を決定するか』新曜社
付知地域デザインミュージアム公式 web ページ https://tted.t.u-tokyo.ac.jp/（2023.7.26 閲覧）

第3編

地域の暮らしを支え、豊かにする

人口減少・少子高齢化の中、地域外の人々と共に、
地域の暮らしを支え、豊かにする
「観光まちづくり」を目指す。

　少子高齢化に伴い、多くの地域が生活や生業の維持、
地域社会の存続に関わる諸課題を抱えている。これから
の「観光まちづくり」では、地域の暮らしを支え、豊か
にする生業の創出と、地域の人々の活躍の場や生き甲斐
を感じられる機会の創出に寄与することをまず第一に考
えなければならない。地域内が経済的、社会的、精神的
に豊かでなければ、地域の外に開いていくことはできな
い。

キーメッセージ ⑤ 観光や交流の恵みを地域内で循環させる

**多様な業種・主体が連携して、
観光や交流による恵みを地域内に
広く波及、循環させる。**

　観光は、地域外からの消費や投資を呼び込み、地域内に広く経済波及効果をもたらしうる経済活動である。しかし、放っておくとその効果は一部の限られた業種・主体のものに留まってしまう。「観光まちづくり」が介在することで、地域の多様な業種に関わる主体を巻き込み、人とモノの域内調達率を高める仕組みを構築していく。このことが、観光や交流による恵みを地域内に波及、循環させていくことにつながる。

キーメッセージ ⑥ 地域のレジリエンスを高める

**地域内外の多様な人々との支え合いで、
日常的に地域の足腰を強くし、
危機や変化にしなやかに対応できる地域を目指す。**

　従来からの災害に加え、気候変動に伴う豪雨災害の頻発や国際化に伴う感染症等のリスクの高まりの中で、地域を取り巻く不安要素は年々増えている。一方、平時の雇用の場である宿泊施設が非常時に避難場所としての役割を果たす、祭りの復活や被災地ツアーがささやかながらも地域の復興の力になるなど、地域内外の多様な主体との支え合いで成り立つ「観光まちづくり」は、地域の復興を経済的、精神的に支える力になりうる。地域外から訪れる観光客が災害弱者になりやすいこともふまえて、地域のレジリエンスを日常的に高めていく「観光まちづくり」を目指す。

第**8**章

域内循環を重視した
観光経済の再構築に向けて

塩谷英生

（1）市場環境の変化と経済効果漏出への懸念

|1|コロナ禍・円安による海外資本の勢力拡大

　2020年代前半に我が国の旅行市場は、敗戦後で最も厳しい環境変化に晒された。いわゆるコロナ禍であり、このパンデミックによる影響は日本全域に及んだ。2011年以降に急速に成長していたインバウンド市場があっという間に消滅した形となった。2022年10月の渡航制限緩和をへてようやく正常化へと向かうのだが、欧米では一足早く旅行市場の回復が進んでおり、日本を含めたアジア地域の観光産業にとっては大きな機会損失となった。この間の海外の大手ホテルチェーンの投資家向け資料をみると、2020年度こそ経常利益が赤字となったところが多いが、2021年度にはすでに黒字に転じている。

　2022年2月のロシアのウクライナ侵攻による資源高と、コロナ禍後の消費の回復などによるインフレーションが国際的に進み、インフレ抑制のために各国が金融引締に動いたことから円安が進行した。投資余力を残している海外資本（以下、外資という）からみると、コロナ禍後の需要回復が確実視されていて、しかも円安下にある日本市場には、参入の好機が到来した形になっている。実際、各種記事をみると、外資による新規投資や買収、運営への参加などの事例が増加している。

　世界最大のホテルチェーンであるマリオット・インターナショナル（Marriott International）のWebサイトから投資家向け資料を見ると、2022年末には全世界で153万室にまで室数を増やしている（表1）。この室数は、コロナ禍前の我が国全体の延べ泊数（6億人泊）を賄える規模であり、しかも客単価も相対的に

主な国際ホテルチェーン	本社	日本での主なブランド	展開国数	施設数	客室（万室）
マリオット Marriott International	米・メリーランド州	シェラトン、マリオット、リッツカールトン、ウェスティン	138	8,288	153
ヒルトン Hilton Hotels & Resorts	米・ヴァージニア州	ヒルトン、コンラッド	123	7,165	113
インターコンチネンタル InterContinental Hotels Group	英・バッキンガムシャー州	インターコンチネンタル、インディゴ、クラウンプラザ	100以上	6,164	91
アコー AccorHotels	仏・パリ市近郊	メルキュール、イビス	110	5,445	80
ハイアット Hyatt Hotels and Resorts	米・シカゴ市	ハイアットリージェンシー、パークハイアット	75	1,263	30

表1　主要な国際ホテルチェーンの規模（2022年末時点）（出典：各社ホームページの投資家向け資料より筆者作成）

高い。我が国の宿泊事業者は、このような巨大企業に対してどのような差別化を図り、持続可能な経営を確保していくかを真剣に考える時期に来ている。ところが、国においては富裕層を呼び込むという視点から、外資系のホテルの誘致にむしろ積極的な施策を展開している。設備投資や雇用の効果は国内資本と区別なく発生するが、そこには、持続的な地域活性化という視点が欠落しているように思われる。誘客と並行して、外資の土地取得に関する規制や、観光事業者に関わるインフラ整備のコスト負担の制度化、空き店舗や廃墟を生まないための事業撤退時の所有者責任の規定などを、国レベル、自治体レベルで検討していく必要があるのではないか。

｜2｜コロナ禍後の観光地・観光産業の変質

利益の域外流出増大の可能性

　コロナ収束後の旅行需要の回復は、2019年頃に問題となったオーバーツーリズムの再来を招きつつある。しかし、コロナ禍下で飲食店が減少したり、リネンサプライ業者などのサプライチェーンにダメージが生じるなど、受入態勢に課題を持つ観光地も少なくないと考えられる。コロナ禍前にすでに課題となっていた人手不足も深刻となるだろう。コロナ禍で観光業を去った雇用者がすんなり戻るのかという問題もある。また、早朝や夜間などの日常生活への負荷が大きい仕事を敬遠する地域住民も多い。

　こうした状況下での旅行市場の回復は、客単価が高く、相対的に賃金水準も高い外資系あるいは国内有力ホテルチェーンのシェアを一層高めていくだろう。このことは、利益の本社部門への移転所得や、中間投入や設備投資の域外調達

の増加といった経路を通じて、観光の経済効果の域外への漏出という問題を引き起こす可能性が高い。さらに言えば、飲食代や体験観光参加費などが、ホテル内あるいはホテル系列の事業者に支出されることで、域内の事業者間の水平的分業（域内連携による波及）による相乗効果が減少する可能性がある。また、人件費についても、幹部職員が域外住民であれば、域内住民の人件費比率が抑制されることになる。

　もちろん、域外資本であっても、地域との共存を重視する事業者もいるし、域内資本であっても域内循環の重要性に対する認識が希薄な事業者もいる。そうした個別ケースを包含した施策が検討されるべきであろう。

誘客施策優先から域内循環重視へ

　コロナ禍で観光産業が変質したために、観光地の混雑が戻ったとしても、地域にとっては経済効果を享受できない状況が強まる恐れがある。

　コロナ禍では、外国人の入国や旅行者の受け入れに対するネガティブな意見が地域住民の大半を占めた。しかし、観光客の減少がもたらす経済的影響を実感する中で次第に住民意識が改善していった事例も多い。だが、観光振興が経済循環につながらないとなれば、再び否定的な見方が広がっていくだろう。

　おそらくこうした事象には地域差があり、インバウンド客比率が高い大都市圏や北海道、沖縄などで先に顕著となり、その後次第に他地域へと広がっていくと考えられる。したがって中規模の観光地には多少の猶予もあるだろう。だが、いずれ中小資本による宿泊業の経営は、資本力や運営ノウハウなどの点で、厳しい条件下での競争に直面することになる。たとえばハワイのワイキキビーチを思い浮かべて欲しい。米国本土の大手ホテルチェーンが林立している中に、州内資本のホテルは見当たらない。

　インバウンド市場の黎明期は誘客施策を優先する必要があった。しかし、市場が急拡大する過程で、域内循環に目配りすべきタイミングがすでに到来していた。今後は、外資や東京等の域外資本を通じた経済効果の漏出を抑制しつつ、コロナ禍で足腰が弱った地元事業者間の水平的連携や、地域住民と観光産業との結びつきを強めていくための施策が喫緊の課題となるだろう。

　こうした問題意識を踏まえ、次節では、経済効果漏出の構図と、経済効果向上に向けた施策の方向性について考えてみたい。

②経済効果漏出を抑制する施策の方向性と課題

｜1｜経済効果漏出の構図

経済波及効果とは何か

　観光の経済効果は、観光客による「観光消費額」が、宿泊業や交通産業などの観光産業の売上高となり、そこから域内の関連産業からの原材料調達や、域内雇用者への給与支払いなどを通じて地域に波及していく構造となっている（図1）。これを経済波及効果と呼び、産業連関表を用いて推定している。

　たとえば、10万人の観光客が1人あたり1万円の消費をすると観光消費額は10億円であり、これは観光産業からみた売上高でもある。仮に原材料などの中間投入が5億円で、域内調達率が60％であれば、域内関連産業に3億円が支払われる。また、観光産業の人件費が2.5億円だった時に、域内居住の雇用者への人件費比率が8割であれば、約2億円の給与が域内の家計に支払われる。3億円の売上を得た中間投入先の事業者は、そこから中間投入や人件費支払いを行うことになり、波及効果は等比級数的に増加する。この時、「比」は1よりも小さいため、波及効果は一定の乗数倍に収束する。

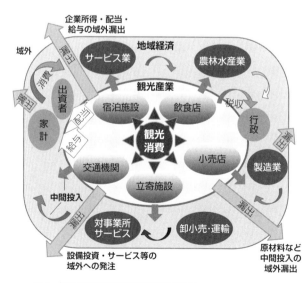

図1　観光消費の経済波及効果の模式図

　また、家計に入った2億円のうち50％が地元で消費されるとすれば、さらに1億円の売上が地域に生じる。他にも、観光事業者の中長期的な利潤は、それに応じた設備投資を生み、その発注先が地元企業であればさらなる波及効果が期待できる。

　以上は、観光産業を起点とした言わば垂直的な

波及効果の流れである。一方で、前述のように、宿泊、飲食、交通、観光体験などの一連の観光サービスが域内の事業者間の分業の下で行われることによる、水平的な波及効果も大きい。多様で優れた観光資源や観光施設が集積することは、滞在時間を増やすことにつながり、そのことが食事や宿泊の需要を生む。逆にまちなかに質の高いレストランやホテルがあることが、周辺の観光資源への回遊行動を促進する。

経済効果の漏出

　改めて域外資本による経済効果の漏出パターンを整理すると、主に、原材料などの中間投入の移輸入[注1]、域外に支払われる雇用者所得、本社部門への企業所得や域外への財産所得（配当・利子等）の移転、企業設備（固定資本形成）に関する域外発注、水平的分業に関する域外依存などに分類することができる（図2）。

　これまで、観光消費の経済波及効果については、観光庁をはじめとして多くの調査・研究が行われてきている。しかし、漏出額として除かれる額は、直接消費額のうち域外産品の購入額と、中間投入に占める移輸入額に留まっている。企業所得の本社部門移転などの漏出分については、定量的な推計はもとより、定性的な影響についても十分検討されて来なかった。分析を行うために必要となる経営情報や細かいセグメント別のデータなど、現行の観光統計や産業

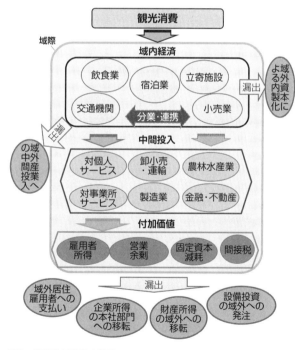

図2　経済効果漏出の構図
注：営業余剰は付加価値から他の3つの項目を差し引いた分を
　　指す。固定資本減耗は減価償却費と偶発事故による損失を
　　合わせたもの。

連関表でカバーできないデータが多い点も障壁となっている。

｜2｜地域経済の再構築 ── 経済効果漏出への処方箋

　地域の経済効果を高めるには、①観光客を増やす、②消費単価を高める、③域内調達率を高める、の3点について、地域特性を踏まえてバランス良く改善していく施策が必要となる（図3）。以下では、域内循環を促進する観点から、主に③を中心に経済効果漏出の課題と施策の方向性について述べたい。

域内産品の活用 ── 垂直的結合の強化

　域内の地場産品や食材について、加工品開発、生産・流通やブランド化の促進といった施策を通じて、観光産業における調達先の育成を図る必要がある。たとえば、沖縄のアグー豚のように、地場食材のブランド化に成功すると、仕入れ値が多少高くても厨房で取り扱いやすくなる。

　事業所サービス等の中間投入についても、重要なサプライチェーンであり、地場産業の一部として捉えておく必要がある。広告・デザイン、物流、清掃サービス等の周辺産業の育成・支援、食材や燃料等の共同調達事業（卸売サービス）など様々な施策が選択肢としてある。

水平的分業 ── 世界観や価値観を体現した「面的」もてなし

　域内資本の事業者がコロナ禍後の市場シェアを落とさないためには、資本力や運営ノウハウに優れる域外資本に対し、どのような形で競争力を得ていくかを突き詰めて考える必要がある。

①集客力の向上	②消費単価の向上	③域内調達率の向上
●既存資源の活用	●拠点施設づくり	●域内産品・食材の活用
●新しい魅力づくり	●商品の品揃え	●域内人材の活用
●新規客層開拓・オフ対策	●商品魅力の伝達	●異業種連携・産業興し
●情報発信の強化	●品質の向上	●域内資本の活用
●交通アクセスの改善	●価格競争力の向上	●遊休資産の活用

●資源・環境の保全	●安全・安心の確保	●その他顧客基盤の保全

持続可能性の確保

※ただし一つの施策が重複して効果を生むことも多い。たとえば、域内産品の活用は①②③いずれにも関連する。

図3　経済効果向上施策の体系

域内事業者が優位な点の１つは、地域の持つ世界観や価値観などを深く理解して体現できることであろう。しかし、国際的なホスピタリティ産業は、地域の世界観をコピーして付加価値の高い商品を造成する能力に長けている。そもそも旅行者は短期の滞在中に地域の良いものに触れる必要があるため、供給側には地域の日常を超えた一定の演出や装置が必要であり、そこに域外資本の優位性も生じやすい。

　これに対抗するためには、もう１つの優位性である地域の人的ネットワークを活かし、事業者間の連携（水平的分業）によって共通の世界観・価値観に基づく旅行者サービスをリーズナブルな価格で展開することが重要である。その際、共有財産である公的施設や公共交通の活用や、域内金融機関との連携、域内外での事業運営ノウハウの研修等により、競争力を高めていく必要がある。

観光産業の重要性の訴求と雇用対策

　ますます難しくなる人材確保については、まず観光産業の重要性について地域住民に発信することが重要である。信頼できる観光統計の発信や、経済効果調査の実施などを踏まえて、地域の社会経済に貢献する観光施策を、計画的かつ継続的に進めることが望まれる。住民、とりわけ若年層に対して観光事業に対するポジティブな態度を引き出しながら、具体的な賃金や労働条件の改善につながる働き掛けを、ハローワーク任せにせずに自治体レベルで取り組んでいく必要がある。たとえば、旅行需要が大きい北海道や沖縄であっても、大都市圏に比べると宿泊業の賃金水準が低いという実態がある。旅行者の経済水準に合わせた賃金水準に近づけることが離職率の低下にもつながると考える。

　もともと地方における労働力は小さいことから、高齢者や主婦層を含めて、無理のない兼業形態での就労を促進していくことも今後重要になる。たとえば、人材豊富な市役所職員などの兼業は、農業について認められているケースが多い。これを観光も含めた多様な産業へ広げていくため、就業規則を含めた改善に地域で取り組む必要がある。学芸員のような非営利団体等の従業員についても同様である。

域内資産の活用

　観光産業の営業余剰や人件費（家計所得）からの域外漏出を抑制するには、域内資本や遊休資産の活用支援、商店街の利用促進施策なども効果を持つ。た

とえば、人口減少に伴って増加している空き家や空き店舗などの遊休資産の活用も重要な課題である。尾道市などでみられる、コミュニティの同意を得ながら新住民に不動産を購入してもらうような施策も有効となるだろう。

観光財源の確保と意思決定の枠組み

　観光施策の財源についても確保していく必要がある。自治体の観光自主財源は、法定税では入湯税（およびその超過課税）のみであり、国の補助事業などの依存財源を別とすれば、新たな財源制度として、宿泊税や環境税などの法定外税や、協力金制度などを導入していく必要がある。特に、域外資本の集客力や客単価の高さに着目すると、宿泊費に応じて税額が変化する形の宿泊税を導入し、環境負荷や地域振興の財源として還流させていく方法が効果的と考えられる。この他、熱海市の「別荘等所有税（法定外普通税）」、箕面市の「開発事業等緑化負担税（法定外目的税）」などのような、インフラ整備のコストを利用者や事業者に負担してもらう仕組みも検討に値するだろう。

　また、これはコロナ禍以前からの課題だが、いわゆる「平成の大合併」から15年以上が経過し、多くの旧市町村が首長や議会による意思決定の枠組みを失った。合併特例債も終了してから長い時間が経っており、旧町村単位で裁量できる観光予算は大幅に減少している。こうした中で、合併後の市が、旧市町村を単位とした観光施策を推進する場合には、地域の合意形成を確認しながら財源を充当することが望ましい。DMOのような組織によって、地域のイニシアティブをとる事業を進めることも効果的である。その際、何故その事業が必要となるのかについて、地域全体で問題意識の共有を図ることが重要である。

［注］

1　移輸入とは、域外から購入すること。うち、国内の他地域からの購入を移入、海外からの購入を輸入と言う。

［参考文献］

UNWTO (2023) World Tourism Barometer and Statistical Annex

塩谷英生（2023）『観光まちづくりのための地域の見方・調べ方・考え方（第6章）』朝倉書店

NPO法人尾道空き家再生プロジェクトホームページ「プロジェクトについて」

　　URL: http://www.onomichisaisei.com/gallery.php（2023年6月閲覧）

第9章 地方都市の中心市街地と観光まちづくり

十代田　朗

1 地方都市の中心市街地の現状

　地方都市の中心市街地は、かつては活気にあふれ、地域の顔として地域の文化や都市的サービスを担い、交流や娯楽の中心的機能を担ってきた。しかし、高度経済成長期以降、車社会の進展やライフスタイルの変化、商業を取り巻く環境の変化を背景に、人口の郊外流出、公共公益施設や大型店の郊外立地が進み、全国的に、多くの中心市街地が衰退していった。特に公共交通機関が未整備で自動車交通による利便性が高い地方都市においては、中心市街地の衰退が深刻化している。この傾向は大型小売店法の運用緩和に伴い、大型店の出店が容易になった1990年代後半以降顕著にあらわれ、大規模小売店舗立地法へと大型店の立地に関する規制の枠組みが変わった現在も続いている。中心市街地の多くは空洞化現象が進み全国的に共通する社会問題となっており、中心市街地の活性化は、都市づくりの最重要課題の1つといえよう。

2 「中心市街地活性化基本計画」にみる活性化の目標像

　中心市街地の衰退を 慮 <ruby>慮<rt>おもんぱか</rt></ruby> り、その活性化のために整備された法律が、改正中心市街地活性化法（正式名称「中心市街地における市街地の整備改善及び商業等の活性化の一体的推進に関する法律」、通称：中活法）であり、その遂行事業の基本的な目標などが示されているのが、中心市街地活性化基本計画（通称：中活計画）である。全国でこれまでに149市3町256計画が認定されている（2022年12月31日

大分類	項目	合計	割合
居住の促進	合計	117	81%
	居住の促進	81	56%
	都市機能の充実	34	23%
	交通の充実	6	4%
	暮らしの提案	1	0%
商業の活性化	合計	70	48%
	商業の活性化	23	15%
	商店街活性化	17	11%
	魅力的な商業環境づくり	9	6%
	雇用の促進	9	6%
	空き店舗を減らす	6	4%
	商業集積を高める	6	4%
市民の集客	合計	120	83%
	市民の集客	30	20%
	賑わいの創出（市民）	47	32%
	交流人口の増加（市民）	27	18%
	回遊の促進（市民）	30	20%
	地域資源の活用（市民）	11	7%
観光客の集客	合計	108	75%
	観光客の集客	35	24%
	賑わいの創出（観光）	33	22%
	交流人口の増加（観光）	21	14%
	回遊の促進（観光）	17	11%
	観光機能の強化	5	3%
	宿泊の推進	2	1%
	まちの魅力創出	2	1%
	地域資源の活用（観光）	16	11%
市民活動の促進	合計	17	11%
	市民活動の促進	12	8%
	市民の愛着醸成	3	2%
	文化に接する機会創出	2	1%

表1　中心市街地活性化における目標の分類（144計画）（複数回答方式による）

現在）。大規模小売店舗立地法、改正都市計画法とともにまちづくり三法といわれている。

　ここでは、各都市が中活計画の中で、どのような目標を立てているのか、筆者らのグループによる研究（小林、2019）をもとに概観してみることとする。なおこの研究では、国土交通省が定義する地方中心・中小都市の中で「中心市街地活性化基本計画」の認定を受けた98都市の合計144計画（2017年度時点）を対象にしている。

　最初にまず中活計画の目標を種別にみてみよう（**表1**）。大分類では〈市民の集客〉が120計画と最多、次いで〈居住の促進〉（117計画）、〈観光客の集客〉（108計画）となり、中心市街地活性化のための1つの方策として観光が重要視されていることがわかる。また〈観光客の集客〉に含まれる項目をみると、「賑わいの創出」や「交流・回遊の促進」の一環として観光客の集客が図られており、歴史・文化などの地域資源を活用して観光客を呼び込むといった目標も多くみられた。活性化策としても空き家・空き地の活用、廃校の活用、歴史的資源の活用等が打ち出されており、観光まちづくりとも重なる目標や視点が多くみられる。

③ 地方都市の中心市街地における観光的特性

|1|　「観光資源台帳」における観光資源の状況

　観光が中心市街地活性化に重要な役割を求められていることが確認されたが、

実際、中心市街地とされている区域には、どのくらい観光資源が存在しているのだろうか。この研究ではまず「観光資源台帳」注1に記載されている資源の有無をみている（表2）。

対象98都市において、「観光資源台帳」に記載のある観光資源（以下、台帳資源）が、中活計画の区域内にあるかどうかを調査している注2注3。

その結果、全98都市のうち78都市で台帳資源がみられるが、中活計画区域内にある都市は計28都市と少ない。台帳資源は日本全国の際立った個性を持つものを観光資源として取り扱っているため古典的な観光資源はほぼ網羅しており、いわゆるマス・ツーリズム的な観光で訪れる場所だが、こうした資源を持つ中心市街地は意外と少ないことがわかる。

│2│「るるぶ情報版」における観光資源の状況

次に「るるぶ情報版」に記載されている資源の有無をみている（表2）。この研究では「るるぶ情報版」はマーケットニーズに合わせて掲載する観光資源を更新しているため、まち歩き観光のような新しい観光形態に対応したガイドブックであると仮定している。対象98都市144計画の計画開始年の「るるぶ情報版」に掲載の観光資源（以下、るるぶ資源）が、中活計画の区域内にあるかどうかを調査している注4。その結果、区域内では65都市と台帳資源より掲載資源数は少ない。しかし、域外のるるぶ資源と合わせて掲載される傾向にあり区域内だけでは観光ルートとして閉じていない現状がみえる。

│3│観光資源の状況による中心市街地の類型化

1項と2項のデータをもとに98都市の類型化を行った結果（表2）、台帳資源が中活計画区域内にあり、るるぶ資源が区域内外にある "中心市街地観光地型"。台帳資源が区域外のみにあり、るるぶ資源が区域内外にある "広域観光地型"。台帳資源がないが、るるぶ資源が区域内外にある "新観光地型"。台帳資源が区域内外にあり、るるぶ資源がない "旧観光地型"。台帳資源が区域外のみにあり、るるぶ資源が区域外のみがある、またはない "周辺観光地化型"。台帳資源もるるぶ資源もない "非観光地型" に分類している。

こうした類型を本書でわざわざ示したのは、中心市街地での観光振興や観光

中心市街地観光地型		広域観光地型		新観光地型	旧観光地型	周辺観光地型		非観光地型
観光資源台帳 内にあり		外のみにあり		なし	内外にあり	外のみにあり		なし
るるぶ 内外にあり		内外にあり		内外にあり	なし	なしor外のみにあり		なし
計画 ※1つの都市で中活計画の記述が変化した場合、それぞれ都市名 I・II と表す	小樽市 函館市 弘前市 酒田市 会津若松市 高岡市 上田市 掛川市 伊勢市 明石市 米子市 津山市 唐津市 I	稚内市 青森市 盛岡市 白河市 水戸市 敦賀市 高山市 伊賀市 長浜市 鳥取市 松江市 下関市 別府市	富良野市 八戸市 遠野市 鶴岡市 上山市 土浦市 上越市(高田) 福井市 中津川市 東近江市 田辺市 西条市 八代市 竹田市 日南市 沖縄市	三沢市 久慈市 石巻市 山形市 福島市 長岡市 十日町市 甲府市 草津市 丹波市 I 山口市 四万十市 山鹿市 日向市 奄美市	帯広市 大野市 大垣市 藤枝市 守山市 倉吉市 周南市 大村市 豊後高田市 佐伯市	十和田市 飯田市 唐津市 II	滝川市 長井市 石岡市 日光市 越前市 田原市 江津市 二原市 大牟田市 基山町	大仙市 須賀川市 大田原市 寄居町 塩尻市 丹波市 II 府中市 岩国市 小城市 小林市	砂川市 岩見沢市 北見市 沼津市 福知山市 雲南市 玉野市 直方市 飯塚市 諫早市

表2　観光資源の状況による中心市街地の類型

まちづくりを進めるうえでは、こうしたエリアの観光的特性を理解しておくことも重要だと考えるからである。類型別に中心市街地の観光資源の記載がある中活計画数について調査を行った結果、"中心市街地観光地型（95％）"と"広域観光地型（83％）"において多くみられ、中心市街地に観光資源を有する都市は、自地域の中心市街地に観光資源があると認識している傾向にあった。しかしながら"新観光地型"においては44％と数値が低くなっている。すなわち"新観光地型"では新しい観光形態に対応した観光資源をうまく活用していない可能性がある。

|4|類型別中心市街地の観光資源活用手法

さらに中心市街地の観光入込客数の統計が3年以上分得られた計画を対象として、中活計画の期首から期末までの観光入込客数の増減について調べている。その結果、データの得られた計画のうち約73％において増加がみられ、類型別では"中心市街地観光地型"において84％で増加がみられ、他類型よりも高い結果となっている。やはり、エリア内に都道府県や市町村を代表するような資源を抱える地域では、観光活性化策が一定の効果を生み出しやすいと考えられる。具体的な都市でみてみよう。

"中心市街地観光地型"の盛岡市は、中心市街地に4の台帳資源、20のるるぶ資源が存在する。ハード事業としては、旧岩手県立図書館の建物を活用した「もりおか歴史文化館」が2011年に整備され、「盛岡城跡」や「岩手銀行旧中ノ橋支店」の保存も行われた。ソフト事業としては、「もりおか歴史文化館」の活用等によるイベントの開催、市内の地場産品製造業者を「盛岡小さな博物館」に指定し周知する事業、三大麺普及のためのマップ作成等が実施された。また、まちなかを回遊する交通手段として盛岡都心循環バス「でんでんむし」の運行も行われている。これらの資源やバスルートを地図上でみると、それだけでは広域集客力を持つ観光資源がない中で、既存の観光資源と共に地場産品や「三大麺」の店舗をマップ作成によって周知し、それらを回遊できるようにバスルートが整備されており、そういった歩いて楽しめる仕組みづくりが観光客増加の一因であると推察できる。全体的に"中心市街地観光地型"は、観光スポット数が10以上あり、市の観光の方針において中心市街地が中心とされている都市が多く、それらの資源を活かしたソフト事業を多く展開し観光客の増加に結びつけている都市が多いようである。

　"広域観光地型"である山形市では、広域集客力を持つ蔵王や山寺などを訪れた観光客をまちなかに呼び込むために、ハード事業として「水の町屋 七日町御殿堰」「山形まなび館」「山形まるごと館 紅の蔵」、旅籠町にぎわい拠点「gura」を整備している。また、ソフト事業としては、蔵王などの情報発信サイト・アプリで中心市街地の店舗、飲食店などの情報を盛り込んだりしている。

　観光資源のない域内に新たな観光拠点の整備を行うことや域内の情報を周辺観光地で提供することで、まちなかへの周遊性を向上させ観光客の誘致を図っている。

　"新観光地型"で数少ない観光入込客数の増加がみられる福井県大野市は、中心市街地には5つのるるぶ資源がみられるが、観光客が増加してきたのは、「越前大野城」が2014年から"天空の城"として取り上げられるようになってからである。市担当者へのヒアリングによると、今後は城下の町並みなどを含めた城下町そのものへの面的広がりを目指しているそうである。ハード事業として「結ステーション」や「城下町東広場」による駐車場の確保、既存資源の調査保存が行われている。ソフト事業としては、Ⅰ期で整備した「結ステーシ

ョン」などの広場を活用したイベントの開催や「越前大野城築城 430 年祭」が実施された。駐車場や観光案内機能を兼ねる「結ステーション」を整備した後、駅近くに「城下町東広場」を整備することで、駐車場から「七間通り」「越前大野城」への回遊の促進を図っている。

　ただ同じ"新観光地型"である豊後高田市は、中心市街地には新しい観光資源として「昭和の町」があり、ハード事業として「街並み景観整備事業」や「夢むすび」、ソフト事業としては、ボンネットバスの活用や「昭和の町レトロカー大集合」など、イベント名に"昭和の町"を冠したものが多く行われてきているが、「昭和の町」の流行のピークが過ぎたためか、一時、観光客は増加したものの、その後減少している。

　このように、観光は常に観光客の嗜好の流行り廃りに左右される宿命を持っており、観光入込客数の維持が課題となるが、特に新しい資源は観光資源として定着していないものも多く、継続的に観光客を呼び込める方策を立てるのは簡単ではないことに留意する必要がある。

　地方都市の中心市街地において、観光資源の状況に応じて面的に事業を展開することで観光客の増加に成功している都市が複数存在している。しかし、新規の単体施設整備や多くの都市で取り組まれているイベントなどのソフト事業によって観光入込客数の継続的な増加を図ることは難しい。都市の持つ歴史ある伝統文化を活かしながら、域外も含め資源をネットワーク化し面的に事業を展開していくことが重要になってくるのではないかと考えられる。

（4）観光振興からみた今後の都市づくりの課題

|1| コンパクトシティ化における観光資源の位置に留意する

　現在あるいは今後の都市づくりの中で、多くの自治体が力を入れているのは、次の2つの政策である。1つは、コンパクトシティで、もう1つはウォーカブルシティ。どちらも欧米に先進事例をみる政策であるが、我が国も遅ればせながら、都市再生や地方創生の重点項目としてこの2つの政策を推進しており、多くの都市で実践が試みられている。この2つの方向性は今後の大きな都市政

策の潮流として都市を大きく変えていく可能性がある。

　そこで、都市の構造や機能を大きく変えていくと予想されるこの2つの政策と観光まちづくりの関係について論じていくことで、地方都市の中心市街地と観光まちづくりの課題と将来の方向性を考えてみたい。

　まず、コンパクトシティ政策と観光振興との関係について取り上げる。コンパクトシティとは、自治体の中心部にサービスなど都市機能や居住地を集約・誘導し、住民が歩いて生活できるような都市形態を目指す。我が国では、高度成長期の急激な人口増加によって郊外へのスプロールが進展していった都市で、人口減少に伴って市街地が拡散し低密度な市街地となり都市機能の非効率化が問題となってきた中で進められてきた政策である。

　大雑把にいうと、都市の拠点を何カ所か設定し、そこに行政施設や住民を集めることで効率的に住民サービスを展開するという政策である。この政策自体は地方財政が逼迫し人口減少も進む中、時を得た政策であると思うが、懸念されるのは観光振興との関係である。都市部の大部分の観光資源は寺社仏閣や美術館・博物館といった歴史文化施設である。こうした施設は多くの場合、現在の場所から移動させることは容易ではない。特に寺社の檀家や氏子など、世話をしたり、祭りなどイベントの担い手は地域住民である場合がほとんどである。つまり典型的な装置型産業である。しかし、コンパクトシティを推進するための政策「立地適正化計画」を多くの都市について通覧しても観光という2文字にはほとんどお目にかからず、観光振興への懸念や配慮はなされていない。

　多くの都市でコンパクトシティ化が進むと、観光資源とその担い手である住民とが離されてしまう可能性がある。資源へのアクセス交通も住民がいなくなれば廃止されるかもしれない。こうした事態はできるかぎり避けたい。観光計画と立地適正化計画の最適解同士を擦り合わせる作業と場が必要である。特に中心市街地に関しては、都市計画マスタープランにも具体的なフィジカルプランは描かれていない場合が多い。外から観光客を呼び込む観光振興と賑わいの空間を含めた都市サービスのどちらにも有益な新たなプランが必要とされる。

｜2｜賑わいづくりから観光振興へ展開する

　ウォーカブルシティとは、歩きやすいまち、歩いて楽しいまち、さらには歩

行者を中心としたコンセプトで設計されたまちのことを指す。自動車優先の道路で効率よく移動することを是としたこれまでの都市計画からの転換であるといえよう。ウォーカブルシティ政策の効果は、直接的な経済効果として、隣接商店の売上を伸ばす、周辺地価を上げるといったことがいわれ、実際、ニューヨークでは、2009年にタイムズ・スクエアが歩行者天国になり、新たな賑わいをみせ、周辺の治安が良くなったばかりではなく、沿道の店舗の売上も増加したとされる。さらには、快適環境の整備効果あるいはイメージ戦略効果として、クリエイティブな人々を居住させる、ひいてはクリエイティブ産業の育成や都市型産業の生産性の向上につながるといったことも指摘されている。

　以上のような背景で、国はウォーカブルシティを積極的に進め、都市再生特別措置法等の法制度、税制の優遇措置等を設けており、この取り組みに338都市（2022年12月31日時点）が賛同し、ウォーカブル推進都市となっている（ウォーカブルポータルサイト https://www.mlit.go.jp/toshi/walkable/）。また73都市がウォーカブル区域（滞在快適性等向上区域）を設定している。利活用の種類としては、軒先利用、歩行者天国、パークレット、再構築（道路等の断面構成の変更）等で、場所は、駅前、水辺、商店街等で整備されている（図1、2）。

　この動きを観光振興との関係で考えてみよう。観光客にとって、ウォーカブル、歩きやすい、歩いて楽しいまちづくりは、歓迎すべきであることは自明であろう。ただ、気になるのは、ウォーカブルであることが即、観光客増加に繋がるわけではないということである。

　おそらく三段論法ではないか。まずウォーカブルなまちづくりによって、まちに賑わいの場としての可能性を持った種地ができる。そこに、様々な仕掛けを企てることで、実際に賑わいが生まれる。この時点では元々観光地か余程の誘客力のあるイベント企画などでないかぎり、地元市民の参加による賑わいの形成にとどまる。もちろん、これでも楽しいまちづくりとしては十分に成功なのだが、観光まちづくりかというと疑問である。なぜなら、観光まちづくりの3つ目の目的、域外からの来訪客による地域経済への貢献がなく、内部循環にとどまっているからである。また、地域イメージや魅力の発信という意味でも域外まで届いているとはいいがたい。つまり「賑わいの創出」＝「観光客の集客」ではないということである。域外からの消費を積極的に取り込むために、

図1　大阪市／御堂筋（左：従前、右：従後、歩道を拡張した例）（出典：辻本勝久（2023））

図2　姫路市／姫路駅前広場（左：従前、右：従後、広場をつくった例）（写真提供：篠原祥）

域外から人を呼び入れる観光振興を意識したまちづくりが必要である。これが
観光まちづくりと他のまちづくり手法とが異なる大きな点である。

　では、どのような方策を取れば、観光まちづくりのステージに上がれるのか、
ここでは誌面の制約上、具体的な戦略までは述べることはできないが、要は、
誰がどこからどうやって訪れてくれるのか、観光マーケティング的視野を持つ
ことである。理想的には、当初から観光客の来訪まで見通したプロセスを描い
たうえで、整備予定のウォーカブルな空間が観光周遊ルート上のどこにあるの
かなど、空間的、広域的位置づけを明確化しておくことが望まれる。

　都市で単なる「まちづくり」でなく「観光まちづくり」を展開することの最
大の効用は経済的潤いをもたらすことだといわれる。たしかに地方都市の厳し

い暮らしを支えていける産業が育てばそれに越したことはない。しかし、仮にそこまで到達しなくとも、産業育成とまではいかなくとも、その場所にしかない「地域の魅力」を求める観光客との交流により、生活者自らも地域の歴史を掘り起こし文化を再発見し、新たなる「誇り」を得る。観光まちづくりは、経済的な利益を超えて、地域の暮らしを豊かにしていくことの一助にはなろう。来訪者に地域の文化や歴史を知らしめる仕掛けや装置は、生活者にとっては自らを理解し自地域を客観的に知るためのものになる。「地域の暮らしを支え、豊かにする」うえでも観光まちづくりは大きな力となるのである。

[注]
1　公益財団法人日本交通公社が全国の観光資源をランク付けしてまとめたもので、都道府県や市町村を代表するような資源が取り上げられている。
2　動物・植物・自然現象・年中行事（祭り・伝統行事）・食・芸能・興行・イベントの種別に該当する台帳資源は、中活計画の区域内にあるかどうか判断できない、かつ年中行事・イベントなどは一過性のもので、観光入込客数の増加に寄与する時期が限定的であるため除外した。
3　たとえば小樽市の場合、「小樽の運河と石造り倉庫群」と「おたる水族館」が抽出され、それらの資源の位置と中活計画の区域を照らし合わせ、「小樽の運河と石造り倉庫群」を中心市街地の中活資源として判断している。
4　計画開始年の該当「るるぶ情報版」が存在しない場合、それ以前で直近のものを使用した。また、動物・植物・自然現象・年中行事（祭り・伝統行事）・食・芸能・興行・イベントに該当するるるぶ資源は、台帳資源と同様の理由から除外した。

[引用文献]
小林良樹、十代田朗、津々見崇（2019）「地方都市の中心市街地活性化基本計画にみる観光の活用に関する研究」『都市計画論文集』54巻3号、pp.1028-1034
辻本勝久（2023）『SDGs時代の地方都市圏の交通まちづくり』学芸出版社、p.126

第10章

地域を拠点とする 地域旅行ビジネスの時代

小林裕和

1 地域で生まれる「社会関係性の経験」

　昨今、観光を進める主体として地域が存在感を示している。ニューツーリズムや着地型観光、体験・交流プログラムなどが全国各地で取り組まれ、それらはまちづくりの活動の一環としても活用されてきた。また、旅行市場が多様化、成熟化し、画一的な旅行サービスではなく、その地域ならではの経験が求められていることも地域の取り組みを促す要素となった。地域が主体となる観光を進めるなかで、これまで注目されてこなかった地域の歴史や文化資源を再発見し観光に活用したり、地域住民がガイドやプログラムの提供者となり、発掘された資源を訪問客に案内したり、といった活動は、地域と訪問客双方にとって価値を創り出している。

　そのような地域住民との交流を含むようなかたちで行われるプログラムは、地域の中での友人や知人との人間関係、すなわち、地域の社会関係資本（ソーシャル・キャピタル）を活用して成り立っていることが特徴である。筆者は、社会関係資本を活用して創造され、社会関係資本を形成する地域の中の関係者自らの手によって消費者に提供される観光の経験を、「社会関係性の経験」と呼んでいる。それによって、観光関連の事業者によりビジネスベースで提供される旅行サービスによる経験とは区別した。そして、そのような社会関係性の経験を旅行客に提供する主体を、同様に宿泊事業者や交通事業者といった従来の観光事業者（1次サプライヤー）などと区別して、「社会関係性サプライヤー」と名づけた（表1）。地域が主体となって持続的に観光まちづくりを進める際に、社会関係性サプライヤーは重要な役割を果たすこととなる。

種　別	1次サプライヤー※1		付加価値型サプライヤー	2次サプライヤー
提供主体	観光事業者	社会関係性サプライヤー		
提供価値	観光の経験	社会関係性から創造される観光の経験	観光の経験／観光の経験の組み合わせツアー	観光の経験の組み合わせツアー
主な組織形態	営利企業	非営利	営利／非営利	営利企業
具体例	• 宿泊業者 • 飲食業者 • 交通事業者 • チームビルディング・企画運営会社※2 • イベント企画会社　　等	• 住民ガイド • 農家 • 酒蔵 • 伝統芸能継承者　　等	• エコツアー • サイクリングツアー　　等	• 地域旅行ビジネス（ITO※3／DMC等）

※1　観光の商品サービスを旅行客に提供する事業者や個人をサプライヤーと呼んでいる。2次サプライヤーは3節のインカミング・ツアーオペレーターなどの地域旅行ビジネスである。
※2　チームビルディングとは、チームの結束を強めたりするための各種取り組みのことで（川村、2010）、インセンティブ旅行や企業のミーティングの中の1つとして活用される。
※3　ITO：インカミング・ツアーオペレーター、DMC：デスティネーション・マネジメント・カンパニー

表1　観光地におけるサプライヤーの分類（出典：小林（2022c）より筆者作成）

②地域が主体となる観光における持続可能性の課題

　地域が主導する観光のひとつである着地型観光では、地域に埋め込まれたソーシャル・キャピタルを活用して、地域住民を巻き込みながら、訪問客に対して、既存の観光事業者のサービスとは異なる社会関係性の経験を提供しようとしてきた。しかし残念ながらそのような取り組みが継続されない事例も見られる。たとえば、国や自治体などの単年度予算をベースとした助成金や補助金を活用して行われることにより、せっかく実現までたどり着いたものの、その後、持続的に提供しその効果を地域内で循環させる仕組みにまで落とし込むことができなかったケース。また、観光事業者ではない住民にとって観光客との交流は新鮮で、最初はやりがいを感じて参加するが、しだいに負担感が増し、精神的にも見返りのないアンペイドワークとなってしまい、交流が続かない場合などが目立つ。たとえ体験・交流型プログラムの取り組みが地域の独自性を活かし、それがシビックプライドの醸成を目指した活動であっても、継続が困難となりその目的を達成せずに終わってしまったら、地域の関係者の理念と努力を考えるととても残念なことである。したがって、地域が主体となる観光の取り

組みを、一過性の事業に終わらせないための工夫が必要となる。

　そのための1つの方法として、地域に根差したビジネスの手法を取り入れることを提案したい。社会関係性の経験が訪問者にとっての価値となる可能性があるならば、それをビジネス機会として捉えることができるのではないだろうか。そのビジネスは、ソーシャル・キャピタルを活かして、地域の多様な生業に関わる主体と連携している、という点で、従来の旅行ビジネスとは大きく異なっている。そのようなビジネスを「地域旅行ビジネス」と名づけ、地域の暮らしを支えていく存在として光を当てたい。次節ではその概要を説明する。

③「地域旅行ビジネス」とは

　観光地（デスティネーション）側に事業の拠点を置き、宿泊や、交通、飲食、ガイドなどの旅行素材の手配を行う旅行ビジネスがある。インカミング・ツアーオペレーター（ITO）、デスティネーション・マネジメント・カンパニー（DMC）、そしてランドオペレーターである。

　インカミング・ツアーオペレーターは、観光地側で自ら旅行企画販売を行うツアーオペレーターである。一般的にツアーオペレーターは、旅行出発地（発地）で観光客を観光地に「送り出す」旅行ビジネスのことを指しているが、インカミング・ツアーオペレーターは、観光地側で観光客を「迎え入れる」かたちなので、「インカミング（またはインバウンドなど）」という単語を使用してツアーオペレーターと区別している。ただし、ビジネスの現場ではあえて区別せず、ツアーオペレーターと称している企業もある。

　DMCは、ビジネス旅行分野である、企業等から発生する会議やインセンティブ（報奨）旅行を取り扱うビジネス主体であり、1970年頃に欧米で誕生したとされ次のとおり定義されている。「DMCは訪問団体に対して現地における手配サービスを提供している。DMCのビジネスの多くは、会議、コンベンション、展示会、インセンティブ旅行から生じている（後略）」（Jafari (eds.), 2000）。日本では本章で紹介する㈱DMC沖縄や、札幌と東京に拠点を持つ㈱DMCなどの専門企業の他に、旅行会社の訪日旅行部門にもDMCが存在する。

ただし日本では、DMCという単語自体はMICE[注1]ビジネスにおいてだけでなく、より広い意味で使用されているので区別して理解する必要がある。たとえば、観光地域づくり法人（DMO）には、㈱くまもとDMC、㈱かまいしDMCなど、名称に「DMC」を冠したDMOがある。これはDMOの組織形態が社団法人のような非営利組織（Organization）ではなく、「稼ぐ組織」＝会社組織（Company）であることを強調しているものとされる。また、DMC天童温泉やDMC蔵王温泉ツーリズムコミッティのように、ビジネス旅行よりも、観光・レジャーを目的とした旅行をメインに取り扱うDMCもある。

ランドオペレーターは、ツアーオペレーターからの委託（BtoB取引）により、宿泊、交通、ガイドなどの旅行素材の手配を行う旅行ビジネスである。日本では主に海外旅行や訪日旅行の分野において用いられる用語であるが、日本以外ではランドオペレーターという用語は一般的には使用されておらず、グラウンド・ハンドラーなど別の用語が使われている。基本的には観光・レジャー目的の旅行の手配を行うが、ツアーオペレーターの依頼に応じて、SIT（Special Interest Tour：スポーツ観戦ツアー、美術・音楽鑑賞ツアーなど目的に特化した旅行のこと）やMICE関連の手配を行うこともある。また、ツアーオペレーターから依頼された旅行素材の手配だけでなく、観光地の新しい商品やコース、素材を積極的に提案する企業もある。また、訪日旅行分野においては、2018年に新しく施行された「旅行サービス手配業＝ランドオペレーター」の登録制度により、ランドオペレーターの存在が注目されるようになった。

ただし、日本の海外旅行分野では、用語としてランドオペレーターではなく「ツアーオペレーター」が使用されることがあり、「一般社団法人日本海外ツアーオペレーター協会」（OTOA）という業界団体もある。これは海外旅行が自由化された1960年代ころに、海外の現地手配業務を外資系のツアーオペレーターが担っていたという業界史的な経緯に関連している（小林2022a）。

以上、地域を拠点とした旅行ビジネスの概要を見てきたが、これらのビジネス主体を総称した呼称はこれまでみられなかった。そこで、デスティネーション（＝地域）を事業の拠点として旅行の素材を組み合わせて企画し販売する旅行ビジネスを総称して、「地域旅行ビジネス」（Destination-based tourism business：DTB）と名づけ、光を当てたい。地域旅行ビジネスは、地域に拠点を置くこと

により社会関係性の経験を活用できる、という強みを活かして、地域が主導する観光や、地域の持続可能な発展の実現に貢献するプレイヤーとして期待できると考えるからである。

　次節以降、地域旅行ビジネスのうち、インカミング・ツア・オペレーター、DMC というビジネス主体の 2 つの事例を紹介する。

④ 隠岐旅工舎——事例 1：島根県隠岐郡隠岐の島町

　島根県隠岐の島は、島根半島の北方、鳥取の県境から北方約 40 ～ 60 km に位置し、4 つの有人島と約 180 の島からなる地域であり、3 町 1 村で構成され、総面積は 346 km^2、人口約 1 万 9 千人である。2015 年にはユネスコ「隠岐ユネスコ世界ジオパーク」に認定された。また、2021 年 11 月には、4 町村を区域とする観光地域づくり法人（地域連携 DMC）が登録されている。

　隠岐旅工舎（会社名：山陰観光開発㈱、本社：島根県隠岐郡隠岐の島町）は、2009年に設立された、隠岐の島町に拠点を置くインカミング・ツアーオペレーターである。その事業の特徴は自社のウェブサイト（https://okitabi.jp/）によく表れている。トップページに紹介されているのは隠岐諸島の旅行商品やプランといった現地発着のツアーであり、隠岐出発東京行きや海外旅行のような「発商品」は掲載されていない。たとえば、3 泊 4 日、2 泊 3 日、島内発着の日帰りプランなどは、隠岐四島を楽しむコースである。さらにオプションとして地域の交通、食事、アクティビティなどが、初心者向けからリピーター向けまで幅広く対応できる隠岐の楽しみ方として紹介されている。

　またウェブサイト内の「旅行代理店」というタブから、旅行代理店向けの案内ページにリンクし、個人客から団体客まで幅広く取り扱っていることを伝えている。つまり隠岐地域専門のインカミング・ツアーオペレーターとして、発地で旅行商品を企画する旅行会社（ツアーオペレーター）を取引先に想定していることがわかる。

　隠岐旅工舎の代表取締役である八幡洋公氏は、商品開発に多くの時間を費やしているというが、それは地域に事業拠点を持つ地域旅行ビジネスだからこそ

できることだろう。たとえば商品のひとつに、隠岐の島町のある島後^{どうご}で行われる「突き牛さんぽ体験ツアー」がある。承久の乱で隠岐に流された後鳥羽上皇を慰めるために始めたと伝わる「牛突き」は 800 年の歴史を持つ隠岐の島の伝統文化であるが、そのために育てられた闘牛突き牛は、朝夕の散歩が日課となっている。八幡氏は地域の牛飼いにツアーの企画を相談した。牛飼いの朝の散歩に旅行客がついていき、時々綱を持たせてもらうような内容である。最初はなかなか慣れなかった牛飼いも、顧客と接する回数を重ねていくうちに客の反応から客が喜ぶことが徐々にわかってくる。そうすると牛飼いにとっても喜ばれる機会となり、徐々に積極的に協力してくるようになった、という。八幡氏は自らも何回か一緒に行き、現場を大事にし、牛飼いのような社会関係性サプライヤーなど地域の関係者とのネットワークを築いたのである（図1）。

　この事例から、インカミング・ツアーオペレーターという地域旅行ビジネスのビジネス活動により、社会関係性の経験を取り入れた商品が、一過性の取り

図1　隠岐旅工舎のウェブサイト（出典：https://okitabi.jp/）

組みにとどまらず、消費者に提供される仕組みが実現していることがわかる。そのような仕組みは、地域旅行ビジネスが2つの役割を果たすことから生じている。まず、地域住民を巻き込みながら、有形無形の地域資源を活用し、旅行商品の企画内容や価格を決定する役割である。それによって地域側のアクターとして主体的に商品を企画販売できる。次に、そのような旅行商品を消費者に届ける流通の役割である。インターネットなどの情報技術を活用すれば直接消費者に販売することもできるし、発地側の旅行会社とも連携することによって、BtoBtoC という流通経路で旅行商品を流通させることもできる。このような2つの役割を同時に担っていることが地域旅行ビジネスの特徴である。

⑤ DMC 沖縄──事例2：沖縄県那覇市

㈱DMC 沖縄（以下「DMC 沖縄」）は、沖縄県那覇市に拠点を置く DMC である。創業者で代表取締役の徳田博之氏は、日本を代表する大型複合コンベンションセンター「パシフィコ横浜」に勤務していたころ、米国で DMC というビジネスに出会った。1990 年代前半当時、日本には DMC というジャンルのビジネスはまだなかった。また、顧客から「ユニークベニュー」を紹介してほしいと言われても当時は少なく、たとえばパシフィコ横浜で表彰式を開催して翌日に千葉にあるテーマパークに行くような企画では、横浜には経済的な効果が十分に生まれず、税金を使って国際会議を誘致する意義は満たされない。それはおそらく地方都市も同じ悩みであり、横浜パシフィコの勤務経験を通じて学んだことを還元したいと考え、2006 年に DMC 沖縄を設立した。DMC 沖縄は DMC ビジネスを専業とする、おそらく日本で初めての企業である。以上のような創業のエピソードから DMC のビジネスの意義が読み取れる。

　DMC 沖縄の主な顧客は、外資系企業と海外の旅行出発地側の旅行会社（ツアーオペレーター）である。営業活動としては、海外で開催される MICE 系のトレードショーや、日本政府観光局（JNTO）が開催するセミナーなどに参加し、企業やインセンティブ旅行を専門に扱うインセンティブハウスなどにアプローチする。また、沖縄とは異なる開催地を主催者が希望する場合には、その開催

地にある DMC を紹介することがある。DMC はお互いのネットワークを通じて仕事を紹介しあうのである。

　徳田氏は、MICE 開催地としての沖縄の価値を高めること、そして、沖縄の幅広い事業者に MICE に関心を持ってもらい、一緒に取り組んでもらうことが非常に重要であると考えている。したがって DMC 沖縄は、沖縄県庁や沖縄観光コンベンションビューロー、沖縄県産業振興公社などといった行政や企業など多様な関係者を巻き込みながら、沖縄の MICE 振興に関わる様々な活動を行ってきた。たとえば MICE の人材育成関連の事業や MICE の商品開発のワークショップなど、また、MICE の啓蒙活動のため「明日の MICE を考える沖縄の会」を設立、2009 年には「沖縄 MICE コンテンツトレードショー in 沖縄コンベンションセンター 2009」を関係者と協力して開催した。

　開催地としての沖縄の価値が高まれば、沖縄を選んでくれる案件が増え、さらにいっそう MICE のノウハウが重要になってくる。MICE の成果は、主催者が評価するだけでなく、会議やイベントへの出席者など MICE の参加者の満足度から影響を受け、複雑なノウハウが必要とされる。みなでノウハウを学び、学んだことを実践し、地域の多様な関係者に参画してもらうことにより、沖縄においてより大きな MICE 事業案件が可能となる。そのための畑を耕す、という仕事もとても重要である、と徳田氏は考えている。

　DMC 沖縄は、このような活動を通じて、沖縄がインセンティブ旅行のデスティネーションとして発展するための"触媒"のような役割を担った。つまり、沖縄の幅広い事業者に MICE に関心を持ってもらう活動は、MICE への参画企業を増やし、参画企業のサービスの質的、量的な向上は、開催地の競争力を高めることにつながる。また、MICE 開催地として案件が増加すれば認知度が向上しブランド力向上につながる。さらに、MICE 案件増加は雇用創出等、地域への経済的、社会的な貢献につながる。人材育成の取り組みや行政による MICE 振興政策も MICE のサービス向上に貢献する。このような一連の取り組みを、DMC を核とした観光地発展モデルとして、図 2 で仮説的に示す。

　次節では、以上 2 つの事例をもとに、地域旅行ビジネスに共通の役割と特徴を抽出し、地域旅行ビジネスの重要性を把握することにしよう。

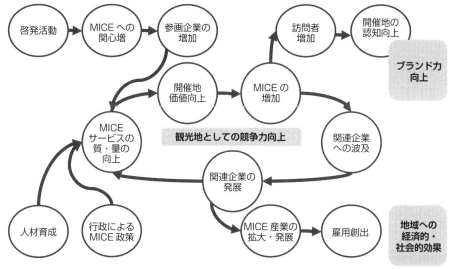

図2　DMCを核とした観光地発展モデル（出典：小林（2022b））

6 地域旅行ビジネスが持つ2つの共創的役割

　地域旅行ビジネスは、共通した2つの役割と、その役割が共存することによる1つの特徴を有する。まず、地域に拠点を置くことにより、人的なネットワークなどを通じてソーシャル・キャピタルを活用し、その地域ならではの商品やサービスを企画することができることである。次に、地域におけるビジネス活動を通じて、地域が主体となって企画する旅行商品やサービスを、自らが開発した流通経路を通じて市場に届ける役割を担うことである。ここでは前者を「地域共創的役割」、後者を「流通共創的役割」と呼ぶ。そして、この2つの役割はお互いに独立しているのではなく、共存することにより、互いにフィードバックされ自己強化される特徴を持つ。地域旅行ビジネスがこれらの役割と特徴を持つことによって、旅行者に価値の高い経験を提供し、地域における社会課題の解決につながる価値提供を実現できる。それぞれ具体的に見ていこう。

地域共創的役割

　地域旅行ビジネスは、一般的には、宿泊事業や飲食業のような観光事業者と商取引の関係があるが、それとは異なる、商業ベースではない協業関係も構築されている。たとえば、隠岐旅工舎の事例では、「突き牛さんぽ体験ツアー」

における隠岐旅工舎と牛飼いの関係であり、それによって、観光事業者が提供する商品サービスとは異なる「社会関係性の経験」が提供される。つまり、住民によるガイドや観光事業を主目的としない農林水産業、またDMOや行政なども含めた多様な関係者との関係性は、事業活動を地域に置くからこそ構築され、協業の機会として活用される可能性が高くなる。このように地域旅行ビジネスが地域に拠点を置くことにより社会関係資本を活用して事業を営むことを通じて観光地域に貢献する役割が「地域共創的役割」である。地域共創的役割によりソーシャル・キャピタルが持続的に活用される機会が地域にもたらされ、それによってソーシャル・キャピタルの維持拡大が促される。そして、地域共創的役割によって、地域が主体となって進められる着地型観光などが目指していたこと、たとえば地域の宝を掘り起こす取り組みや、シビックプライドの醸成などの実現につながっていく。

流通共創的役割

　地域旅行ビジネスの主体であるインカミング・ツアーオペレーターや、DMC、ランドオペレーターは、発地のツアーオペレーターなどからの委託を受けて旅行商品を企画したり、彼らを通じて自らの商品を販売したりする。いいかえれば、地域旅行ビジネスが手配アレンジをした地域の商品サービスは、地域外のツアーオペレーターを通じて消費者に届けられる。また、インターネットを活用して、自らが企画した旅行商品を直接消費者に販売する。つまり、地域旅行ビジネスは、先に述べた地域共創的役割によって生み出される、観光事業者や社会関係性サプライヤーの旅行商品サービスを、直接的にあるいは発地のツアーオペレーターを通じて間接的に、消費者に届けている。そして、事業の継続性を通じて、観光地域に持続的な経済的な貢献をもたらすことが可能となる。

2つの役割の共存

　地域共創的役割と流通共創的役割は、それぞれ独立したものではなく、共存することによって互いに影響しあい、それぞれの役割が強化される、という特徴を有している。

　地域旅行ビジネスは地域共創的役割により、従来の旅行素材だけでなく、付加価値の高い商品サービスとして地域の資源を掘り起こして活用する旅行商品、

つまり社会関係性の経験を旅行商品として、発地のツアーオペレーターに対して主体的、積極的に提案することができる。旅行市場の成熟化を背景に、そのような経験価値の高い商品は市場から求められ、地域外のツアーオペレーターを通じて販売される。つまり社会関係性の経験を提供できることが、流通共創的役割を強化することにつながるのである。

図3　地域旅行ビジネスによる価値提供
（出典：小林（2022c））

また、地域旅行ビジネスが活用する観光流通チャネルを通じて得られる情報や知見を通じて、変化のスピードの速い市場の動向や、消費者の声を地域に届けることができる。それは商品流通やマーケティングの専門家ではない地域の関係者にとっては、消費者不在の独りよがりな商品とならないために有効な機会となり、地域における商品企画の過程において新しい発想を生む好循環を生み出す触媒となる。市場の声を地域に届けることができる地域旅行ビジネスは、地域の一員として頼れるプレイヤーとなり、地域の関係者との関係性も強化される。つまり、流通を通じて得られた市場ニーズを地域に伝えることが、地域旅行ビジネスの地域共創的役割を強化することにつながるのである。

このように、この2つの役割は独立して存在するのではなく重なり合うように（重層的に）存在し、2つの役割同士が相互作用を受けそれぞれの役割が自己強化されるフィードバックループを有している。以上のような2つの役割と特徴を図示したものが図3である[注2]。

地域旅行ビジネスは地域を拠点としてビジネス活動を行う以上、まぎれもなく地域の産業、観光を担う、地域社会の一員である。本章を通じて地域旅行ビジネスの意義が広く理解され、地域においてインカミング・ツアーオペレーターやDMC、ランドオペレーターといったビジネスの起業機会が促され、地域旅行ビジネスが、地域の持続的な発展と観光創造のために関係者と共に歩み続ける存在となることをご理解いただければ幸いである。

[注]

1　MICE とは、企業等から生じる会議（Meeting）、報奨旅行（Incentive Travel）、国際機関・団体、学会等が行う国際会議（Convention）、展示会・見本市、イベント（Exhibition/Event）のアルファベットの頭文字をとったビジネスイベントの総称を指す。

2　筆者はこの特徴を、小林（2022c）において「地域旅行ビジネスの重層的共創仮説」と名づけた。

[引用文献]

小林裕和（2022a）「観光地域を拠点とした旅行サービス事業の概念整理―形成・発展史の検討による相対化を通じて」『観光研究』Vol. 33、No. 2、pp. 47 - 59

小林裕和（2022b）「日本における DMC の起源とデスティネーション・マネジメント―㈱ DMC 沖縄と沖縄 MICE 市場発展を事例として」『日本国際観光学会論文集 29』pp. 85 - 91

小林裕和（2022c）「地域における旅行サービスビジネスの役割に関する包括的理解とその枠組みについて」北海道大学博士学位論文

Jafari, Jafar (eds.)(2000) *Encyclopedia of Tourism*, London, Routledge.

[参考文献]

浅井新介（2015）『MICE マイス・ビジネス入門』一般財団法人日本ホテル教育センター

河村甚（2010）「チームビルディングとは？」『MICE Japan』株式会社 MICE ジャパン、7 月号、pp. 34 - 55

小林裕和（2022d）「着地型観光の再解釈と地域観光企業―島根県隠岐旅工舎を事例として」『観光マネジメント・レビュー』Vol. 2、pp. 2 - 11

小林裕和（2024）『地域旅行ビジネス論』晃洋書房

守屋邦彦（2019）「わが国と世界のビジネスミーティング / イベントに関する研究展開の比較」『日本国際観光学会論文集』Vol. 26、pp. 175 - 181

Association of Destination Management Executives International (2023) https://www.admei.org/〔2023 年 10 月 22 日閲覧〕

Smith, G. V. (1990) "The growth of conferences and incentives", *Horwath Book of Tourism*, The Macmillan Press Ltd., pp. 66 - 75

第11章

観光地の防災・復興まちづくり
——歴史的市街地における対策

浅野　聡

（1）大規模自然災害による歴史的市街地の被害と衰退

　大規模自然災害が発生すると、現代的市街地のみならず歴史的市街地も被災するため、歴史的価値を持つ建築物・土木構造物・造園物等も被害を受け、復興プロセスの中で取り壊されてしまうものが多いことが、過去の経験から明らかになっている。被災前に文化財等に指定・登録されている場合は、取り壊されずに修理され存続するものが多いが、それらは一握りである。復興する際に市街地の景観が失われてしまうと歴史・文化も同時に失われ、現代的市街地と同じスタートラインに立ってまちづくりを進めていかざるを得なくなり、持続性のあるまちづくりを実現するうえで厳しい状況を迎えると言わざるを得ない。

　国内の歴史的市街地や集落は、主に近世（あるいはそれ以前に）に城下町、門前町、宿場町、在郷町、港町、農村、漁村等として成立し、現在まで数百年以上に亘って存続し、大規模自然災害を乗り越えているものがほとんどである。しかしながら、近年の縮減社会の中で、人口減少や地場産業衰退等の影響を受けて日常時において地域衰退を招いている地区も多い。このような状況の中で大規模自然災害が発生すると、衰退が一気に加速することが危惧される。日常時の地域衰退が中長期的にゆっくりと進行するのに対して、自然災害による衰退は瞬間的、短期的に進行するからである。また歴史的市街地は、有形と無形の歴史的価値をもつ地域資源を有し、地域住民の居住地としての役割以外に観光地としても機能している場合が多い。したがって地域の観光産業を復興するうえでも、被災後に地域資源が失われないように緊急的に対応することが求められる。

本章では、歴史的市街地における防災・復興まちづくりをテーマとして取り上げ、東日本大震災の経験から得られた新しい示唆を踏まえて、今後の防災・復興まちづくりに向けて、地域関係者（所有者・まちづくり団体・専門家・行政等）に求められる視点から時間軸（日常時・震災直後・震災復興時）に沿っていくつかの重要なポイントについて考えてみたい。

②みえ歴史的町並みネットワーク
——東日本大震災を契機に設立

筆者は、三重県を中心にして伊勢市、鳥羽市、松阪市、伊賀市、亀山市、津市等の歴史的市街地のまちづくりに関わってきたが、2002年の「南海トラフ地震に係る地震防災対策の推進に関する特別措置法」の制定以来、毎年襲来する台風以外に南海トラフ地震にいかに備えていくか、という防災・復興まちづくりのあり方が県内で徐々に議論されるようになってきた。

その後、東日本大震災が発生し、歴史的市街地も大きな被害を受けたことを目の当たりにしたことから、筆者と故・新開悟弘氏（シンカイ設計代表）が発起人となって関係団体に声をかけ、歴史的市街地のまちづくりについて情報交換する場として「みえ歴史的町並みネットワーク」を設立するに至った。会員は、建築職能団体、町並み保全団体、景観行政団体等、関心のある個人であり、県内の主な歴史的市街地の多くの関係者の参加を得ることができた[注1]。

みえ歴史的町並みネットワークでは、東日本大震災で被災した歴史的市街地の復興調査を行うとともに関係者を三重県に招いて公開研究会を複数回開催し、今後の復興まちづくりに向けた示唆をまとめることになった。復興調査の対象は、重要伝統的建造物群保存地区（以下、重伝建地区）に選定されている千葉県香取市佐原地区と茨城県桜川市真壁地区、国登録有形文化財を活用した復興まちづくりに取り組んでいた宮城県気仙沼市内湾地区である（図1、2）。ここでは各地区の被害状況等の詳細は割愛するが、現地調査や関係者の証言で得られた示唆について次節以降で解説したい。なお、多忙な被災地の関係者のご協力が得られたのは、筆者も理事を務めている（特非）全国町並み保存連盟の会員や理事が関東地方や東北地方の被災地におられ、日常時から顔見知りであったこと

図1　修理事業中の様子（真壁地区）

図2　修理事業後の様子（佐原地区）

が大きい。後述するが、日常時からこのような全国組織との協力関係を構築しておくことは、緊急時にも役に立つことを改めて理解することができたのである。

3 日常時の対応

|1| 過去の震災復興の経験の学習

　佐原地区の「小野川と佐原の町並みを考える会」の高橋賢一理事長からは、震災直後にどのように対応したらよいか苦悩していた時に、八木雅男氏（明石工業高等専門学校）から阪神淡路大震災時の経験を伝えるファックスが届き、これによってヒントを得ることができて希望がみえたという話があった。

　地震による歴史的建築物の被害と復興に関しては、阪神淡路大震災においても大きな問題としてクローズアップされ、今後に向けての示唆が得られている。たとえば、被災時に文化財等に指定されていない歴史的建築物は、所有者負担がない公費解体（後述）によって失われてしまうことが多かったため、関係者（住民・町並み保全団体・企業・専門家・行政）が所有者を説得して建築物の部材を瓦礫として処理せずに、（震災直後の混乱や不安から所有者が一息ついて、将来のことを冷静に検討することができるようになるまで）一時的に保存することが直後の対応としてまず重要であること、である。これらについては、専門書[注2]が刊行さ

れており、関心があれば一読して頂きたい。

　日常時は、時間的・精神的に余裕があることから、過去の震災と復興を学習して基本的な知識を得ることは大切である。過去の経験には示唆に富む教訓が多く、あらゆる対策を考えるうえでのベースになると言える。

| 2 | 日常時に育んでいる「地域の力と経験」が　　復興に向けての対応の基本

　多くの被災地の関係者が声を揃えて言うことの1つに、被災後に突然に地域関係者に力や知識がつくことはない、災害時も日常時にできることしか基本的にはできない、ということである。被災後に震災復興に向けて地域の力が突然につくことはありえないため、日常時に育んでいる「地域の力と経験」が復興に向けての全ての対応の基本となる。したがって日常時における関係者間の協力体制（信頼関係）の構築、歴史的建築物のメンテナンスの実施、町並みを活かしたまちづくりの展開等が、やはり重要である。これらが不十分だと被害が大きくなったり、修復事業の経験の少なさや協力体制の構築の不十分さ等によって、迅速な復興が困難になる可能性が高い。この示唆も改めて肝に銘じておきたい。

　重伝建地区においても、東日本大震災の十数年前に重伝建地区に選定され長年に亘り修復工事を進めてきた佐原地区と、震災直前（約1年前）に重伝建地区に選定され修復工事がほとんど進められていなかった真壁地区とでは、建築物等の被害に差が生じるとともに関係者の経験にも差があったことから、佐原地区のほうが復興のスピードが速かった。日常時に育まれている地域の力と経験が基本となることを物語っていると言える。

| 3 | 震災復興を念頭においた関連制度や関連計画の運用

　2項とも関連するが、佐原地区や真壁地区は、震災前から国によって重伝建地区に選定されていたことが、震災復興の取り組みにつながることになった。特に真壁地区では、震災の2年前に歴史的風致維持向上計画を策定して国による認定を受けており、この計画に取り組んでいたことも復興の推進に役立つこととなった。震災後に同計画を変更して重伝建地区外に存在する国登録有形文

化財を歴史的風致形成建造物にも指定し、同計画にもとづいて国土交通省による街なみ環境整備事業を活用して修理費の補助を行うことが可能となった。通常は国登録有形文化財の位置づけのみでは修理費に対する補助は出ないが、歴史的風致維持向上計画を策定していたことが、結果的に功を奏することになったのである。

　また気仙沼市では、被災した国登録有形文化財である歴史的建築物に対して、（震災直後は）修理費の補助等を行えるかどうかは不明確であったものの、行政の判断で国登録有形文化財群の保存活用計画を策定し、所有者や行政内部の復興部局・土地区画整理担当者に対して文化財を残す意義やイメージを伝えるように努めた。その後、（公財）文化財保護・芸術研究助成財団とワールド・モニュメント財団の連携によるSOC（Save Our Culture：東日本大震災被災文化財復旧支援事業）等の支援を得て、修復事業等に取り組むことができた。結果的に震災前に国登録有形文化財に登録していたことが復興につながったのである。

　日常時において重要な建築物や町並み等を文化財や関連制度にもとづく重要な地域資源（景観行政団体の景観計画等にもとづく景観重要建造物や重点地区、地方公共団体の条例等にもとづく保存建築物や保全地区等）として指定・登録しておかないと、震災後に救済することは大変に難しくなる。

　そして、関連制度とともに関連計画の策定と運用にも取り組むことが必要である。震災後には復興計画が策定されるが、復興に向けての議論では、まず生活・教育・産業等の分野が最優先され、歴史・文化・景観等の議論は後回しになることが多い。しかしながら、震災後の早い段階から議論をしておかないと、瓦礫処理の公費解体によって一般的な建築物とともに歴史建築物等も撤去される可能性が高い。公費解体とは、災害によって被害を受けた住宅等を解体して撤去することは、本来は私有財産であることから所有者の責任で行うことになるが、所有者等からの申し出に応じて、国による補助金（災害等廃棄物処理事業費補助金）を活用して市町村が解体して撤去することである。一般的な建築物等の所有者にとって公費解体は有り難い制度であるが、歴史的建築物等も撤去されることから、歴史文化基本構想、景観計画、歴史的風致維持向上計画等の策定に取り組み、復興時の対応について事前に決めておくことが望ましい。

④ 震災直後の対応

│1│ 被災直後の初動期におけるスピード感のある対応

　震災直後の初動期の対応として、重要なのはスピード感のある対応である。震災直後は頻繁に余震が続く中で被災した歴史的建築物の所有者は不安で混乱し、適切な情報が提供されない状況で、取り壊しか修復か等の判断に追い込まれることが多い。前述のとおり、公費解体が始まるとそれに委ねてしまうことにもなりかねないため、保全・活用の価値があると考えられる歴史的建築物等の所有者に対しては、震災復興に向けての制度的枠組み等が行政から示されるまで待つように速やかに働きかける等の対応が重要となる。

　過去の震災においては、未指定の歴史的建築物（国登録有形文化財を含む）や景観条例等によって指定された景観重要建造物等に対しても、その修復事業に対する補助制度が設けられてきている。阪神淡路大震災、新潟県中越地震、および2007年の能登半島地震では、震災復興基金が設置され同基金による事業の対象として、国登録有形文化財や景観条例等に指定された建築物、市町村長が必要と認める建築物等に対する補助が認められている。東日本大震災では、（震災復興基金は設置されていないが）市町村が補助金交付要綱を定めたり、前述の民間財団による補助等が行われている。近年の震災では、以上のように文化財に指定されていない建築物等に対しても救済措置がとられる事例が増えていることから、急いで判断せずに行政による方針が発表されるまで待つということを関係者が理解しておくことも重要と思われる。

│2│ 被災建築物応急危険度判定の際の適切な対応

　被災地では、余震等による倒壊等の二次被害を防止することを目的として、市町村の判断で被災建築物に対する応急危険度判定が行われる。判定は、全国統一基準となっており、外観からの目視によって「危険」「要注意」「調査済」の3段階となっており、判定ステッカー（危険：赤色、要注意：黄色、調査済：緑色）が当該建築物に貼られることになる。応急危険度判定は、二次被害を防止することを目的としているが、あくまでも緊急的に目視で判断するものであり、

保全・活用する価値等は判断され
ない。その後、時間をかけて内部
調査等を行うと判定結果が異なる
場合もある。また「危険」あるい
は「要注意」と判定されても、復
興時に適切に修理すれば使用でき
る可能性もある。残念ながら所有
者や関係者がこの情報を正確に理
解していないのが現状である（図
3）。

　過去の震災においては、応急危
険度判定により「要注意」あるい
は「危険」と判定された場合、復
旧可能な文化財であっても即座に
取り壊しに至ってしまった例が生
じている。このため東日本大震災

図3　被災建築物応急危険度判定（東京都）

では、文化庁から国土交通省に対して応急危険度判定の目的等に関して照会し
ており、その結果、「被災建築物応急危険度判定とは、余震などによる二次的
被害を防止するため、倒壊の危険性や外壁・窓ガラスの落下などの危険性を判
定するものであり、一律かつ即座に取り壊しを求めるものではない」との回答
を得た。これを踏まえて、「貴重な文化財が復旧の可能性等について十分な検
討を経ることなく、取り壊されないように専門家の意見を参考にして、安全面
にも十分に配慮した上で、所有者等に対する適切な指導をお願いしたい」とい
う旨について、文化庁から全国の都道府県教育委員会文化財担当課長宛の通知
が出されることとなった。

　応急危険度判定では、「要注意」あるいは「危険」と判定された場合、単に
表示しただけでは所有者が取り壊し以外に方法がないと誤解する可能性がある
ことから、行政担当者等が（即座に取り壊されないように）口頭で補足説明を行う
といったように適切に対応することが重要である。

⑤ 震災復興時の対応

｜1｜震災復興後の歴史的建築物・町並みの必要性に関する共通理解

　地方都市再生が叫ばれる中で、歴史的建築物・町並みを地域再生の重要な地域資源として位置づけ、その保全・活用に取り組む地方公共団体は増えてきている。今後、発生が危惧される南海トラフ地震等の復興時にも、歴史・文化を活かしたまちづくりを進める施策は重要なものになると考えられる。前述のとおり、気仙沼市では被災した歴史的建築物を取り壊さずに再建して活用しており、震災の歴史を伝える復興のシンボルになっている（図4）。

　復興まちづくりに取り組むにあたり、日常時のまちづくりにおける歴史的建築物・町並みの保全・活用の必要性に関して関係者間の共通理解とすることがまずベースとして何よりも重要である。

　近年、地震災害による被災を契機にして、歴史的市街地の保全を決めて復興まちづくりに取り組む地区が生まれている。石川県輪島市黒島地区は、2007年の能登半島地震によって被災したが、その後の輪島市復興計画の中で国の重伝建地区の選定を目指すことが位置づけられ、協議を重ねた結果、重伝建地区に選定されまちの復興が進むことになった。宮城県村田町村田地区は、東日本大震災前の十数年前に町並み調査が行われており、（その後、しばらくの間は歴史

図4　気仙沼市における歴史的建築物・武山米店（国登録有形文化財）の再建　被災後の様子（左）、
　　　修復事業後の様子（右）

的市街地の保全等の動きは具体化しなかったものの）同震災による被災を契機に行政が重伝建地区を目指す方針を固め、黒島地区と同様に重伝建地区に選定されまちの復興が進むことになった。これらの事例は、震災前までは様々な理由から歴史的市街地の保全を決定することができなかったものの、震災を契機に復興について検討する中でその重要性が地域住民や行政に共有され、保全が決定されたことを物語っている。いずれも災害大国と呼ばれる日本の事情を反映していることが特徴的であり、歴史的市街地の復興を考えるにあたり、保全・活用の必要性を物語るうえで示唆に富む事例である。

│2│外部への復興支援の協力要請

　復興まちづくりに取り組むにあたり、様々な問題や困難を伴うことが予想されるが、その際に関係者だけで抱え込まずに外部に対して被災状況や震災復興に向けての協力要請等の情報発信をすることによって、全国の有志からの支援を得ることも大切である。前述のとおり、文化財保護・芸術研究助成財団やワールドモニュメント財団等の外部団体からの支援に関する情報収集を適切に行い、積極的に助成金等に申請することも復興を助けることになる。近年は、クラウドファンディング（インターネットを通じて不特定多数の人々に資金提供を呼びかけて資金を調達する方法）も普及していることから、将来的にはより多くの人々が歴史的市街地の復興支援に賛同して頂ける可能性があると思われる。

　また気仙沼市の取り組みは、積極的に外部と連携したことが特徴的であった。岩手県の一関市や千厩町の市民団体、行政等と連携して「東西街道連携協議会」を設立して歴史文化ツアーを実施したり、全国の市民団体と連携して被災文化遺産の被災と復旧を伝える全国巡回パネル展や「文化遺産とまち、ひと、復興」リレーイベントを実施した。このように外部と連携して復興事業を推進することは、支援の輪を拡げるとともに支援を受けることによって関係者の結束を固めて事業推進のモチベーションを高めるうえで効果があったのである。

　筆者が会員である（特非）全国町並み保存連盟は、会員が所属する被災地への震災復興支援を行うとともに、文化庁による東日本大震災被災文化財建造物復旧支援事業（文化財ドクター派遣事業）に参加し、（一社）日本建築学会、（一社）日本建築士会連合会、（公財）日本ナショナルトラスト等と連携して支援活動を行っ

てきた。同連盟は、全国各地の関係者とネットワークを構築し、町並みの保全・活用に関する豊富な情報を持っている。日常時からこのような全国組織と協力関係を構築しておくことも震災時には大いに有効と言えよう。

| 3 | 歴史的市街地の都市基盤を継承した復興計画の策定

　歴史的市街地を対象にして震災復興事業として活用される手法の代表的なものには都市再開発事業や土地区画整理事業がある。東日本大震災では土地区画整理事業が活用される事例が多かったが、これらの事業手法が適用されると現代的市街地として土地を造成し直すため、従前の都市基盤（宅地・街区・道路・水路・広場等）が一変してしまう恐れがある。歴史的市街地は、地形や地物等に沿って形成されてきた経緯を持つことが多いため、従前の都市基盤が復興事業の中で一変してしまわないように配慮することが欠かせない。都市基盤が継承されるように復興計画を策定したうえで、歴史的建築物や町並みの継承と活用に努めることが重要である。

　東日本大震災後に国土交通省からは、「復興まちづくりにおける景観・都市空間形成の基本的考え方」「歴史・文化資産を活かした復興まちづくりに関する基本的考え方」（以上、2012年）が出されている。前者では、都市デザインの実践にあたっての基本的事項として「歴史の継承と未来への伝達」が述べられており、ここではまちの履歴や土地の記憶を読み解き、できるだけ市街地のデザインに反映されるように努めることの必要性が指摘されている。後者では、「歴史・文化資産の再生・活用の実現に向けて」が述べられており、ここでは歴史的建築物や町並みといったハード面のみならず、祭礼の場やルート、土地の記憶を伝える地名・町名・通り名等のソフト面も包括して地域資源を再生・活用するための考え方や施策が示されている。これらの考え方は、将来の災害復興の際に参考になるものである。

| 4 | 歴史的市街地における観光危機管理計画等の策定

　歴史的市街地は重要な地域資源であるため、復興の際には、観光まちづくりの視点も取り入れることが必要である。国は、観光先進国となるために「明日の日本を支える観光ビジョン」（2016年）を公表している。この中では、歴史的

市街地等も重視されており、「景観の優れた観光資産の保全・活用による観光地の魅力向上」のために主要な観光地における景観計画の策定や、歴史まちづくり法の重点区域等における無電柱化の推進等がうたわれている。ただし、このビジョンでは、観光客のための防災対策に関しては強く打ち出されておらず、主要な観光・防災拠点における無料 Wi-Fi 環境の整備や災害時における公衆無線 LAN 等の無料開放といった通信環境に関する内容に限定されていた。災害大国と呼ばれる日本が観光先進国になるためには、災害発生時にも安全・安心できる環境づくりを進めることは欠かせないといえる。

　その後、国土交通省・観光庁は「非常時における訪日外国人旅行者対応マニュアル作成のための指針」(2021 年) を公表するとともに、同指針を具体化したものとして「観光危機管理計画等作成の「手引き」」(2022 年) を公表している。手引きは、危機や災害時の旅行者・観光客の安全確保と観光関連事業者の事業継続を確実にすることを目的としており、観光危機管理計画は行政が作成している地域防災計画の下位計画であり、観光分野の危機・災害への備えと対応を補完的に記載したものとして位置づけられている。そして手引きを参考にして、行政、DMO、観光関連事業者等において観光危機管理計画等が策定されることが期待されるものとなっている。手引きの中では観光危機管理計画に必要な項目として、発生が想定される危機・災害、旅行者や事業者への影響、旅行者・観光客の利用できる避難場所・避難施設の整備、情報提供の方法、危機対応等に基づく訓練の実施等が示されている。観光危機管理計画は 2 県 7 市が策定・公表 (2023 年 3 月 8 日時点) しており、今後、増加していくことが期待される。

　歴史的市街地における防災・復興まちづくりの取り組みとして、主にハード面に関するいくつかのポイントは本稿で述べてきたが、これに加えて主にソフト面の対応として新たに観光危機管理計画の策定にも取り組むことによって、観光地としての歴史的市街地における総合的な復興まちづくりが進むことが期待される。

　本章では、東日本大震災後に得られた新しい示唆を踏まえて、今後の防災・復興まちづくりについて考えてきたが、これらを理解しておくことは、万が一被災した時に必ず役に立つと考えられる。歴史的市街地は観光地としても機能

している場合が多く、観光産業を維持するうえでも歴史的建築物や町並み等を失わないように日常時からまちづくりに取り組むことが大切である。

［注］

1　みえ歴史的町並みネットワークの会員は、建築職能団体は（一社）三重県建築士事務所協会、（一社）三重県建築士会、（公社）日本建築家協会東海支部三重県地域会、町並み保全団体はNPO亀山文化資産研究会、伊賀上野町家みらいセンター、白子の歴史文化を活かす会、（特非）二見浦賓日館の会、（特非）伊勢河崎まちづくり衆、古道魚まち歩観会、景観行政団体等は国土交通省中部地方整備局、三重県、三重県教育委員会、桑名市、亀山市、伊賀市、名張市、鈴鹿市、津市、松阪市、伊勢市、鳥羽市、志摩市である。

2　主なものに『阪神・淡路大震災と歴史的建造物』（思文閣出版、1998年）、『阪神・淡路大震災調査報告8―建築計画　建築歴史・意匠』（日本建築学会、1999）等がある。

［引用文献］

東京都被災建築物応急危険度判定　https://www.taishin.metro.tokyo.lg.jp/pdf/info/Pamph/dl_017.pdf

［参考文献］

国土交通省（2012）「復興まちづくりにおける景観・都市空間形成の基本的考え方」
国土交通省（2012）「歴史・文化資産を活かした復興まちづくりに関する基本的考え方」
みえ歴史的町並みネットワーク（2016）「歴史的町並み・建造物の復旧・復興に向けて」
明日の日本を支える観光ビジョン構想会議（2016）「明日の日本を支える観光ビジョン」
国土交通省・観光庁（2022）「観光危機管理計画等作成の「手引き」」
國學院大學地域マネジメントセンター編（2023）『「観光まちづくり」のための地域の見方・調べ方・考え方』朝倉書店

地域の未来をつくる人材と仕組みを育てる

**地域の未来のために夢をもって 活動できる人材と、
継続的に取り組める仕組みを
じっくり育てる。**

　これからの「観光まちづくり」では、地域の未来のために夢をもって活動できる人材を育てていくことが重要である。近年、比較的若い世代による地域社会を拠点とした社会的起業家の台頭もみられる。ただし、観光まちづくりの実現には時間がかかるので、継続的に取り組む仕組みをじっくり育てていくことも必要である。

キーメッセージ⑦ 多様な人々が活躍できる場をつくる

**様々な背景の人々、幅広い世代が、
個性を活かして活躍できる場をつくる。**

　課題が山積みの複雑な現代社会において進める「観光まちづくり」には、多角的な視野と様々な能力、そしてある程度のマンパワーが不可欠である。多様な背景の人々、幅広い世代が相互に尊重し合い、補い合いながら、それぞれの個性を活かして協働できるような場（きっかけ）こそが大切である。

キーメッセージ⑧ 継続して取り組める仕組みをつくる

**「観光まちづくり」を継続するための
社会的・経済的な仕組みをつくり、
地域を動かす。**

　「観光まちづくり」は、一朝一夕に効果が現れるものではない。継続的に取り組むことがなによりも大切である。「継続性」を担保するために、先進地の多くは、地域ならではの社会的・経済的な仕組みを捻出してきた。その試行錯誤に学び、「観光まちづくり」が時代を超えて果たしうる役割に自覚的になり、継続のための仕組みをつくり、動かしていかなければならない。

第12章

持続可能な観光まちづくりの組織と安定財源

梅川智也

　持続可能な観光まちづくりにとって、それを推進する組織・体制・人材と安定的な財源が重要な役割を担っていることはいうまでもない。特に観光関連産業が集積する観光地においては、観光地全体をマネジメントするいわば司令塔の存在が欠かせない。つまり、観光地経営にとって、客観的な現状把握、地域個性の発掘、将来ビジョンの策定、魅力あるコンテンツの開発、平準化の仕組みづくり、資源の保全と活用のバランス、リスクマネジメントなどと並んで推進組織と安定財源は要諦である。

　推進組織にとって重要な視点は、行政、民間事業者、住民、そして来訪者の4者をバランス良くマネジメントすることである。そして、安定財源にとって重要な視点は、観光振興の受益者である地域の民間事業者による会費の安定化、公的活動に対する行政からの支援の安定化、独自事業による収益の安定化に加えて、新たな税財源の導入による安定化などである。

1 観光まちづくり組織を取り巻く環境変化

| 1 | まちづくり組織のタイプと変遷

　まちづくりに関連する組織としては、大きく次のような流れがある。1つは、地域コミュニティの中核としての自治会、町内会と相互補完の関係性にある地域運営組織（自治系）の流れ、2つめは中心市街地の活性化を目的としたTMO（Town Management Organization）以降の都市再生特別措置法に基づく官民連携まちづくり・都市再生推進法人（まちなか再生系）の流れ、3つめは、都市再生機構や地方の住宅供給公社などによる区画整理・住環境改善など（都市計画系）の

流れ、さらに４つめは、地方創生に端を発するエリアマネジメント、地域再生法に基づく地域再生推進法人、近年ではリノベーションエリアマネジメント（地方創生系）の流れ、そして５つめは地域の観光協会、観光コンベンションビューロー、ビジターズビューロー、近年では観光地域づくり法人（DMO：Destination Management/Marketing Organization、観光系）の流れである。

いずれも地域課題の解決に正面から向き合い、地域住民の暮らしや生業の発展に寄与するとともに、地域環境の改善や快適な空間づくりなどを目指している。一方で、近年の少子高齢化により、地域においては担い手不足が顕在化しており、観光客や交流人口、そして関係人口をも含めた多様な域外の人々の力を活用していく方向性は、あらがうことのできない潮流ともなっている。

ここでは、観光まちづくりを担う観光系組織について取りあげる。これらの観光系組織は従来の宣伝・プロモーション、誘客、着地型旅行商品の造成だけに留まらず、急速にまちづくり機能、たとえば古民家や町家の再生、インバウンドの受入環境整備などに取り組むように進化している。観光系組織の新たな機能・役割、具体的には観光地域づくり法人＝ DMO に注目するとともに、どの組織でも課題となっている安定的な財源の確保について解説していく。

｜2｜海外での DMO 概念の登場

DMO が登場する背景をみていく。1990 年代前半、製造業にマネジメントやマーケティング、ブランディング理論が導入され、ホテルや航空会社などサービス分野にも拡大していった。1990 年代後半になると、観光の国際化や多様化の進展に伴い、ホテルなどの単体施設にとどまらず、観光地全体にもそうした理論を適応しようという取り組みが欧米を中心に展開されるようになる。2000 年代に入ると、こうした取り組みを展開する組織が、従来の組織と区別するため DMO と呼称されるようになった。組織の形態ではなく、観光地におけるマネジメント、もしくはマーケティングをより強力に推進する組織が DMO である（図1）。したがって、Destination Management Organization と Destination Marketing Organization の２つの定義がある。ただ、現在では、観光協会（Tourism Organization）や CVB（Convention Visitors Bearou）も、DMO と総称するようになっている。

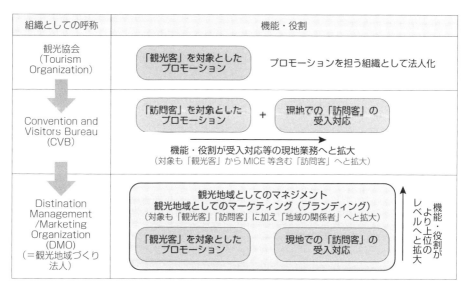

組織としての呼称	機能・役割

観光協会
(Tourism
Organization)
　「観光客」を対象とした
　プロモーション
　プロモーションを担う組織として法人化

Convention and
Visitors Bureau
(CVB)
　「訪問客」を対象とした
　プロモーション　＋　現地での「訪問客」の
　受入対応

機能・役割が受入対応等の現地業務へと拡大
（対象も「観光客」から MICE 等含む「訪問客」へと拡大）

Distination
Management
/Marketing
Organization
(DMO)
(＝観光地域づくり
法人)
　観光地域としてのマネジメント
　観光地域としてのマーケティング（ブランディング）
　（対象も「観光客」「訪問客」に加え「地域の関係者」へと拡大）
　「観光客」を対象とした
　プロモーション　　現地での「訪問客」の
　受入対応

機能・役割がより上位のレベルへと拡大

図1　国際的にみた観光推進組織の呼称と機能・役割の変遷（出典：観光庁観光地域振興課（2015）を元
に筆者加筆）

|3| 「日本版 DMO」の登場

　日本国内でも DMO という言葉自体は専門家の間でかなり古くから使われて
いたが、国の政策として本格的に取り上げられたのは、2014 年のまち・ひと・
しごと創生本部の設置、まち・ひと・しごと創生法（通称：地方創生法）の成立
である。翌年の国の総合戦略に「日本版 DMO」の整備が盛り込まれた。その
後の国の観光政策の指針となった「明日の日本を支える観光ビジョン」（2016
年 3 月）には、東京オリンピックが開催される 2020 年までに世界水準の DMO
を全国に 100 カ所形成することが位置づけられた（図1）。

②新しい観光地域づくり法人(DMO)の
　形成・確立

|1| 登録制度の概要

　観光庁は、これまでの観光地域づくりの課題について、①関係者の巻き込み
が不十分、②データの収集・分析が不十分、③民間的手法の導入が不十分であ
るとし、地域の多様な関係者を巻き込みつつ、科学的アプローチを取り入れた
観光地経営を行う舵取り役として「日本版 DMO」を位置づけ、各地域で形

成・確立を図ることを推奨した。

　そのため、観光庁に登録制度を導入し、観光地域づくり法人（DMO）の登録要件を以下の5つを満たすこととした。登録区分としては、広域連携DMO（複数都道府県レベル）、地域連携DMO（複数市町村レベル）、地域DMO（単独市町村レベル）の3種である。

①観光地域づくり法人（DMO）を中心として観光地域づくりを行うことについての多様な関係者の合意形成

②データの継続的な収集、戦略の策定、KPIの設定、PDCAサイクルの確立

③関係者が実施する観光関連事業と戦略の整合性に関する調整、仕組みづくり、プロモーション

④法人格の取得、責任者の明確化、データ収集・分析等の専門人材の確保

⑤安定的な運営資金の確保

｜2｜重点支援 DMO の取り組み

　2018年に実施された「世界水準のDMOのあり方に関する検討会」の中間取りまとめを受けて、登録制度を見直すとともに、観光地域づくり法人（DMO）の役割や取組内容を具体的に解説するガイドブックが策定されている。そして観光庁はDMO全般の底上げを図るため、2020年から「重点支援DMO」として32法人、2021年は37法人を選定している。同時に登録基準を厳格化するとともに、更新登録制度や登録取消規定を導入した。

｜3｜「先駆的 DMO」、そして「世界的な DMO」への取り組み

　2023年、DMOに対する支援のあり方を見直すため、有識者委員会が設置され、将来的に「世界的なDMO」を目指す「先駆的DMO」の要件の検討と選定が行われた（図2）。以下が6つの選定要件であり、支援期間は単年度ではなく約2年間となる。

●観光による受益が広く地域にいきわたり、地域全体の活性化を図っていること

①地消地産を含め、できるかぎり多くの事業者・業種も含めた誘客／観光消費戦略を策定

②観光による受益を、観光従事者の
　働きやすい環境づくり、地域住民
　の生活水準の向上につなげる等、
　地域の理解促進に向けた視点を織
　り込む

③行政を含む多様な関係者との連携
　により戦略を実現

●誘客／観光消費戦略が持続的に策定さ
　れる組織体であること

④人口減少が進む日本人だけに頼ら
　ず、インバウンド誘客も含めた戦
　略を策定

⑤データ収集・分析、戦略策定、戦
　略の検証・見直しのサイクルが適切に機能する仕組みを構築

⑥戦略策定に係る人件費や事業運営費等が安定的・継続的に確保される仕組
　みを構築

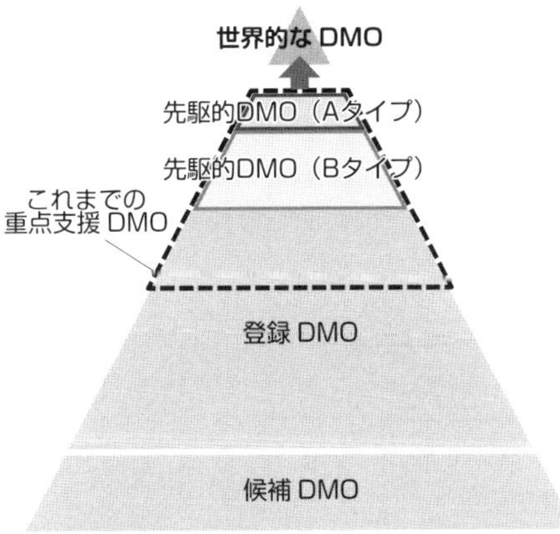

注）Aタイプ：①〜⑥の6項目を高いレベルで
　　　　　　満たすDMO
　　Bタイプ：①〜⑥のいずれかの項目で一定
　　　　　　の水準を満たしていないDMO

図2　世界的DMOに向けて（出典：観光庁観
　光地域振興課（2023年））

③ 安定財源の確保に向けて

　観光地域づくり法人（DMO）の登録制度が創設された以降も依然として安定
的な財源の確保は共通する課題となっている。2020年の制度改定からは、デ
ータ収集・分析等の専門人材（CMO：Chief Marketing Officer）に加え、財務責任
者（CFO：Chief Financial Officer）の設置が必要であるとしている。

|1| 観光財源の現状と体系

　地域における観光財源は、おおむね以下のような課題を抱えている。

●観光客が増えても観光財源は増えない構造となっていること

　・観光需要に比例して増加する財源は、入湯税のみ。ただし、入湯税は観光
　　振興以外（例：消防施設整備）にも使用され、観光予算への配分は行政しだ

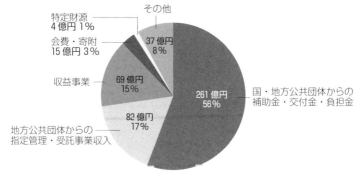

図3　登録 DMO の収入の内訳 (回答数170)（観光庁 2021 年 10 月時点))

いとなる。

- 国の地方交付税交付金の算定基準に、交流人口や観光客の指標がない。

● 観光事業者数が増えても、その地区に重点的に配分されない構造になっている
　こと

- 観光産業から得られた市町村税（固定資産税や都市計画税等）は普通税であり、
　一般財源のため、観光振興の支出に連結していない。

● 依存体質からの脱却が必要なこと

- どうしても首長に期待したり、国の補助事業に依存しがちになる。したがって、中長期的なビジョン（観光基本計画）を策定し、それを実現させるための安定的な財源確保に努めることが期待される。

　観光庁の DMO ガイドラインに示された観光財源の体系は下のとおりである
（図3）。

● 自主財源

- 特定財源（地方税（宿泊税、入湯税等）、負担金）
- 公物管理受託
- 収益事業（物販、着地型旅行商品の造成・販売）
- 会費

● 行政からの補助金等

- 交付金、補助金、負担金、その他

| 2 | 税財源の位置づけと種類

　自主財源の中の特定財源のうち地方税が最も安定的である。法定外目的税の

宿泊税、法定目的税の入湯税が代表的である。いずれも課税客体は宿泊者と入湯行為であり、受益者が負担することに特徴がある。税であることからまずは自治体の財源となり、直接 DMO の財源となるわけではないが、行政からの補助金等として DMO に支出されることが一般的である。

宿泊税

　2002 年、東京都が全国に先駆けて導入したもののしばらく続くところがなく、2016 年に大阪府、2020 年には福岡県と福岡市、北九州市が導入している。単独市町村では京都市が 2018 年に導入。続いて金沢市と倶知安町が 2019 年、2023 年には長崎市が導入している。定額法が多い中で倶知安町は宿泊料金の 2 ％と定率法を採用している。

　市町村レベルでは最初に導入した京都市の (一社) 京都市観光協会 (DMO 京都) は、収入の 6 割以上が事業収益である。京都の四大行事や寺社の特別公開など京都独自の資源を活用した事業から生み出される財源があり、行政からはほぼ自立した観光協会である。また、京都市の宿泊税は、旅館・ホテルなどの旅館業法の対象施設だけでなく民泊からも宿泊料に合わせて一定額を宿泊者から徴収するものであり、税率は 1 人 1 泊について宿泊料金が 2 万円未満：200 円、2 万円以上 5 万円未満：500 円、5 万円以上：1000 円である。約 40 億円に及ぶ税収の使途は、

- 入洛客の増加など、観光を取り巻く情勢の変化に対応する受入環境の整備
- 住む人にも訪れる人にも京都の品格や魅力を実感できる取り組みの推進
- 京都の魅力の国内外への情報発信の強化

となっており、DMO への支出は限定的である。

入湯税の超過課税

　入湯税は市町村税であり、使途が環境衛生、源泉管理、消防設備、観光振興の 4 つに限定された目的税である。観光振興に活用できるとはいえ、どこの市町村でも一般財源的に活用されてきたことも事実であった。以前から超過課税 (標準税率 150 円を上回る税率を適用すること) が行われていた市町村は 3 カ所。三重県桑名市、大阪府箕面市、岡山県美作市である。2015 年に釧路市が入湯税の本体部分は従来どおりの使途とし、超過課税分だけを阿寒湖温泉の観光まちづくり事業に使えるとする枠組みをつくってからは、同様の取り組みが全国に

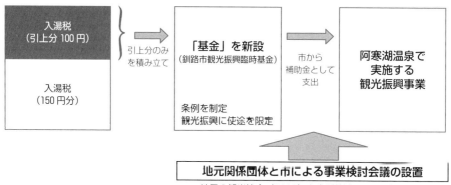

図4　入湯税の超過課税導入の事例（釧路市阿寒湖温泉）

波及していった。同じ道内の上川町（層雲峡温泉）、大分県別府市（別府温泉）、山口県長門市（長門湯本温泉）、北海道登別市（登別温泉）、北海道伊達市（北湯沢温泉）などである。

　温泉地に限られるものの、地方税法に定められた税目であることから、当該市町村の入湯税条例の改定によって実現できることから、宿泊税に比べてハードルが低く、導入する自治体は増えている（図4）。

｜3｜地域それぞれの工夫

　地域によってDMOの活動財源は異なっており、一概に望ましいあり方があるわけではない。ただし、自治体からの補助金、委託金、さらには自治体からの出向者が主たる業務を担うとなると、いわゆる行政依存となることは明らかである。民間的な発想や独自性のある事業、スピード感のある組織運営が期待される。

　DMOの役割には、地域全体のブランディングや観光案内、広域的な情報提供、ステークホルダー間の調整など公的な活動も少なくなく、そうした部分に公的な資金が入ることに違和感はないであろう。民間事業者の受益に繋がる誘客やプロモーションといった事業については独自の判断で活動できる独自財源が適している。そのため、地域がそれぞれ独自の工夫によって、安定的な財源を確保し、独自の活動を展開していくことが期待される。

　なお、国は2019年から「国際観光旅客税」を導入し、観光先進国の実現に

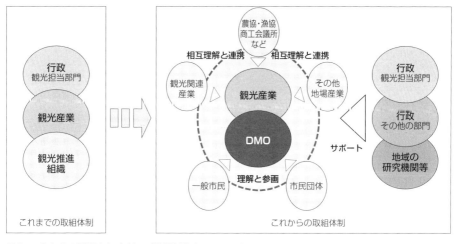

図5　これからの観光まちづくりの推進体制（出典：（公財）日本交通公社編著（2019））

向けた観光基盤の拡充・強化を図るための財源を確保する観点から、国際観光旅客等の出国1回につき1000円の負担を求めている。仮に訪日外国人が4000万人、日本人の海外旅行者が2000万人とすると、600億円規模の財源となる。

④ 望ましい地域の観光まちづくり推進体制

　これまで地域の観光振興は、主に民間事業者、行政、観光推進組織で進めてきたが、これからはDMOが中核となって民間事業者とともに、農協、漁協など第一次産業、地場産業、まちづくり団体、住民など観光まちづくりのプラットホームを確立し、行政や地域の研究機関が適宜かつ強力にサポートする体制が望ましい。特に行政は観光担当セクションだけでなく、農林漁業、商工業、交通、文化財など関連する部署の横断的な支援が重要である。観光まちづくりにはそうした多様な主体の参画が期待される（図5）。

　[参考文献]
観光庁観光地域振興課（2015）『"人育て"から始める観光地域づくり―観光地域づくり人材育成実践ハンドブック2015』
（公財）日本交通公社編著（2019）『観光地経営の視点と実践』丸善出版
観光庁編（2020）『観光地域づくり法人の登録制度に関するガイドライン』
観光庁編（2022）『観光地域づくり法人（DMO）における自主財源開発手法ガイドブック』

第13章

自主規範で「地域らしさ」を守り育てる

石山千代

　暮らしの場そのものが地域の魅力であり、人々を惹きつけるような地域では、暮らしと観光の関係性が常に問われる。観光によって日常の暮らしが妨げられたり、外部資本に搾取されたりして、地域環境や地域社会が変容しては本末転倒である。そうしたことを未然に防ぎ、世代交代や新たな担い手の参画を得ながら、「地域らしさ」を持続的に守り育てていくための有効な手立てとして、本稿では、自主規範に着目する。運用蓄積の豊富な町並み保全地域における取り組みを紹介しながら、今後の観光まちづくりの現場における展望を論じる。

1 自主規範の特徴と歴史

| 1 | 自主規範の定義、評価と課題

　本稿では、自主規範を「一定の地域内において、住民間で互いに合意のうえで住民が自主的に定め、守ろうとしている個別の行為（特に、居住、生業（観光を含む）、町並み等の保全等）に関わる規範（ルール）」とする。都市・建築分野における紳士協定、任意協定、住民憲章やまちづくり憲章、地域ならではの慣習をも内包する概念である。

　自主規範は、「内容的豊富さ」および「公的規制の不十分さを埋め、漸次公的規制の改善を進めるための先導的役割（公的規制の強化に対するプロセス的役割）」（高見沢、1977）、「地域独自のものをつくり得る多様性と合意可能なものをつくりやすい柔軟性」（清水、1993）という評価が定着している。一方で、どのような自主規範を誰がどのように形成すべきか、法的拘束力のない自主規範が機能する仕組みをいかに構築するかが常に課題となる。そこで、本稿では、住民の

暮らしの場であり、多くの私有財産から構成される町並みが観光対象となるような町並み保全地域における自主規範を軸とした仕組みに着目する。

| 2 | 自主規範の歴史

　我が国では、農を基盤とする中世以来の村落共同体、近世以来の封建社会の末端における町組織などの地縁的共同組織において、人々の生活と生業を規定する独自の自主規範が重要な役目を果たし、空間形成にも影響を与えてきた。

　谷直樹（1987）は、近世京都の町式目には封建制の支配機構の末端に連なって行政的な役割を担う自治機能と、住みよい町づくりをしようという地縁的共同組織内部からの自生的な自治機能という両側面があったことを指摘している。また、「京都町式目集成」（1999）は、京都で公同組合（町単位で設置された京都独自の住民自治行政組織）が成立した1897年（明治30年）以前の78の町による町式目（町規、定、法度などを含む）を収集し、町式目を「町の構成員全体がしたがうべき規則として明文化された取り決め」であり、「一度取り決められた場合、改正されるまで有効性を保つ規定、すなわち町にとっての法」と定義している。

　最も古い冷泉町の定（1585年）が家売買に関する規定、続く下本能寺前町の定（1594年）は借家人など町の構成員に関わる条文を中心とする住民同士の紛争についての条文を含んでおり、家の売買、賃貸に伴う「町の構成員の変化」が、初期の町式目成立の動機であったことがわかる。その後の町式目の内容は多岐にわたるが、**表1**のような内容が共通に定められていたようである。

　近世近代と現代の自主規範の接点に関する研究は限られているが、藤井（1981）は、「市街地の集合秩序を生み出した社会性、自主性、合理性をもつ慣習」を自主的環境協定と定義し、民法編纂の基礎資料として司法省が全国197郡で約500人の陳述人から各地域の慣習を採集した『全国民事慣例類集』（1877（明治10）・1880（明治13）年、司法省）第二編財産第三章土地に関する義務から自主的環境協定を抽出して地域分布分析を行っている。結果、当時の慣習の中に大きく空間の利用と管理に関する規定があったことを整理し、近代以降自主的環境協定が失われた理由を法律の体系化・共同体の崩壊・技術の革新としている。また、「住民がみずからの環境を守るために、いつしか暗黙の合意としてつくりあげたような慣習は、最後まで成文化されず、明治の旧民法制定以後も

対象	京都78町の町式目 (1585-1897年)	大阪14カ町23の町式目 (1748-1870年)
主な項目	・町の構成員に関わる条項：家の売買、借家人の条件、家屋敷の相続に関しての町の承認や人選の条件、職商規制 ・町の組織と運営、治安、消防などの業務：会合の時期、町年寄、日行事などの人数、選出方法 ・人生儀礼、神事・祭礼、風俗・生活習慣の規制：人生儀礼に関する出銀の額、寄合の献立、神事や祭礼に関する日程・参加の形態・出銀規定、住民の生活習慣や風俗 ・隣町、町組との関係：木戸の管理など治安や消防、捨子・行倒れ人の取扱などの業務の負担割合の明記 ・町入用、出銀規定：町年寄への謝金、町用人への祝儀、番人への賃金、会合の振舞料、家屋売買に伴う出銀 ・法令の遵守	・家屋敷売買・通過儀礼などの祝儀規定、特定の職業（音、匂い、出火の恐れがある業種等）の者の買得の禁止 ・年寄・月行司・町代・下役の勤め方 ・火消組合の運営をはじめ消防治安維持 ・家持が負担しなければならない公役・町役の負担方法（金銭、労働）

表1　封建社会における町式目の主な内容 (出典：京都市歴史資料館（1999）と大阪市史編纂所（1991）を基に筆者作成)

社会的小集団内でのみ通用する共同体規制として長らく存続した。この残滓は、現在も伝統的市街地に多くみられる」と指摘している。

　建築家であり、歴史的環境の保全にも造詣が深かった大谷幸夫（1979）は、「環境が安定してよい状態にある地域では、必ず地域の住民相互がある種のルールを持っていて、環境をみだりに改変することを妨ぐようにできてい」ること、「国が一律に決めた基準というようなものが、地域固有の行動規範と脈絡をもたないで、それが混乱を招く場合も多い」ことを指摘している。

　以上で言及されたような自主規範が残る伝統的市街地の一部では、高度経済成長期以降、人口流出による地域存続の危機や生活スタイルの変化が差し迫る中で、地域の暮らしと取り巻く環境を総体として守りながら、観光を取り込むタイミングで新たなタイプの自主規範をつくりあげてきたといえる。以下では、その中でも今日まで地域主体の運用が継続していて、人口減少や空き家問題などの現代的な課題への対応を試行錯誤している**表2**の事例をもとに、地域の観光まちづくりの精神的・実質的基盤となる自主規範について論じたい。

②町並み保全地域における自主規範の制定と展開

　自主規範としての住民憲章の始まりは、江戸時代の妻籠村全戸（当時約340世帯）網羅の住民組織「妻籠を愛する会」（1968年結成、以下愛する会）が中心となって1971年に策定した「妻籠宿を守る住民憲章」（以下、住民憲章）である。そ

対象地	妻籠宿 (長野県木曽郡南木曽町)	荻町集落 (岐阜県大野郡白川村)	竹富島 (沖縄県八重山郡竹富町)
自主規範の名称	妻籠宿を守る住民憲章	白川郷荻町集落の自然環境を守る住民憲章	竹富島を生かす憲章案(1972)→竹富島憲章(1986)
制定年	1971年7月25日	1971年12月25日	1972年→1986年3月31日
保全対象	妻籠宿と旧中山道沿いの観光資源(建物・屋敷・農林地・山林等)、初心、風致、宿場内の静寂	自然環境、地域内の資源(合掌家屋、屋敷、農耕地、山林、立木等)、 風習や風俗並びに郷土芸能	美しい島、秩序ある島、豊かな人情、よきなみ、伝統工芸、祭事行事、芸能
観光への言及	「観光資源を地域の産業振興と結びつける」「観光的利用による収益(地元への還元)」	「観光資源の活用による地域の産業振興」	「観光関連事業者の心得」「民芸や観光による収益(住民への還元)」
保存優先の原則	売らない、貸さない、こわさない	売らない、貸さない、こわさない	売らない、汚さない、乱さない、壊さない、活かす
運用主体	公益財団法人妻籠を愛する会統制委員会	白川郷荻町集落の自然環境を守る会	竹富島集落景観保存調整委員会(地縁団体法人竹富島公民館内)
備考	1976年重伝建選定	1976年重伝建選定 1995年世界文化遺産登録	1972年沖縄返還 1987年重伝建選定

対象地	美山町北村 (京都府南丹市)	熊川宿 (福井県若狭町)	
自主規範の名称	北村かやぶきの里憲章・保全優先の基本理念	若狭熊川宿まちづくり憲章・若狭熊川宿の自立したまちづくりを進めていくための申し合わせ事項	
制定年	1999年2月	2004年3月	
保全対象	日本の農村の原風景である集落景観、静けさ、秩序ある落ち着き、善良な風俗	鯖街道熊川宿の伝統的な町並み、豊かで清らかな前川の流れ、私たちの暮らしの場	
観光への言及	「訪れる人に村の心を伝えます」「店が立ち並ぶ観光地にせず」「集落景観を経済活動や村起こしに生かす」	「熊川の歴史や暮らしに共感して訪れてくださる人々を、こころよく迎えます」	
保存優先の原則	売らない、汚さない、乱さない、壊さない、守る、生かす	なし	
運用主体	一般社団法人北村かやぶきの里保存会	若狭熊川宿まちづくり特別委員会	
備考	1993年重伝建選定 2006年合併	1996年重伝建選定 2005年合併	

表2 本稿で紹介する町並み保全地域における自主規範の特徴 写真:(上)妻籠宿、(中)白川郷、(下)竹富島

の後、同様の課題を抱える各地へ伝播し、各地ならではの検討と運用が重ねられて今日に至る。以下では、**表2**の事例をもとに、大きく4つの段階(1)自主規範制定の背景と保全対象、(2)町並み保全と地域経済のバランスを目指す

仕組みの創出、(3) 新たな主体や生業の受け入れと運用の見直し、(4) 地域課題とリスクへの備えとしての財源確保に分けて紹介する。

｜1｜ 自主規範制定の背景と保全対象

　中山道木曽十一宿の宿場町として栄えた妻籠宿は、宿駅制度の廃止と周辺での交通インフラ整備の中で衰退を余儀なくされた。高度経済成長期の人口流出による過疎化と相次ぐ水害に見舞われる中で、取り残されたがゆえの古い町並みを地域ならではの資源と捉え、周囲の自然環境や中山道も含めて一体的に保存することで新たな生業としての観光に結びつけようという構想が生まれ、日本で初めての面的な町並み保存工事が長野県明治百年記念事業（1968-1971）として行われた。これによって開発志向の当時には珍しい町並みが一躍世間の注目を集めて観光客が急増し、いわゆるオーバーツーリズムの弊害：住民の日常生活への影響や外部資本への警戒感、地域の変質への危機感を生み、「私達の妻籠は私達の手で」守り抜かなければという切実な使命感（図1）が醸成された。

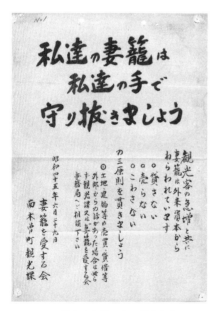

図1　観光客急増の中で外来資本への警鐘をならすために作成されたビラ（1970年）（出典：妻籠を愛する会所蔵）

　そして、各区と職場等から選出された住民による起草委員会での議論をへて住民の総意で制定されたのが1971年7月の住民憲章である。

　保全の対象として、妻籠宿と旧中山道沿いの観光資源（建物・屋敷・農林地・山林等）を総合的に捉えているだけでなく、初心や風致、宿場内の静寂にまで言及している。また、保存優先の原則「売らない」「貸さない」「こわさない」はインパクトある表現で、後述する各地へも伝播していったが、他律（例：売らせない）ではなく自律（例：売らない）であることに大きな意味があった。自律を前提としたうえで、所有者変更や各種現状変更行為時に事前に申し出る仕組みとこの運用を担う統制委員会の設置を明言

し、実際に愛する会内に立ち上げ、今日まで毎月開催し続けている（審査総数は 2023 年 10 月 20 日現在 4046 件）。

　白川郷荻町集落では、周辺での電源開発や過疎化・離村等を背景に合掌家屋の喪失と自然環境改変への危機感が高まる中、妻籠宿の影響を受けて 1971 年 12 月「白川郷荻町集落の自然環境を守る住民憲章」を制定した。同時に白川郷荻町集落の自然環境を守る会（以下、守る会）を発足させて以後毎月の定例会で現状変更申請の審議と調整を行ってきた。保存優先の原則は妻籠宿に倣っているが、保全の対象は合掌家屋、屋敷、農耕地、山林、立木等に加えて「集落の土と人と共に生きてきた風習や風俗並びに郷土芸能等」をあげていることが特徴である。

　竹富島では、本土復帰直後の島外資本による土地買い占め問題が根底にある中で 1972 年に「竹富島を生かす憲章案」が練られた（正式な制定は 1986 年だが、内容はほぼ同じ）。島特有の環境をふまえて保存優先の原則を独自に発展させ、「売らない、汚さない、乱さない、壊さない、生かす」を掲げ、美しい島、秩序ある島、豊かな人情、祖先から受け継いだまちなみや伝統工芸、祭事行事、芸能を保全対象としている。そして、地縁団体法人竹富島公民館内に竹富島集落景観保存調整委員会を設置し、憲章の運用を担ってきた。

　以上 3 つの自主規範は、いずれも面的な保全を担保する伝統的建造物群保存地区（以下、伝建地区）制度創設（1975 年）以前に制定されたもので、以下で紹介する 2 つは制度創設以降かつ、重伝建選定後に制定された自主規範となるが、いずれも、今日まで自主規範が地域の各種判断の根幹にあり続けている。

　美山町北村では、重伝建選定（1993 年）後「かやぶきの里」として認知されていく中で勃発した集落内の土地問題を契機に、北村かやぶきの里保存会（以下、保存会）が中心となって「北村かやぶきの里憲章」（1999 年）という形で地域として目指す姿を掲げ、北村ならではの集落景観、静けさ、落ち着き、村の心を守り、集落を発展させることを誓った。憲章を実践するための規範として「保全優先の基本理念」が含まれ、土地建物を外部の者に無秩序に売買[注1]・貸借しないことや集落景観を乱さない・壊さないことが定められていて、竹富島の項目の影響が窺える。独特の項目は、第 5 条の「〈守る〉店が立ち並ぶ観光地にせず」で、以降地域内の節目節目で掲げられてきた。

熊川宿では、重伝建選定（1996年）から約8年後（2004年）という景観整備がひと段落したタイミングで、「若狭熊川宿まちづくり憲章」と「若狭熊川宿の自立したまちづくりを進めていくための申合せ事項」が熊川区と若狭熊川宿まちづくり特別委員会によって策定された。（永江、2022）が「まちづくり」という一点をストイックなまでに堅持してきたというように、「暮らしの場であることを基本」としていて、自主的で継続可能な「みんながよくなるまちづくり」を一層進めていくための指針として位置づけられる。また、「熊川の歴史や暮らしに共感して訪れてくださる人々を、こころよく迎えます」という観光への姿勢も特筆される。上記の住民憲章のような「売らない、貸さない、こわさない」といった表現はないが、空き家や空き地の管理および現状変更行為について熊川宿まちづくり特別委員会に相談するように定めている。

　あらためて**表2**（p.187）を見ていただきたい。いずれの地域においても、先進地域の影響を受けながらも保全の対象は、地勢的、歴史的特徴が色濃く表れた独自の内容へ昇華され、一部の有形資源だけでなく、無形資源とともに地域の環境を総体として守っていくことを目指している。観光への言及も地域の産業振興と結びつけ、地域に還元するという観点から共通に行われ、地域の理念を尊重する事業者や観光客を迎え入れたいという思いが窺える。そして、何よりも重要なのは制定主体がきちんと運用主体として位置づけられ、今日まで機能し続けていることである。

┃2┃ 町並み保全と地域経済のバランスを目指す仕組みの創出

　観光による経済的恩恵が外部資本に流出するのも問題だが、地域内における偏在は住民間での様々な合意を困難にする。暮らしの場である私有財産の集合体としての町並みを観光対象としても捉え、ともに守っていこうという地域では、生業によらず住民の理解と協力が不可欠である。

　それゆえ、町並み保全と地域経済とのバランスを目指す仕組を各地域は模索し続けてきた。特に妻籠宿では、地域内で経済的恩恵を還元する**表3**のような仕組みを愛する会だけでなく、観光協会も町も生み出し、地域の中に幾重も埋め込んできた。そして、全国町並みゼミや共通の悩みを抱く地域間の交流を通じて、他の地域にも様々に伝播していったものと思われる。

①経済的恩恵分散化（小口化）の仕組み
〈町〉土産品の共同卸（67頃）、婦人会食堂・民宿の開業促進（68-）、土産品指針作成（68-） 〈観光協会〉土産品の共同卸（67頃-80頃）、部会規約（71-74） 〈愛する会〉国道沿い営業自粛（73-）、業種制限（73頃-）
②経済的恩恵に関する基本的な考え方の表明・共有
〈町や愛する会のリーダー〉理と利、富の公平分配（68頃-）、〈愛する会〉住民憲章（71-）
③非営業者への配慮
組織運営上の配慮〈愛する会〉非営業者／営業者バランス（68-） 雇用上の配慮〈愛する会＆観光協会〉非営業者対策（食堂建設の検討等）（74-）、駐車場等での雇用（74頃-） 保存経費上の配慮〈町〉保存条例（73-）、小規模修理補助金（80-）、保存基金条例（89-）、町税の特例（91-）
④受益者による金銭的貢献
〈観光協会〉賦課金、愛する会への寄付（68-行列の開催時等）、保存財団設立寄付金（83）
⑤受益者による役務貢献
〈観光協会〉交通規制への積極的姿勢（74頃-）、環境保全活動（トイレ掃除、中山道の掃除等）（75頃-）
⑥経済的恩恵集約の仕組み
〈町〉駐車場有料化と特別会計の設置（保存事業と隣接地域交付金の財源）（74-） 〈愛する会〉財団駐車場（85-）

注）〈 〉：創出・運用の主な主体　（　）内の数字：開始年（西暦下2桁）

表3　妻籠宿で創出されてきた経済的恩恵を地域内で還元する仕組み

　美山町北村では、「迷惑も、利益も、社会的貢献もみんなで」という考えのもと、独立して営業を行っていた事業所を発展的に統一するために、2000年にほぼ全戸（住民49人）の出資により「有限会社かやぶきの里」を設立し、地域ならではの素材と町並み、そして人材を活かした食堂や民宿を運営してきた。

3 新たな主体や生業の受け入れと運用の見直し

　自主規範を運用してきた地域は、地域社会の構成員の変化に対してとりわけ慎重である。空き家問題や郷土芸能などの継承の危機に直面している中であっても、「地域らしさ」を守っていくために地域ならではの条件設定や丁寧なプロセスをへて新たな主体や生業を受け入れてきた。

　妻籠宿は、住民憲章制定からの時間経過と共に地域課題が多様化する中で、柔軟性を有しながらも新たな行為の許可条件として「住民憲章の遵守」等を提示してきたが、今日まで住民憲章の文面は変更していない。「売らない、貸さない」に対応できるように1983年に妻籠宿保存財団を設立し、地域にとって大切な場所を取得・管理してきた。現在は、基本的には「地元の人、Uターンは歓迎。Iターンは慎重に対応」している。特に、新しく商売を希望する者は、「利益優先でなく保存優先でできるか」「地域の付き合いができるか」を確認し、

「地区外から通いの人は、要注意」で話をし「付き合い・役務等」の説明を行い、「住民憲章の遵守、保存優先の考えと行動」を求めている。

白川郷荻町集落では、1995年の世界遺産登録および観光客の急増を機に、住民の生活環境と世界遺産としての価値を継承する活動のために財団法人世界遺産白川郷合掌造り保存財団を設立し（1997年）、近年は景観・安全面からの懸案であった交通問題に守る会、財団、町が一体で取り組んできた。また、今後の人口減少、後継者不足、空き家の増加を危惧する中で、2014年には住民憲章の「保存の三原則の文言及び精神は今後も継承」することを荻町区大寄合と守る会での合意形成をへて確認、宣言したうえで、例外措置の運用として**表4**のような明文化が行われた。「貸す」場合の優先順位や居住条件と、相談が必要な時の窓口や検討体制を明示し、「世界遺産荻町集落の将来にとって最良の指針・解決方法を目指す努力をする」という宣言は特筆に値する。

竹富島では、近年は、外部資本によるリゾートホテル等の建設とオーバーツーリズム、島内の観光事業者による各種行為、島の人々の暮らしと観光の関係性が課題となっている。竹富島公民館と竹富島集落景観保存調整委員会が中心

①保存の三原則の文言及び精神は、**今後も継承**していく
②例外措置については以下の通りとし、**必ず守る会に相談する**

売らない	今まで通り遵守する。ただし、歴史的風致を保存するためにやむなく売らざるを得ない状況が生じた場合は、必ず組織（当面は守る会）に相談し、協議の上で解決を図る。	
貸さない	・所有者に貸付希望がある場合の優先順位は、①荻町区内の希望者、②村内の希望者、③村外の希望者の順とする。 ・居住条件として「伝建物が文化財であることや荻町全体が保存地区であることを理解し善良に責任を持って維持管理ができる人、火に弱い建物であり常駐して管理ができる人、地域の諸行事や出事に率先して参画し同じ住民として地域に貢献できる人」とする。 ・住居としての活用が望ましい。	
こわさない	【合掌家屋等の伝建物】 ・完全遵守する。	【その他一般建築物】 ・老朽化した建物をこわす場合は、跡地を緑化することを条件に認める。 ・撤去新築する場合は、ガイドラインを遵守し、既存の建物より大きくならない景観に配慮した建物を原則とする。

③相談が必要となった場合、当面は守る会が窓口となる。具体的な事案が出てきた時点で、必要に応じて特別委員会を組織する。委員は、区長・副区長・守る会の三役が、当事者、その組の伍長、近隣者、紹介者、その他必要と思われる人より人選する。なお該当する建物が伝建物の場合は、オブザーバーとして教育委員会に参加いただく。
④上記の考え方で対処できない事案が出てきた場合は、守る会や特別委員会で更なる審議を行い、世界遺産荻町集落の将来にとって最良の指針・解決方法を目指す努力をする。

表4　白川郷荻町集落における「売らない、貸さない、こわさない」の運用に関する考え方（出典：白川郷荻町集落の自然環境を守る会『ねそ』2015年1月号をもとに作成）

となり、住民の主張や交渉の拠り所として住民憲章はたびたび言及されてきたが、2017年に①憲章制定30周年の一区切り、②憲章の文言と現在の生活環境の違い、③憲章の理念や精神を知る方々がご存命のうちに、④憲章の理念や精神の周知を図る必要性から、「理念や精神はそのままに引き継ぎ、文言を今の暮らしに沿った内容に修正」する改定が行われた。新旧の文言比較を行った結果、この特徴は以下の4つに集約できる。第一に、憲章内の頻出用語である「生かす」を全て「活かす」へ改定し、新たな段階へ向けた住民による積極的な姿勢の決意表明が行われたことである。第二に、「外部資本から守るために」→「竹富島を守るために」という改定である。住民憲章の精神を尊重し竹富島のために貢献しようという者であれば内外を問わない注2ということである。第三に、島の歴史的経緯と特徴を再認識できる言語化が試みられ「由緒ある集落景観」→「独特の農村集落景観」と改定された。第四に、新たな表現として「精神的文化を学ぶ」「技術、経験を継承していく」「観光業は、島本来の姿を活かしながら推進していく」が追記され地域の無形資源と「島本来の姿」との関係性が見つめ直されたことが伺える。

　美山町北村は、憲章では集落内での土地建物の売買や貸し借り、特に外部の者に対しては厳しい姿勢を示しているが、人口も観光入込客数も緩やかに減少し続け、空き家が顕在化する中で、新たな主体や生業を一定の条件のもとで受け入れている。営業活動が伴うものと、地域外の主体が関与する現状変更行為は、保存会が事前に話し合いの場を設けている。そして、町並み保全を優先する姿勢を確認し、北村らしい地場産品や生業、文化の創出への寄与が期待されるものは受け入れ、北村ならではの空き家活用を模索してきた。結果、事業者の数が増加し、

図2　美山町北村の保存会が毎月発行している「ふるさと」　駐車場の有料化に至った経緯を丁寧に伝えている2019年11月号。

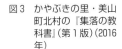

| 図 3　かやぶきの里・美山町北村の『集落の教科書』(第 1 版)(2016年) | 図 4　『熊川宿 暮らしと出店のガイド（第 3 版)』(2021 年) | 図 5　『熊川宿 空き家の活用ガイド』(2020 年) |

事業者目線での活動の必要性が高まり、2015 年に保存会内に観光部会を設立した。新たな主体や生業を受け入れながらも、新聞『ふるさと』（図2）や『集落の教科書』（図3）を通して地域の取り組みや憲章を含む地域ルールを明文化して共有し、調整する体制を整えてきた。

　『集落の教科書』では、北村の特徴を「日本昔話にでてくる田舎がここにある」「村のためにとことん話し合う」と記している。そして、「地域の「宝」ともいえる風景を後世に引き継ぐためにも、暮らしている我々が集落のことを再確認するとともに、地域を理解して新たに生活を始める未来の定住者のために」地域のルールを 4 種（強いルール／ゆるいルール／消えつつあるルール／慣例や習慣）に分類してわかりやすく伝えている。冒頭に「強いルール」として置かれたのは「北村かやぶきの里憲章」で、集落の土地や家などの「住居ではない目的」への売買についての慎重姿勢もここであらためて示された。

　熊川宿（福井県若狭町）では、近年若い世代による空き家を活かしたシェアオフィスやカフェ、分散型ホテル等の新たな生業が次々に芽吹いている。しかし、依然として空き家問題は待ったなしで、新たな担い手と共に熊川宿らしさを守り育てていくために、2012 年には新たに生活や出店を考えている方向けの『熊川宿　暮らしと出店のガイド』（図4）、2020 年には空き家・留守宅所有者向けの『熊川宿　空き家の活用ガイド』（図5）を作成・配布してきた。この中にま

ちづくり憲章と申合せ事項の全文が掲載されている。発行者は、熊川区と若狭熊川宿まちづくり特別委員会だが、大学のゼミ、若狭町政策推進課・観光未来創造課・歴史文化課、社団法人近畿建設協会、一般財団法人三谷市民文化振興財団といった多様な主体の協力で成り立っていることも重要である。2022年には町と熊川地区の民間企業4社の出資で、まちづくり会社が設立され、宿場内の古民家開発やオリジナル商品の開発・製造、周辺でのキャンプ場整備等を牽引している。

| 4 | 地域課題とリスクへの備えとしての財源確保

　重伝建地区においては修理・修景に対して国等の補助金が比較的手厚く、その恩恵は少なくない。しかし、空き家問題や観光に伴う諸課題に対処しながら総体としての地域環境およびそれを支える地域社会を持続的に守り育てていくには心許ない。地域にふさわしくない利用や開発、災害等のリスクに対抗しながら今後も「地域らしさ」を守っていくため、財源確保は大きな備えとなる。

　前述のように、妻籠宿では地域の資源を「売らない、貸さない」ために早々に妻籠宿保存財団を設立し（1983年）、白川郷では世界遺産登録後の地域環境の急激な変化を受けて世界遺産白川郷合掌造り保存財団を設立し（1997年）、町並みと環境を守る多様な役割を発揮してきた。とはいえ、多くの地域では自主財源を確保する道筋は合意形成過程で困難を極め、なかなか日の目を見ない年月が続いてきた。しかし、近年以下のような新たな試みが実現しつつあることは、好ましい兆候といえよう。

　竹富島では長年にわたり入島料の議論をしてきたが、ついに2019年（一財）竹富島地域自然資産財団が設立され、地域自然資産法に基づく入域料（1人300円）の徴収が始まった。収受方法やコロナ禍での伸び悩みといった課題はあるが、住民と行政と来島者が共に竹富島の保全活動を支える重要な仕組みである。

　美山町北村では、入込観光客がピーク（約30万人）の2004年頃から、開設以来無料開放してきた駐車場の料金徴収の議題がたびたび持ち上がっていた。合意形成が難しく、雪灯廊のイベント時の一時的な徴収に留まっていたが、2020年4月ついに通年化した。この背景としては、今後の空き家増加リスクに対して資金準備が必要であること、不在家主や地主が増え修理・修景事業に理解を

得られないリスクへの備えの必要性などが話し合われ、「全ての北村住民が観光地で暮らすプラス面を享受し、安心して景観を守り、暮らしていけるようにするためにどうしても駐車料金徴収による財源確保が必要」だとして2019年の北区総会で全会一致で合意形成に至った（図2、p.193）。この過程で、保存会は、地域の特性と課題を冷静に捉え、法制度では規定することが難しい生業や観光のあり方へ、しだいに積極的に関与し、規範や議論を多くの主体と共有する仕組を構築した。そうすることで当初から目指してきた「店が立ち並ぶ観光地にしない」美山町北村ならではの集落景観の保存に寄与してきた。観光客に対しても、「来ていただくことだけでありがたい」という捉え方から、駐車場料金の徴収という実質的な理解と協力を得て共に集落景観を保存していくという新たなフェーズに入ったのである。

③ 観光まちづくりにおける 自主規範の役割と今後

　近年、地域の歴史文化やその証としての町並みを活かすまちづくりは広く受け入れられ、法整備も進み、関連する事業等も充実してきている。このような状況下で依然として上記のような自主規範が存在し、尊重されながら運用されていることの現代的意義、特に今後の観光まちづくりにおいて期待される役割は以下3点にあるのではないだろうか。

「地域らしさ」の再認識と合意形成の促進

　自主規範を制定し、運用していく過程では、「地域らしさ」をいかに捉え、なにを・どのように守り育てていくのか、どのような観光を目指すのかなど、住民の姿勢がそのつど問われることになる。すなわち、自主規範は地域への再認識を促し、時代ごとの合意形成を促す。その結果、明文化され、伝承されてきた自主規範は、住民が大切にしたいもの・ことが凝縮された時代ごとの決意表明であり、将来世代への遺言といっても過言ではない。

地域にとって好ましい空間的・社会的変化の誘導・制御

　先進地域の影響を受けながらも各地が独自の保全対象を自主規範で明文化して運用してきた。有形無形の地域資源について一体的に保全を試みる場面では、

私有財産に関わる現状変更行為の全てを法的に縛ることは難しい。自主規範で明示し、法定の計画とほど良い接点をもたせ、地域に関わる多様な主体が連携しながら新たな運用体制を構築することで、地域にとってより好ましい空間的・社会的変化を誘導・制御する役割を担えるようになるのである。

課題対応の拠り所と世代継承への寄与

人口減少、後継者不足、空き家の増加は全国共通の課題だが、その背景も影響も解決策も地域の細やかな事情に左右される。各地が自主規範運用方針の明示や文面改定、財源の確保等に取り組んできたが、自主規範はいずれの地域においても課題対応時の議論や解決への拠り所であり、羅針盤であった。そしていまも健在である。時間経過の中で、地域の構成員の変化に伴って悪意なき逸脱も起こりうる中で、自主規範に照らした議論があることによって、「地域らしさ」を守り育てていく姿勢が追求され続け、緩やかに世代継承されていくのである。この役割は、自主規範制定からの年月が経ち、制定当時を知らない世代が多くなるほどに増してゆく。

本稿では、比較的小規模で顔がみえる範囲の町並み保全地域の事例をもとに論じたが、都市部において特徴的な界隈を残していこうという地域に通じる部分も少なくない。実際、かつて町式目が町ごとにつくられてきた京都市内では、マンション開発や観光客の増加等を背景として、あらためて町式目を策定する動きが姉小路[注3]、祇園町南側地区[注4]、先斗町[注5]と広がってきた。また、首都東京の中で、個性的な界隈を残す銀座や神楽坂などでも有効に機能してきた。いずれの場合も地区計画や景観計画といった法定計画とほど良い接点をもちながら、自主規範を尊重する運用が試みられている。立地に関わらず、地域に関わる多様な主体とともに「地域らしさ」を守り育てる観光まちづくりに取り組もうという地域では、自主規範は今後一層不可欠なツールになるだろう。

[注]

1 　基本理念の「売らない」は、不動産屋等に売らず、住居ではない目的で貸さないという意味合いであることが、後述の『集落の教科書』で明示された。

2 　ここでは詳細は省くが、近年の議論から、内部の観光事業者による不適切な行為への危機感の高まりもあるものと推察される。

3 　「居住」と「なりわい」と「文化性」のバランスを目指す「現代版姉小路界隈式目」が2000年に制

定され、姉小路界わいまちづくりビジョン、姉小路界わい地区計画等とセットで担保されている。

4　居住者（住民）ならびに店舗（経営者および従業者）が当地区のよき伝統・慣習、良好な住・商環境、祇園情緒を継承・発展させ、当地区の活性化を図るために、「祇園町南側地区町式目」を2004年に定めた。また、地区内での営業の業種についての自主規制、旅館および宿泊を伴う施設の開設に関する遵守事項等も存在する。

5　自らの町内を守っていくために住まう者・商う者の原理や原則を踏まえ、町内会員が取るべき行動の規範と範囲を「先斗町町式目」として2010年に制定した。

[引用・参考文献]

阿佐伊拓（2017）「『竹富島憲章』と竹富島の暮らし」『東アジア社会教育研究』No.22

石山千代（2019）『自主規範を軸とした空間的・社会的調整システムの構築』東京大学博士論文

石山千代（2019）「集落・町並み保全地域における住民憲章の現代的意義に関する一考察—妻籠宿、白川郷荻町、竹富島における昨今の動向から」

石山千代（2020）「集落景観を観光資源とする地域の人口減少時代のマネジメントに関する考察—京都・美山・北村かやぶきの里の保存会と駐車場有料化に至った経緯に着目して」日本観光研究学会全国大会学術論文

石山千代（2022）「観光まちづくりと住民」『都市問題』Vol.113、No.10、pp.57-67

大阪市史編纂所（1991）『大阪の町式目』大阪市史料調査会

大谷幸夫（1979）『空地の思想』北斗出版

京都市歴史資料館（1999）『京都町式目集成』

熊川区・若狭熊川宿まちづくり特別委員会（2020）『熊川宿　空き家の活用ガイド—空き家・留守宅をお持ちの方へ』

熊川区・若狭熊川宿まちづくり特別委員会（2021）『熊川宿　暮らしと出店のガイド—新たに生活や出店をお考えの方へ』第3版

清水肇・片方信也・小伊藤直哉・古谷勲（1993）「住民による地域空間の制御について」『日本建築学会計画系論文報告集』445号、pp.109-119

髙見沢邦郎（1977）『規制住宅地の更新過程と居住環境保全のための規制的計画手法に関する研究』東京都立大学博士論文

谷直樹（1987）「近世都市の居住地管理システムに関する史的一考察」『日本建築学会近畿支部研究報告集』pp.737-740

永江寿夫（2022）『町並みの保存と創造—若狭熊川宿に学ぶ実践と理念』雄山閣

藤井治（1981）「市街地の集合秩序に関する考察」『日本都市計画学会学術研究発表会論文集　都市計画別冊』16号、pp.49-54

美山町北区発行・特定非営利活動法人テダス編集（2016）『集落の教科書　南丹市美山町北村』第1版

第14章

若い世代が織りなす平和教育と観光まちづくりの可能性

河　炅珍

社会の変化とともに地域の内実が変容し、共通の文化や歴史を持たない担い手が共同体の形成／再形成に取り組む時代になっている。地域再生に向け、異質な他者同士が協力していくうえでは、互いの想い・考えに触れ、理解を深めるコミュニケーションの場が欠かせない。本章では、広島における平和教育の実践を手がかりに、地域の未来を切り拓く人材と仕組みづくりの観点から観光まちづくりの可能性を検討してみたい。

1 広島と平和教育の歩み

|1| 平和の聖地に響く声

原爆投下で廃墟となった広島は「平和の聖地」として再生を遂げた。1949年に成立した「広島平和記念都市建設法」に基づいて復興を進め、現在のような街並みが完成した。

丹下健三が設計した平和記念公園には、原爆ドーム（旧・広島県産業奨励館）をはじめ、レストハウス、広島平和記念資料館（本館および東館）、広島国際会議場、国立広島原爆死没者追悼平和祈念館、原爆供養塔、広島平和都市記念碑などが集まっている。これらの建造物やモニュメントが織りなす巨大な追悼空間を中核に据え、広島は悲惨な歴史と平和の尊さをいつまでも忘れさせない「国際平和文化都市」を目指してきた。

その過程では、都市空間に響き渡る精神たるものが欠かせなかった。残酷な出来事から生き残った人々の「声」が平和の聖地に魂を吹き込む役割を果たしたのである。被爆体験は、戦後直後から様々な形で伝えられてきた。新聞やラ

ジオ（後にテレビ）の報道はもちろん、被爆者自らによる小説、短歌、俳句、詩、絵画などが公開された。また、被爆者とその家族、救援・救護活動や調査活動を行った人々が書いた原爆手記も数多く刊行された。

　『広島　記憶のポリティクス』を著した米山リサは、被爆体験を語る声が時代とともに変化したことを指摘する。被爆の体験は、占領軍や都市建設エリートによって時には展示され、時には黙殺させられながら、権力関係の中で地位を見出すようになった。生存者たちは医学的・法的手順に従い、共通の欲望と意志を持つ政治的主体、すなわち「被爆者」となり、「戦後の社会・政治的アリーナにおける有力なアクターとして自身を構成したのである」（Yoneyama, 1999 = 2005, p.146）。

　その営みは、核兵器廃絶といった国際政治とも関わる大きなアジェンダと結びついた。他方で、1970年代後半から80年代にかけて被爆者の高齢化をはじめ、軍備縮小に向かう国際政治の動き、国内政治の保守化・右傾化、歴史認識をめぐる議論、反戦・反核運動の高まりなど、様々な要因が絡んだ結果、被爆者のアイデンティティに変化が生じた。

　過去を語る声は、被爆体験だけでなく、生き残った意味を探し求めてきた日々の苦闘や生きざまにも拡大し、「移り変わっていく相互の影響や重なり合う社会的諸関係のなかで」被爆者は「「証言者」や「語り部」として自己を同定する」（Yoneyama, 1999 = 2005, p.153）ようになった。こうして爆発的に増えた証言・語りが1980年代以降、平和都市・広島に鳴り響くようになった。

| 2 | 平和教育の展開と課題

　被爆者の自己認識と被爆体験の語りは、広島という都市のアイデンティティが形づくられるうえで教育と密接な関わりを持っていた。とくに「平和教育」の一環として行われる修学旅行が重要なきっかけとなった。

　1970年代後半から被爆者の体験談を直接聞き取りすることが修学旅行の一環として全国に広まった。広島へ向かう修学旅行生数が急増するなか、従来の被爆者団体に加え、「広島の証言の会」「ヒロシマを語る会」など、新たな団体が次々と誕生した。被爆者たちは自ら修学旅行生を引率し、平和記念公園の案内や碑めぐりなどを行い、自己の体験を語るようになった[注1]。

米山（1999 = 2005）が指摘するように、被爆体験の証言を中心に置く修学旅行のスタイルが頂点に達したのは1980年代半ば以降であるが、広島市の平和教育はもっと早い段階から構想されていた。

　広島市では「広島平和記念都市建設法」の公布を受け、1950年12月に広島市教育委員会が設置された。同市教委は学校教育の中で原爆の問題を体系的に教える方針を決め、1968年に市立小中学校に対し、冊子『「原爆記念日」の取扱いについて』を配布した。それを受け、「原爆の日」が夏休み中の登校日とされ、8月6日に何があったかを全学または学級レベルで学ぶ平和教育指導資料などが作成された。

　被爆体験の風化を懸念し、原爆教育の重要性を訴える教師たちも行政側の動きに賛同した[注2]。1970年代後半までに広島市はもちろん、県内でも被爆体験を原点とする平和教育が定着し、高齢者団体を中心に証言を集めたり、手記を発行したりする活動がさらに活発化していく。

　以上のように、広島の平和教育は被爆者と若い世代の相互関係を通じて広がりを見せてきた。子どもの独立や自らの退職をへてようやく世間の目を気にしなくなった高齢の被爆者たちは、体験を語ることで人生の意味が再評価される機会を得た[注3]。修学旅行生をはじめ、地元の児童生徒たちにとって被爆体験の聞き取りは生きた歴史を知る貴重な経験であった。

　自治体行政と教師の連携を通じて築かれてきた広島の平和教育は、新たな課題に直面している。西尾（2011）によれば、日本の平和教育は広島・長崎における被爆体験を中心に戦争の被害を教える内容から加害責任の問題、国際化社会の課題まで、時代とともに異なる論点に対応してきた。そのうえで平和教育のあり方をめぐって意見が対立することもあった。

　竹内（2011）が指摘するように、平和教育の範囲を広げ過ぎることで歴史的文脈の中で確立された存在意義が失われる危険性もある。だが、平和の創造を目的とする教育を実現し、世界に通用する人材を育成するためには貧困、人権、紛争、民族、宗教対立のような問題に触れ、グローバル化時代に応える姿勢も求められる。こうした現状をふまえ、広島市では国連が提唱する持続可能な開発目標（SDGs）を平和教育に取り込む試みが展開している[注4]。

②大学生が表現する平和

｜1｜広島市立大学「平和インターンシップ」の試み

　広島における平和教育の展開と課題をふまえ、本章では被爆者の語りを通じて受け継がれてきた平和の精神を若い世代が表現し、共有する取り組みについて紹介したい。

　広島市立大学が平和科目として開設している「平和インターンシップ」が新たな試みの受け皿となった注5。同科目は、広島市内や周辺にある戦跡や史跡、資料館、博物館、美術館を巡るフィールドワークに重点を置き、都市全体を「教室」と捉え、平和の歴史や現代の実像を学ぶことを狙いとしてきた。

　代表教員を務める同大学広島平和研究所の水本和実によれば、参加学生の間には出身地域による差が目立っていた。小中高で平和教育を受けてきた広島出身の学生が堂々と平和を語るのに対し、他地域出身の学生は「自分には平和を語る資格がない」（水本2021、p.26）と消極的になる場合が少なくない。

　2019年度より同科目の講師として関わった経験から言えば、出身地域のほかに家族や親族に被爆者がいることから幼い頃から原爆について聞かされた経験の有無もまた、平和教育への関心や参加度に影響を及ぼす側面がある。

　その一方で長年、平和教育を受けてきた学生の中には平和に関するイメージが著しく固定され、思考が定型化している場合も多く見られる。こうした実態をふまえ、「平和インターンシップ」は平和をテーマにPR動画を制作するプログラムを取り入れ、全面的なリニューアルを行った注6。

　前述したように、広島の平和教育は被爆者が自らの体験を表現し、他者と共有する営みから出発した。過去を語ることで人生に意味を見出そうとする被爆者と広島の記憶から世界平和を実現すべく未来世代を結びつけることに平和教育の意義があったのである。だが、半世紀経った今ではその関係は圧倒的な力を放つ被爆体験とそれを前にして無力感を覚える非当事者という、別の対比図に転じているようにも見える。

　「あのときの広島」を経験できない学生たちが「声なき傍観者」となっては広島の記憶、平和の尊さを未来に受け継ぐことは困難であろう。若い世代が

「国際平和文化都市の一員として、世界恒久平和の実現に貢献する意欲や態度」注7 を持つためには平和を自分自身の問題として考え、かつそれを他者に向けて表現するきっかけが必要である。こうした問題意識から「平和インターンシップ」における新たな実践がはじまった。

2 コロナ禍の挑戦 —— 2020年度の実践を中心に

　2019年度から始まった新たなプログラムは「『あなたの平和』をPRしよう～スマホでつくる1分動画～」と名づけた。ポイントは3つある。①参加者一人ひとりが平和を自分事として考え、表現することを促す。②平和をめぐる個々人の多様な考え・価値観に気づかせる。③動画という表現方法を通じて各自の平和観を他者と共有し、語り合うコミュニケーションの場を設ける。

　以下では、新型コロナウイルス感染症（COVID-19）が拡大する中で行われた2020年度の実践を中心に、各回の内容を簡単に説明する注8。

　第1回（2020年5月23日・土）ではNPO法人「これからの学びネットワーク」理事の堀江清二氏を講師に迎え、ワークショップ（以下、WS）を行った。参加者は『中国新聞』をはじめ、主要な新聞に掲載された記事の切り抜き資料を読み、平和と思う記事と平和ではないと思う記事にそれぞれ異なる色でマークをする。それをグループで共有し、ディスカッションを行った。

　提供した記事は、政治、経済、文化など幅広い内容を含んでいる。分かりやすい正解のないテーマについて討論を重ねることで参加者は、同じ内容でも平和として解釈するか否かが個人によって異なることに気づかされるだろう。「平和」という言葉が指す状況やあるべき姿、条件などをめぐって様々な考えが共存し得ることを理解するところからスタートした。

　第2回（2020年5月30日・土）では「PR」を切り口にメッセージをいかに表現し発信するかを学んだ注9。前半ではPRの定義や歴史に関するレクチャーを実施し、後半では広島県・広島市をはじめ、全国の自治体が制作したPR動画を観ながら映像やストーリーの観点から優れている点や改善点について議論を行った。PR動画が与える経済的、社会的インパクトにも言及し、メディアとしての特徴や可能性について理解を深めた。

　第3回（2020年6月6日・土）はまち歩きの予定であったが、コロナ禍におけ

る外出自粛によりバーチャル・フィールドワークで代替した。参加者は
Googleマップやストリートビューを利用し、訪問予定だった施設を調べるほ
か、広島市経済観光局所属で「ピースツーリズム」を担当する中峠真美氏の提
案を受け、デジタルアーカイブを使った学修を行った。

　取り上げたのは『中国新聞』に掲載された記事や被爆前後の写真を紹介する
「ヒロシマの空白」と、証言や写真など被爆資料を一元化し、GPS地図とAR
（拡張現実）技術で閲覧可能にした「ヒロシマ・アーカイブ」（東京大学大学院情報
学環渡邉英徳教授グループ制作）である[注10]。これらのアーカイブを活用すること
で被爆前と直後の広島を比較し、都市の風景を連続的に読み取りながら平和の
意味を考える時間となった。

　第4回（2020年6月13日・土）は広島経済大学経済学部メディアビジネス学科
の土屋祐子准教授によるファシリテーションのもと、グループに分かれて中間
報告会を行った。参加者は自分の平和観、平和へのメッセージを物語として組
み立て、登場人物のセリフや各シーンのラフイメージ、画面に表示するテロッ
プ・字幕、BGMや自然音のような音響効果などを書き込んだストーリーボー
ド（絵コンテ）を完成させる。それを持ち寄った中間報告会ではグループのメ
ンバーに対して制作する動画のテーマやコンセプト、撮影・編集上のこだわり
などを説明し、コメントやアドバイスを交換した。

　第5回（2020年6月27日・土）では完成した動画を上映し、合評会を開催した。
中間報告会後の約2週間を利用し、参加者たちは各自、PCやスマホを使って
動画編集を行う。2020年度には全部で47本の動画が出揃った。完成動画は事
前に共有し、合評会は最も印象に残る作品を各グループで1本選定するWS
を中心に実施した。選ばれた動画の製作者と推薦したグループ代表がペアとな
ってプレゼンテーションを行い、フロアからの質疑に応えた。

　グループ推薦作を選ぶ際には互いの動画について深く語り合うことが前提と
なる。参加者一人ひとりが動画の「作り手（送り手）」はもちろん、他人が作っ
た動画を観て意味を見出す「受け手」の役割をも演じることで双方向的なコミ
ュニケーションを促す仕組みである。

| 3 | 「デジタル」と「PR」という切り口

　以上で説明した取り組みには大きく2つの特徴がある。第一に、「平和×デジタル」という組み合わせに注目してほしい[注11]。従来の平和教育は、あらかじめ用意された教材から学ぶスタイルが主である。修学旅行など、フィールドワークの場合も学生は平和関連施設を巡り、展示や映像を観覧し、被爆者の語りを聞きながら提供される知識と情報を吸収することが期待される。

　「平和インターンシップ」はスマホやタブレット端末など、身近なデジタルデバイスを用い、学生自ら平和のメッセージを表現し、発信することが課題である。このような試みは近年、アメリカやヨーロッパを中心に学校教育やコミュニティづくりの場でも展開されている「デジタルストーリーテリング（Digital Storytelling）」の実践に通じる面がある[注12]。

　こうした特徴を生かすうえでは参加者の世代的特徴に十分考慮した。動画編集やアプリの使い方などの講習はあえて実施しなかった。参加者の多くは学部1・2年生であり、幼少期から様々なデジタルデバイスに触れて育った、いわゆるデジタルネイティブ世代である。インターネット／SNS上では受け手に留まらず、自ら情報コンテンツを発信する「送り手」でもある。

　平和を表現・発信するメディアとして選んだ「動画」もまた、若い世代にとって馴染み深い映像文化を代表するものである。娯楽はもちろん、検索でもYouTubeやTikTokを愛用し、無数の動画を観てきた経験から現代社会に流通する映像コンテンツの特徴を体得しているのもこの世代の特徴である。参加者の属性、興味・関心のあるコミュニケーションツールに紐づけながら、平和の発信に取り組むプログラム・デザインを重視した。

　第二の切り口は「平和×PR」である。一般に日本ではPRは商業的コミュニケーションの一種とされ、広告やプロモーションとほぼ同意語として使われているが、本来は「パブリック・リレーションズ（Public Relations）」の略語である。企業や自治体など、組織が自己の利害と公的価値を調整する営みにおいて公衆（public）やステークホルダー（stakeholder）に働きかけ、望ましい関係を構築しようとするコミュニケーション活動を指す言葉として捉えられる。

　平和インターンシップではPRの持つ二重の意味から平和のメッセージをいかに表現し、共有することで他者の共感が得られるかを検討した。

平和をPR（＝広告）すると言った時、平和を一種の商品として売り込む印象が与えられ、違和感を覚える人もいるだろう。言い換えれば、このギャップが大学生の好奇心を刺激し、物事を考えるきっかけになり得る。SNSを中心に広がる今日のコミュニケーション環境に慣れている若い世代にとってPRという言葉は、人の目を惹く動画の条件を理解するうえで効果的なキーワードとなる。

しかしながら、これだけでは不十分である。平和インターンシップに参加する学生のほとんどは広島で行われてきた平和運動を継承する共同体を尊重し、自らのメッセージが被爆者や証言活動に携わる人々にどのような影響を与えるかを意識している。いくら洗練された表現でも共同体や他者への想いに欠けていてはコミュニケーションが失敗する恐れがある。

ここで関係性づくりに重点をおくPRのもう1つの意味が役に立つ。有効なコミュニケーションのためには社会で共に生きている他者の立場や利害を理解しなければならない。自分自身の平和観・平和へのメッセージは他者を「鏡」としている時に受け入れられ、共感も得られる。

一見、平和とはほど遠いように見えるPRの視点を取り入れることで参加者の好奇心や意欲を掻き立てると同時に、平和を発信する営みが社会と他者、自己をつなぐ関係性の中で意味を成すことに気づかせる仕掛けにもなる。

③ 平和の担い手と広がる環

|1| 3つのテーマから浮かび上がる平和

2020年度に実施した「平和インターンシップ」はコロナ禍で試みられた新たな平和教育として注目され、メディアに取り上げられるなど、一定の反響を呼んだ注13。一人ひとりの平和観が鮮やかに示され、個性に満ちた47本の作品は大きく3つのテーマから平和の多様性を描いている。

第一に、従来の平和教育の延長線上にあるものとして広島の歴史や記憶の継承に焦点を当てる作品群が挙げられる。このような「ヒロシマの平和」を主題に描く動画よりも数の面で圧倒的に多かったのが、第二のテーマである「わた

し／個人の平和」だ。コロナ禍の影響もあり、家族や友人と過ごす時間、毎日の食事や日課の大切さ、豊かな自然の恵みなど、普段の生活から平和像を描き出す作品が多く作られた。第三に、国際社会に目を向け、紛争やテロ、宗教対立、人権問題に訴える「世界の平和」を主題とする作品群も見られた。

これらの３つのテーマは大学生の持つ平和観の多様性、幅広さを示すものである。それぞれのテーマが相互に密接なつながりを持ちながら平和の意味を深く読み解くうえで１つの環を形成していることが窺える。

冒頭で述べたように、国際平和文化都市・広島のアイデンティティは人々の集合的記憶に支えられ、平和への認識は原爆／被爆体験を媒介に継承されてきた。「ヒロシマの平和」に関する動画には現代の若者たちがその平和観をいかに受け継ぎ、解釈しているかが表されている。

他方で、広島が訴えてきた平和の尊さを日本中や世界に向けて発信し続けるうえでは、被爆体験を共有しない他者をも巻き込み、平和の担い手となることを促す必要がある。他人の苦痛に寄り添い、平和な世界を祈る前に、まずは平和を自分自身の問題に置き換え、考えてみる経験が重要であろう。「わたし／個人の平和」を描く動画はまさにその出発点として意味を持つ。

そして、平和の課題は過去に留まらず、現在もなお進行中である。我々が目の当たりにする世界は、戦争はもちろん貧困や人権、環境など、様々な問題を露呈している。第三のテーマである「世界の平和」は生まれ育った地域や共同体、個人の日常から視野を広げ、グローバルな次元で平和の創造・維持に取り組む人材の育成に欠かせない視点を含んでいる。

｜2｜送り手と受け手の役割反転

平和を他人事にせず、生の体験を掘り下げ、語ることで他者と分かち合う姿勢は平和教育の根幹とも言える。被爆者によって広まったこの精神を色褪せないものとするためには新しい時代の担い手もまた、自ら声を上げ、平和を表現していく必要がある。それができる環境を社会の変化に合う形で造成する努力がこれからの平和教育に求められる。

平和を PR する動画を作る課題を通じて参加者は、従来の平和教育から経験してきた「受け手」とは異なる役割を演じるようになる。すなわち、平和のメ

ッセージを発信する「送り手」となる体験を味わうと言ってもいいだろう。こうした役割反転から学ぶのは若い世代だけではない。

2019年度以来、平和インターンシップは広島平和文化センターが主催する市民講座「ヒロシマ・ピースフォーラム」の参加者に声をかけ、合評会のコメンテーターに迎えてきた。毎年、市民参加者からは厳しいコメントも多数、寄せられる。とくに「わたし／個人の平和」を描く動画を観た後は、どこが平和なのかさっぱり分からないといった声もあった。

だが、突っ込んだ質問に対し、制作意図や込められたメッセージについて自らの言葉で説明する学生たちとのやり取りを通じて市民参加者の態度に変化が生じていく。合評会が終わる頃には自ら積極的に学生動画を解説し、進んで新しい平和観を見出す人も現れる。

まさに、ここでも役割反転が働いている。集まった市民の中には修学旅行生や観光客を相手に広島の歴史、被爆体験の証言を伝えるボランティア活動の経験がある人も少なくない。普段は「送り手」の役割に慣れている彼／彼女らだが、平和インターンシップでは大学生が発信する平和のメッセージの「受け手」としての役割が試されることになる。

従来の固定された役割では見えていなかった新たな平和観や多様な認識に触れることで、参加者たちは送り手と受け手が絶えず交代する連続的なコミュニケーション過程の中で自己と他者を捉え返すようになる。そうした役割反転の経験を通じて大学生も市民も平和を語る・表現することの意味を一層深く理解し、平和教育の環がさらに拡大していく。

広島の実践は、戦争や被爆体験の証言を伝承する形で平和教育が行われてきた長崎や沖縄でも展開できると考えられる。これらの地域でも当事者の高齢化を受け、体験や記憶を継承する問題、平和を創造する人材育成の課題が重要になりつつある。

さらに言えば、本章で紹介した事例は地域を問わず観光まちづくり全般にも応用できるものである。冒頭で触れたように、地域再生の課題に取り組むうえでは異なる文化や歴史を持つ担い手との連携が欠かせない。異質な他者同士が共通の目標を掲げ、協力するためには互いの想い・考えを共有し、相互理解を深める必要がある。

デジタルストーリーテリングやPRの視点を取り入れた動画制作のWSは、地元の大学をはじめ、小中高の教育プログラムとして活用できるだろう。若い世代の育成はもちろん、元住民と移住者、観光客と地元企業、行政とNGOなど、地域を支える個人や組織が集い、役割反転を通じて学び、語り合う場のデザインにもつながる。地域の未来を切り拓く人材と仕組みづくりにおいて本章で検討した事例が少しでも参考になれば幸いである。

[注]

1　宇吹（2014、pp.271-272）によれば、広島平和文化センターの呼びかけから結成した「被爆体験証言者交流の集い」に加入した団体は1988年度に1262件の証言活動（対象者数延べ2万2687人）を行ったが、その半数以上は民間団体による活動であった。

2　1969年3月「広島県原爆被爆教師の会」が発足し、1972年には広島県教職員組合が広島平和教育研究所を設立し、原爆教育を中心に据えた「ヒロシマを原点とする平和教育」の組織的な取り組みがはじまった。詳細は、水本（2021、pp.32-33）を参照。

3　諸外国の市民もまた、被爆者の語りに意味をもたらす存在となった。宇吹（2014、p.239）によれば、1971年に広島で開催された第17回原水爆禁止世界大会では大会参加者を対象に被爆者家庭訪問、慰霊碑巡りなどのプログラムが実施された。広島県原水協は平和教育関係団体による碑巡りを促すために冊子『原爆の碑をたずねて』を発行した。

4　水本（2021）はその一環として2013年4月より広島市内の市立学校を中心に配布された教材『ひろしま平和ノート』を取り上げる。同教材は参加体験型学習を目指し、環境、人権、貧困、民族・宗教対立など、多様な課題に応える内容になっている。

5　広島市立大学は全学共通科目として「平和と人権A（ヒロシマと国際平和）」「平和と人権B（現代世界と人権）」「広島からの平和学」「平和インターンシップ」「国際化時代の平和」からなる平和科目を設置し、2科目以上の履修を義務づけている。

6　本章で紹介した動画制作のWSを中心とするプログラムは、2019年度から2021年度まで実施され、現在では別の内容になっている。同プログラムは2021年11月-12月に広島市経済観光局が主催した広島県内の高校生、大学生向けWSでも実施された。

7　広島市教育委員会ウェブサイト（https://www.city.hiroshima.lg.jp/site/education/）に掲載されている「平和教育の目標」より。

8　各回を担当した講師の所属機関・部署、職位などは全て2020年度当時のものである。

9　第2回は当時、広島市立大学広島平和研究所に在職していた河が担当した。全体のコーディネーターは、同研究所の水本和実教授が務めた。

10　「ヒロシマの空白―被爆前・被爆後の広島を辿る」（https://hiroshima75.web.app/）では、広島市内外の公的施設収蔵写真、読者寄贈写真など、約1000枚の写真が閲覧できる。「ヒロシマ・アーカイブ」（https://hiroshima.mapping.jp/index_jp.html）はiPhoneアプリ「HiroshimARchive」からも利用できる。

11　コロナ禍の影響を受け、広島市立大学でもほぼ全ての授業がオンラインに切り替えられた結果、「デジタル」は講師にとっても重要なキーワードとなった。Zoom（ウェブ会議システム）のほか、広島市立大学学習管理システム（WebClass）、動画共有サービスYouTubeなど、様々なデジタルツールを組み合わせ、参加者同士の双方向コミュニケーションを促す努力が行われた。詳細は、河（2020）を参照。

12　デジタルストーリーテリングについては、Lambert & Hessler（2018）を参照。

13　『読売新聞』記事「学生の平和学習ネット活用」（2020年8月14日朝刊）。学生作品の一部は広島市立大学ウェブサイトで公開されている（https://www.hiroshima-cu.ac.jp/news/c00021219/）。

[引用・参考文献]

宇吹暁（2014）『ヒロシマ戦後史―被爆体験はどう受けとめられてきたか』岩波書店

竹内久顕編（2011）『平和教育を問い直す―次世代への批判的継承』法律文化社

西尾理（2011）『学校における平和教育の思想と実践』学術出版会

河炅珍（2020）「平和教育の新しい試み―スマホでつくる平和のPR動画」『HIROSHIMA RESEARCH NEWS』59号、p.7

水本和実（2021）「広島における平和と学び―被爆体験および平和教育を手がかりに」広島市立大学広島平和研究所編『広島発の平和学―戦争と平和を考える13講』法律文化社、pp.25-44

Lambert, J. and Hessler, B. H. 2018. *Digital Storytelling: Capturing Livers, Creating Community (5th Edition)*. New York: Routledge.

Yoneyama, L. 1999. *Hiroshima Traces: Time, Space, and the Dialectics of Memory*. University of California Press. ＝小沢弘明・小澤祥子・小田島勝浩訳（2005）『広島　記憶のポリティクス』岩波書店

第5編

観光まちづくりの現場から
——4つの柱の総合的実践

実際の観光まちづくりの現場では、4つの柱それぞれを意識し、
地域ならではのバランスを保ちながら
取り組んでいくことが肝要である。

わたしたちが目指す「観光まちづくり」
ー地域を見つめ、地域を動かすー

 1. 地域の**個性**を見つけ、みがく

+ 地域の物語を読み解き、伝える

+ 地域の資源を活かすことで守る

 2. 地域の多様な**つながり**をつくり、活かす

 + 地域に愛されることを大切にする

+ 地域で出会えるワクワク感を大切にする

 3. 地域の**暮らし**を支え、豊かにする

 + 観光や交流の恵みを地域内で循環させる

 + 地域のレジリエンスを高める

 4. 地域の**未来**をつくる人材と仕組みを育てる

 + 多様な人々が活躍できる場をつくる

 + 継続して取り組める仕組みをつくる

地域資源を活かした個性的なまちづくり
——岩手県住田町

南雲勝志

⬤1 住田町との出会い

|1| きっかけは大槌町ヤタイプロジェクト

　初めて住田町の職員とお会いしたのは 2011 年東日本大震災の年の夏だった。産業振興課（農政・商工観光担当）の職員お 2 人が事務所に訪ねてくれた。住田町は日本一の林業の町を目指しており、もっと住田町の木を使い、町を元気にしたいという主旨だった。2 人とも静かな方だったが熱い思いは伝わってきた。

　それまで住田町を訪れたことはなかったが、大震災直後、国や県が復興に動けない中、いち早く独自予算で仮設住宅を作ったことは知っていた。大きな被害を受けた陸前高田とは車で 30 分ほどの距離。しばらくは復興支援の拠点でもあった。私が声を掛けられた理由はその数カ月前、大槌町の小槌神社前に手づくりの屋台をつくるプロジェクトに参加しており、それが目にとまったこと、2004 年から日本全国スギダラケクラブという組織をつくり日本中に杉の文化を復活させたいという活動を行っていたことなどが大きな理由だったと思う。

　翌年 2 月小雪の降る中、水沢江刺駅から車で東へ向かう。美しい山や川を見ながら、住田町に向かうと復興支援のボランティア基地がまだ存在していた。役場に寄り、町長に

図 1　住田町位置図

挨拶した後、町外れの披露宴会場のようなところで今まで行ってきた杉使いのセミナーを行い、参加者とディスカッションの場をつくっていただいた。話はとりあえず何からやっていくかであるが、予算のこともあるので、大きなことは簡単にはできないが屋台のようなモノなら予算も掛からず簡単にできる、しかも現物ですぐにみんなで盛り上がれる。加えて当時先行していた食の取り組みや観光とも繋げられそうということもあり、屋台づくりで話がまとまるのは早かった。

2 住田町の風景

　翌日は町の職員に隅々まで案内していただいた。住田町の中心部世田米地区で町家を案内して貰う。江戸時代から陸と海を繋ぐ交通、物流の拠点として栄えた。その象徴とも言える多くの蔵が存在し蔵の町として知られ、その風景は壮観である。通りと並行して清らかな気仙川が流れる。そこに掛かる昭和橋は古いコンクリートの桁橋であるがとても趣があり、市民みんなに親しまれる正に地域の橋であった。そこから北上し有住地区へ向かう途中、木の丸太と板だけで出来た流れ橋、松日橋を見る。一目でその美しさの虜になる。流れに身を任せ洪水時は壊れ流れてしまうが、主な部材は紐で繋がっているので洪水が終わるとまた復元する、その全てを地域住民が行う。何度も流された踏み板の素材感と何度も復元する力強さにどんな造形物より美しく見えた。さらに上流に行くと今度は石で出来た眼鏡橋、登録有形文化財の旧上有栖小学校、そして火縄銃で使う火縄の素材となった桧の山、五葉山、固い岩盤を象徴する鍾乳洞

図2　架け替えでなくなる前の旧昭和橋

図3　風情のある流れ橋、松日橋

「滝観洞」など１日で消化できないほどの体験をすることになる。だがこうい
う体験こそが住田町らしさを誘発してくれる。

②屋台プロジェクト── 杉とものづくり・その１

│1│デザインのイメージ

　屋台はもう何十台もデザインしてきたので骨格はだいたい出来るが、問題は
住田町らしさをどう表現するかであった。住田町のシンボルである蔵のエッセ
ンスを取り込めないか考えた。蔵の四隅の漆喰の装飾が独特だったのでそれを
柱のディティールに組み込んだ。さらにイベント時に使える和紙や暖簾のアイ
ディアを加え模型をつくりその場で地域の皆さんにプレゼンテーションをした。
　イメージはおおむね了承を得ることができたが問題はどこで製作するかであ
った。一般的には腕の良い家具屋さんとか建具屋さんにお願いすることが多い
が、次回までにどこにつくって貰うか調べておいて貰うことにした。

│2│気仙大工

　夏も近づくころ町の職員から電話が入った。「つくって貰うところが見つか
りました！」と元気のいい声。引退した気仙大工の方が快く引き受けてくれた
とのこと。気仙大工とは旧気仙郡（大船渡市・陸前高田市・住田町）が輩出した優
秀な技能を持つ大工集団。出稼ぎで京都をはじめ社寺建築に活躍した。今、現
役を引退して腕を持て余している大工さんが数人いるとのこと。願ったり叶っ
たりで、正にこれこそ地域の財産を生かした住田町らしさである。その後製作
はとても良いムードで作業が進んでいるとの報告が写真入りで届く。どちらか
というと今まではどう簡単につくるかを重きにおいていたのでこだわりの技は
重要視していなかったが、今回は違う。職人さんは自分の技術を誇るように私
の図面を自分なりにアレンジしているというのだ。鉋や鑿の使い方はお手の物
だからだ。途中、彼等の製作拠点の山の中腹の工場に伺う。小柄ながら職人さ
ん独特の自信ある眼光で、プライドを持ちながらものづくりを楽しんでいるの
がすぐ分かった。

図4　屋台を製作した山間の工場

図5　製作した気仙大工の職人さん

3 屋台完成

　そんなプロセスをへて、目標であった七夕祭りまでに製作を完了し、大活躍することができた。その後も視察関連の方々を迎え入れるなど、もてなしのツールとしても活躍することなる。世田米通りの一角の空き家スペースを屋台保管庫として利用、依頼があればすぐに出動できる体制をつくった。つくるだけでなく、保管を含めた使い方はとても重要である。後の話だが屋台の需要が増えてくると住田町の物産紹介で盛岡など遠方への移動が結構大変である。それを解決すべく気仙大工の皆さんが自分たちでノックダウンの屋台まで開発してくれた。元々軽トラに乗るように設計したのであるが、乗っても一台であったが、ノックダウンだと軽く3台は積めるのである。これは驚きであった。

　蔵をモチーフにした屋台なのでコンサートなどでも使われている世田米地区の泉田家弐番蔵の中に持ち込む。流石に相性がいい。みんなで時を忘れ蔵の中で住田町の未来を語り合った。

図6　七夕祭りで活躍する完成した屋台

図7　屋台を泉田家弐番蔵の中に持ち込む

3 まちなかへ —— 杉とものづくり・その2

|1|住田町庁舎内の家具

　さて屋台の盛り上がりも一段落し、次の木使いをどうしていくか？　意見としては屋外で使えないかという話もあったが、木材の屋外仕様は耐久性や高い防腐防蝕性能が必要なことは知っていたので、とりあえず屋内使用を薦めた。町民に木を薦める前にまず庁舎で使い、町民に使用して貰ってはどうかということになった。すでに住田町庁舎は有名な木造建築だったがインテリアまで手が回らなかったのか、エントランスロビー等は主にオフィスメーカーのスチール家具が使われていた。そこで住田町産の杉をふんだんに使ったベンチやパーテーションを提案し地元で製作して貰った。

　そんな時、町にベンチを寄付してくれるという話が持ち上がった。通常であればベンチそのものをいただくのであるが、良いタイミングなのでデザインはこちらで行い、その製作費を寄付していただくというありがたい話が成立した。そのベンチはゲートボールを楽しむ町民グラウンドに設置され重宝されている。

図8　庁舎エントランスに置かれた杉家具　　図9　町民グラウンドに設置した杉ベンチ

|2|学童家具をつくる

　次に町内に四校ある小中学校の学童家具が老朽化したことを受け、この機会に入れ替えてはという話が持ち上がった。これを地場産材で製作できれば、まちにとっても子どもたちにとってもいい話になるのは間違いないので二つ返事

で賛成した。しかしハードルがないわけない。学童家具は寸法的にはJIS規格で定められているうえ、厳しい安全基準があり、製作はなかなかハードルが高い。それゆえ大手オフィスメーカーの独壇場になっていて、それが地場産材活用や地場技術活用を妨げている。製作の打ち合わせ後、担当していただく地元の工務店を訪ねる。数人の職人さんで細々やっている工場であったが意気込みは伝わってくる。プロジェクトの概要を伝え、図面で学童家具製作のデザイン意図や留意点を伝えると「やります！」との頼もしい返事が。基本素材は杉材で、硬度が必要な天板は松材でいくことになった。松は固いが、反りの心配はある。しかも全数で約500セット。材が供給できるか心配もあったが、とりあえず試作づくりからスタートした。

　教室の中で使う物なので、デザインは必要以上にこだわり過ぎないこと。主人公は生徒であり、学ぶ環境をサポートすることが大切だからである。そういう意味で素直でスタンダードなデザインが、基本と考えた。

　学童家具は盛岡にある県の試験場（岩手県工業技術センター）に行き、ハードな試験を重ね、その安全基準をクリアーする必要がある。はじめの試験結果は散々たるモノだった。しかしひるむことなくデザインを含め改良を重ね、5回目ぐらいで見事試験をパスした。このように住田町の学童家具は素材、生産、加工、組み立てまで全て住田町産、オール住田の力でつくった家具である。つまり地域の思い、記憶を埋め込んでいるのである。小学校の贈呈式でその気持ちを伝えた。使用者である生徒にその思いが通じ、地域を大切にする気持ちが働いてくれると願っている。

図10　学童家具を製作する地元の工務店

図11　完成した学童家具を使う中学生

4 ものづくりから仕組みづくりへ

|1| まち歩きサインと木づかい

　木を使ったプロジェクトが充実してきた頃、そろそろソフトの充実も大事なのではないかという声が上がってきた。町家を改装した交流拠点「まちや世田米駅」を町民のNPOが運営して話題になってきており、訪れる人により住田町の魅力を伝えるにはどうすべきか話し合った。住田町の美しい風景、蔵群、庁舎や消防署を含め話題の建築も増えてきており、観光資源をどう伝えるかを考えた時、スムースにまち歩きをする必要があり、まち歩きマップとまちを紹介する冊子をつくることとなった。

　まち歩きボランティアの皆さん、震災以降まちをサポートしてきた邑（ゆう）サポート、気仙川に架かる昭和橋架替の検討委員会委員長の福岡大学景観まちづくり研究室柴田久教授などを交え、徐々に熱く濃いチームになり、例によって蔵で意見交換を行った。住田町は坂もあり、回遊ルートが難しい。スムースにまち歩きして貰うために是非とも案内サインと冊子が必要ということになった。

　案内サインも地場産木材を使えないかというリクエストは以前からあった。しかしサインは見やすさが大事であり、腐食するとその機能が失われるために避けたいところではあったが、サイズが小さいこと、レーザー加工の設備は町で持っており、仮に腐食しても交換がスムースに行えることから木材を採用

図12　蔵の中で行われたまち歩きサインWS

図13　冊子に使用する町の写真を選ぶWS

した。

　ただし案内版を取り付ける支柱に関してはそうはいかない、建てる場所も限られており、土を掘り起こし基礎を設置するという施工ができるところはあまりなく、木杭では耐久性に問題があるし、隙間にハンマーで叩き入れることもできない。やはり素材は鉄系でないと難しいと思った。

｜2｜栗木鉄山とたたら製鉄

　鉄でひらめいた。実は住田町には栗木鉄山という明治から大正にかけて稼働していた製鉄所の遺跡があり、最盛時には国内4位の銑鉄生産量、従業員五百数十人と一大製鉄村を築いていた場所がある。住田町ではこの歴史と資産を活かし、「たたら製鉄」体験を続けており、地元小学校でも授業の一環として2011年から毎年開催されてきた経緯があった。今回のサインづくりの支柱の鉄についても自分たちで製鉄を行うことができれば、正にオール住田産のサインが実現する。早速小学生のたたら製鉄体験の指導を担当した住田町教育委員会の佐々木喜之さんに相談すると、その場で「是非やりましょう！」といってくれた。佐々木さんは地元たたら製鉄保存会に協力していただき、ソフト系では地元住民やボランティアガイドとワークショップ（WS）を行いながら意見を集約していった。

　住田町は林業日本一を目指していると書いたが、それは1つには鉄山が発達した理由と繋がっている。製鉄には原料となる砂鉄や鉄鉱石が当然必要だが、燃料も必要である。豊富な森林資源で木炭をつくることができたからこそ、それが可能になったのだ。加えて大股川という豊かな水脈があったことも欠かせない。いずれも住田町内にある天然資源が日本に冠たる製鉄をつくり上げたのである。その歴史、たたら製鉄の記憶をたどり、それでこれからつくる案内サイン支柱をつくることができれば、地域の宝を使って未来に繋ぐストーリーができる。こんな素晴らしいことはない。佐々木さんをトップに鉄づくりプロジェクトがスタートした。

　たたら製鉄の指導者は長年地元の世田米中学校で校長先生を務められた内海先生という方で、木工工作を指導され、全国コンクールで何度も日本一に導くなど、ものづくりには誰にも負けない情熱を持っている熱い方だった。

｜3｜手づくりの鉄づくり

　さて住田町内では小学生がたたら製鉄を体験しているというが、私はその原理をはじめ一体どんなものか良く知らなかった。知らないことは恥ずかしいので一から教えていただくことにした。まずは素材探しである。手始めは砂鉄探しの旅。近くの山まで軽トラで行き、そこからスコップと布袋を持って山道をしばらく歩くと沢が見えてくる。土砂を水路に流し、比重の差によって選別・採取する「鉄穴流し」の跡だと教えて貰う。その下流、こんもりと積み上がった土砂を見てこの辺を掘ってみてくださいと言われ、スコップでつついてみる。しばらく掘ると明らかに比重の重い土が出てくる。もしやと聞くとそれが砂鉄ですと言われる。昔、鉄穴流しで積み上げられた砂鉄が残されていたのだ。なんだかお裾分けを貰った感じであるがスコップで天然の砂鉄を採取でき満足感に満たされながら布袋を背中に背負い山を降りた。

　砂鉄探しの次は鉄鉱石探しの旅である。峠を越え奥州市江刺区にある人首という小さな集落を訪ねる。集落から少し下った小さな沢に入る。こんな所に鉄鋼石があるのかと思いながら、マジックハンドの先にマグネットがついた道具で川底の石をひとつひとつ確認していく。恐らく何度も採取したからもうなくなっているのではと思うが、内海先生はすぐに見つける。鉄鉱石の中でも特に鉄分の多い鉱石を磁鉄鉱といい、川で摩耗して丸くなったモノを餅鉄というのだが、それを見つけた時には子どものように喜んでしまう。数個見つけたところで満足というか採取の喜びと大変さを学ぶ。

図14　素材探し　袋に詰めた砂鉄を運ぶ

図15　人首集落の川に入り磁鉄鉱探し

| 4 | たたら製鉄の実践

　素材探しの旅が終わりようやくたたら製鉄の実践を行うことになった。場所は旧上有住小学校の前庭。佐々木さん、内海先生、たたら保存会の指導のもと参加させて貰う。耐熱レンガでつくった炉は事前に組み立てられ、すでに予熱されていた。炉に加え、ファンが接続された送風穴やのぞき穴もある。その手順はずいぶんと手慣れていた。我々は初心者なのでまず炉に砂鉄と一緒に入れる木炭の破砕作業などを行う。炉が十分に暖まってきたら材料を投入する。木炭粉、石灰、原料の砂鉄を交互に入れていく、火力を見ながらその作業を繰り返す。

　出雲市で仕事をしていた関係もあり、奥出雲を訪れ雲南市吉田町の「菅谷たたら山内」等を見学してきた。たたら製鉄の大変さ、難しさは半端ではないという知識だけはあった。その操業の総指揮官を村下というが住田町のたたら製鉄づくりは内海先生がその役を担う。温度管理、時間管理、製作管理まで全て指揮をとる。内海先生はユーモアがあり、楽しい方だが、鉄づくり、特にのぞき穴から炉の内部を覗き込むときの眼光は途端に鋭くなる。自信はあるが何度やっても上手くいかないことが多く非常に難しい作業だと話されていた。

　たたら製鉄は時間が掛かる。いい鉄をつくるにはノロという不純物の取り出しが重要なのだが、なかなか上手く出てこなかったり、そのたびに火力調整をしたり、こちらはまったくわからない。ある程度のところで炉の解体作業を行う。高温で真っ赤になった内部が見えてくる。その中央に鉧と呼ばれる鉄の塊が見えてくる。それを水に入れ急冷する。何というかこんなに苦労してこれだけか、というくらいしか鉄が出来ないことに驚いた。サインの支柱をつくるの

図16　たたら製鉄の実践（旧上有住小学校）

図17　刀匠に直接鍛鉄の指導を受ける

にこれを何度行うのかと考えると気が遠くなる。次のワークショップまでにその鉧を宮古市の刀匠辻和宏さんが整えてきてくれた。それを再び熱し鉄をハンマーで叩く、鍛鉄の作業である。辻さんは日本刀の刀匠でその指導を直接仰ぎながら鉄を叩く。なんと魅力的で感動的なものづくりだろう。

⑤ 栗木鉄山の記憶を留める

│1│記憶図から配置図と冊子・ジオラマづくりへ

　はじめて住田町に行ったときから栗木鉄山（製鉄所跡）のことはずっと気になっていた。溶鉱炉は破壊されなくなっていたが、当時のパワーを感じる煙突や石積み遺跡も傷みが進みその記憶が薄れていくことを危惧していた。遺跡の入り口に案内図があったが、スケールは正確なものではなく、記憶に基づく記憶図だった。

　それまでは岩手県の指定文化財であったが国の文化財指定になる価値は十分にあるという。そのためにも地元でこの遺跡を守り、記憶を残していくことはとても大切であり、記憶図に代わる正確な配置図、そして可能な限り地形を復元したジオラマをつくり、記憶の中の遺跡をできるだけ具体的に「見える化」する作業をしようということになった。鉱山従事者はすでにいないためその話を伝え聞いたことのある方、できるだけ詳しい方々に集まっていただき、聞き取りを行った。この作業は想像以上にとても大変だった。古写真と現状の地形を照らし合わせるも、地形自体が風化したり、道路が通っていたり、ブナ林がうっそうと繁り全体を把握できなかったりして、鉱炉は元より、商店や鉱山住宅が建ち並びそこに500人もの従事者が滞在していたことなどとても想像できないからだ。それは若者や鉄山にあまり詳しくない人にとっては余計難しく、それゆえ人々の記憶から消えていくことになる。回を重ねるごとに徐々に収斂していくわけではなく、新たな事実が分かったり、逆にそれまでの積み上げを再整理しなければならない事実が見つかったり、とにかく確固たる記録と正解がないため、現存する資料と記憶をつなぎ合わせ、できるだけ検証作業を繰り返すしかなかった。しかしそこで新たに浮かび上がった事実や、それまでの歴史

図18　発掘された第一溶鉱炉の見学

図19　ジオラマで再現した栗木鉄山全景

的事実の関係性は栗木鉄山の重要性を未来に伝えていくうえでとても有意義で、それを冊子としてまとめた。最後に関係者で新たに発掘した第一溶鉱炉が埋め戻される前に見学を行った。

| 2 | 国指定文化財へ

　１年後、栗木鉄山は県指定文化財から国の文化財に指定された。

　聞くところによると文化財としての重要性はもちろんであるが、いかにそれが地元に愛されているかということが選定の大きな理由となるらしい。

　住田町の宝、景観、美しい風景、固い岩盤、森林資源、鉱山資源、それらを利用した産業や歴史遺産、そして今を生きる人々。人口５千人ほどの小さな町住田町の宝は沢山あった。その宝をいかに見つけ、輝かせていくか、それは特別なことではなく、すでに持っている価値を改めて見つめ、再構築しつないでいくことであった。そのためには他地域との競争ではなく、なによりまず自分たちが自分たちの町を生き生きと楽しむこと、そんな観光まちづくりの基本を住田町で見せていただいた。子どもたちに地域の歴史を教え、地元住民、移住者区別なく活躍の場があり、若者たちが地域を育む。そしていくつになっても研究熱心で夢を持っている高齢者、結局主人公は住田町民である。ゆとりを持って住田町を愛し、住田町で暮らし、住田町に住む。それこそが住田町らしさなのである。いずれ住田町は自給自足で自立した小さな独立国になるような気にさせてくれる。

　［参考文献］

栗木鉄山跡―黄金の国ケセンを巡る文化財ガイド https://kesen-bunka.jp/article/view/0380
栗木鉄山跡―文化遺産オンライン https://bunka.nii.ac.jp/heritages/detail/520787

第16章

まち・ムラをつなぎ、来訪者・移住者とつながる
── 愛媛県内子町

米田誠司

　まちとは何か、ムラとはどういうところか。こうした素朴な問いを出発点に、長年地域づくりを実践してきた愛媛県内子町（図1）を例に、まちとムラの関係性や、来訪者や移住者との関わりから「観光まちづくり」をみていきたい。こうしたまちやムラでは、独自の自然環境や歴史文化を背景に、生業を立てて人々は暮らしを紡いできた。それは域内の関係性だけでなく、都市部を相手に、農林漁業などの第一次産業をはじめ各産業を盛り立て、世代を継いで暮らしてきた歴史でもある。

　やがてそうした地域にも観光資源が見出され、都市部や他の地域から観光客がやってくる。ただ、往年の団体型観光がそうであったように、多くの場合は都市部の発地側で計画されたものであり、必ずしも地域それぞれの文化や風土が反映されたものではなかった。また地域の容量を超えて観光客が訪れるオーバーツーリズムなど、地域に負荷をかけることも多かった。

　そうした中、地域社会をより良くする活動であるまちづくりと、地域環境をベースにした経済活動である観光との融合を図る「観光まちづくり」の概念が生み出されていく。他方で、都市部の住民が地方を目指す移住が近年ことに増えており、内子町でも多くのメンバーが移り住み、ま

図1　内子町の位置図

ちやムラの人々と一緒に新しい地域づくりを実践している。来訪者・移住者も含めた内子町の観光まちづくりについて、まちとムラ、内と外、時代と世代の3つのつながりからみていくこととしたい。

（1）まちとムラのつながり

|1| まちとムラの関係性

　ムラがどのように成立してきたのかについては、地域ごとに様相は異なる。様々な時代の中で、地域ごとの特性に応じて人々が集住を始めてきた。肥沃な平野部であれば、稲作には有利であるものの、いつも水害に悩まされてきたかもしれない。また尾根道を人々が往来し、山間部にも集落が形成されてきたが、そうした集落は厳しい立地条件にも関わらず、森林や棚田を整えながら生業を立ててきた。

　ただムラがムラだけで成立する訳ではなく、貨幣も含めて、様々な価値を近隣の地域と交換してきた。たとえば、ムラで採れた作物が集積する場として、五日市などの十日ごとに定期市が開かれる地域が出てくるが、それはまちの起源の1つである。そうしたまちでは、地主や商家などの素封家を中心に経済活動が営まれるものの、ただそのまちもまちだけで成立するのではなく、周辺のムラとの関係性の中で存在し得たのである。言い換えれば、ムラとまちは呼吸するように価値を交換し、それぞれの暮らしを成り立たせてきた。

　時代ごとの政治体制にもよるものの、まちもムラも自治が基本的な原則となる。地域それぞれに独自の価値や課題があり、独自の価値を強みとして環境を整え地域社会を成り立たせる一方で、長年抱えるあるいは日々発生する課題に対しては、構成員全員で向き合い、合議で解決を図ってきた。

　たとえば旧内子町は、内子町、村前村、大瀬村、五城村、立川村、満穂村が明治半ばから昭和にかけて合併して誕生したが、各行政村は自然村であるムラの集合体として機能し、それらの村の集積地として内子町中心部がまちとして機能してきた。実際内子町には六日市、八日市などの地名が残り、今でもそこはまちの中心部であるが、金物店や農機具店など、昔ながらの商店構成からも

図2　八日市護国保存地区の風景（写真提供：内子町）

周辺のムラとの関係性をみることができる。

｜2｜生業からの町並み形成

　まちもムラも、生業を立てることによって地域で生きていく基盤ができることをまずみてきたが、こうした生業が地域の町並み形成にも大きく作用する。たとえば文化財保護法の重要伝統的建造物群保存地区（以下、重伝建地区）では、宿場町、門前町、在郷町などの種別があり、それぞれ街道筋の宿場、神社・寺院、農村部の町場をもとに成立したまちである。

　内子町の八日市護国保存地区は、江戸後期から明治にかけて和紙と木蝋の生産で財を成し、今に伝わる町並みが形成された製蝋町に種別されるが、在郷町の性格も持つ。具体的には、海外にも木蝋を輸出するほどに栄えて財を成し、豪商屋敷や町家により町並みが形成されてきたが、やがて製蝋が下火になり、一部は荒れつつも、町並みは眠るようにそのまま残っていた。その後地域住民と役場で保存の機運が生まれ、1982年に重伝建地区に選定され、今日まで地道に保存と修理・修景に努めてきた。全国の重伝建地区の中には観光地化するところもある一方で、内子町では住民自治が貫かれ、ほどよいバランスで住宅に交じって店舗も立地し、徐々に観光客を集めていった（図2）。

｜3｜町並みから村並み、山並みへ

　重伝建地区の町並みや内子座がある中心部を訪れる人は多いものの、本来まちとつながりまちを支えてきたムラを訪ねる人は少なく、少子化・高齢化もあって疲弊ぶりが目立ってきた。そこでムラの自治や成り立ちをベースにしながら、ムラの人々自身によって資源を再発掘し、環境を保全しながらムラのこれからの生業を実践していく村並み保存運動が展開されてきた。

　たとえば石畳地区では、地域住民有志が5万円ずつポケットマネーを持ち寄り水車小屋の復活を図った。手弁当で復活した水車小屋はやがて石畳地区のシンボルとなり、水車まつりには多くの観光客が来訪し、地域住民の誇りにもな

っていく。同地区ではそばの栽培も
始まり、そのそばを用いたそば屋も
誕生した（図3）。また農家グループ
が運営する「石畳の宿」では、地元
の山野草や囲炉裏の料理が人気とな
り、当時最先端のグリーンツーリズ
ム事例として好評を博した。現在で
は地元の栗を中心に据えた「石畳つ
なぐプロジェクト」という取り組み

図3　石畳地区の水車小屋

も進行している。また同地区を流れる麓川で治水目的の河川改修工事が行われ
たが、住民が最新鋭の多自然型工法を海外にまで学びに行き、行政と連携しな
がら同工法を実践した結果、豊かな河川環境を創出することができている。

　町並み中心部でゲストハウスを営む移住者は、世界各地を旅する中で、地域
のあり様や地域側の迎え方に関心を持ち、ゲストハウス運営に加えて、内子町
中心部のまちを訪ねる観光客を周辺部のムラに誘う事業を展開し、ムラの暮ら
し体験を通じて、ムラの価値を都市部の住民に示し続けている。

　さらには、「町並みから村並み、そして山並みへ」をキャッチフレーズに、
内子町では山の保全と活用も積極的に進めている。そのシンボルである小田深
山は、標高1200〜1500ｍ級の山々に囲まれた四季折々に美しい渓谷であるが、
そこでは多様な生態系を育む貴重な自然の宝庫を保全するなど、各地区で山並
み保全が進められている。

②　内と外とのつながり

｜1｜都市部とのつながり

　都市部とのつながりについて、まず観光面をみていきたい。前述したように
都市部から観光客を迎える内子町であるが、以前の観光スタイルでは団体型観
光客が多く、滞在時間が短いことが課題となっていた。内子町は県内の他市町
や道後温泉と比べて、いわゆる観光の目的地というよりも、過去には団体型観

図4 道の駅からりのレストラン（写真提供：内子町）

光の通過点という位置づけであった。たとえば道後温泉に宿泊した観光客や、愛媛や高知を周遊する観光客が観光バスで立ち寄ることが多かったが、内子町での滞在時間は短いものとなり、平均40分という状況であった。こうした短い滞在時間で内子町の価値を十分に伝えることもできないまま、入込客数だけが増大していた。また本来内子町が持つポテンシャルに比べれば宿泊者数は多くなく、コロナ禍を経た今日も宿泊者数の増大は取り組むべきテーマの1つである。

　次に農業面について、都市部には存在しない内子町の豊かな自然環境が大きな魅力であり、そうした環境を素地にした農業は優位性を保っている。中でも、栗、柿、ぶどう等、果物の生産地として名高く、都市部への系統出荷に加えて、そうした自然環境豊かな生産地であるというアピールは、内子町のイメージ形成にも有利に作用している。また全国モデル「道の駅」6カ所の1つである「道の駅からり」は、内子町民に加えて、松山市や近隣の地域から多くの買い物リピーターを誘引している。農産物が内子町の地域資源として広く認識されており、こうした内子町の様々な価値を滞在・体験メニューとして今後どのように表現できるのか、これは解決すべき課題である一方、大きな可能性を秘めている（図4）。

| 2 | 小さなまちの国際交流

　内子町とドイツ・ローテンブルク市の関係は、1986年の内子シンポジウム'86にローテンブルク市長を招聘したことから始まる。同年以降、首長、議員、住民相互の交流が続き、内子手しごとの会（伝統工芸品の技術者団体）などの民間団体も渡航してきた。内子町青少年海外派遣事業では、毎年13名前後の中高生をローテンブルク市に派遣し続けている。国際交流員も配置して小さなまちとしての国際交流は綿々と続いており、小さなまちの住民に国際感覚が育まれていることは、インバウンド観光も含めた今後の観光まちづくりにおいて、大

きな潜在力となる（図5）。

　また道の駅からりでは、内子産の豚肉を用いたハムやソーセージが有名であるが、これも国際交流の一環としてローテンブルクで修業した職人が内子町に戻って立ち上げた事業であり、国際交流が地域の産品開発にもつながる好事例である。そして両市町は、2011年9月に姉妹都市盟約を締結し、関係性はさらに深まっている。

図5　ローテンブルク市中心部の風景（写真提供：西村幸夫氏）

|3| 移住者たちの活躍

　近年内子町でも移住者が増えて活躍していると述べたが、地域に密着した3つの事例についてみていきたい。

　先ほど紹介したゲストハウス「内子晴れ」のオーナーは、地域おこし協力隊任期後の2017年にゲストハウスを立ち上げた。そして3年後にコロナ禍を迎えることとなる。緊急事態宣言が続く中、オーナーは町内の商店主たちを励まし、テイクアウト需要を掘り起こして、地域全体でコロナ禍を乗り越えた。また最近では内子町の地域づくりキーパーソンに若手メンバーと一緒に学び、地域づくりの根幹を体得しつつ実践をさらに続けている。

　廃校利用で大きな実績を上げているのが「みそぎの里」である。同施設の代表は、地域おこし協力隊として旧五十崎町御祓地区の活性化に取り組む中で、まず地域住民とコミュニケーションを取ることから始め、旧御祓小学校で地元住民が運営するカフェのリニューアルを提案した。カフェ運営が順調に再スタートした2021年から、廃校をみそぎの里と命名して空き教室にテナント募集を始めた。廉価なテナント料である一方、地域のことを自分ごととして考えることを条件として募集し、現在では紙のアトリエや小さな印刷所など10を超える小さなテナントに、遠方からも多くの人が訪ねている（図6）。

　最後は、旧小田町の小さな拠点から地域活性化を図った地域おこし協力隊出

図6 みそぎの里　　　図7 どい書店

身者の事例である。旧町の中心部にある元書店を「どい書店」という地域づくりの拠点として2020年に立ち上げ、自分たち同世代が活躍する様子を積極的にSNSで発信し続けた。その結果、10名以上の移住者や滞在者を地域に迎え、近隣の空き家、空き施設をシェアオフィス、シェアハウス、宿泊施設として運営し、旧小田町にさらに活気をもたらしてきた（図7）。

　これらの新しい取り組みは決して万人向けの「観光」というものではなく、内子町のまちとムラを活性化させ、感性の高い若年層の来訪者に訴求する最新の観光まちづくりであり、「新しい生業」の創出と捉えることができる。

③ 時代と世代をつなぐもの

│1│多数決だけによらない合意形成

　内子町における合意形成についてみていきたい。合意形成といえば、多数決や、周到に根回しをする場面などが想定されるが、果たしてそれだけが合意形成なのであろうか。あるいは少人数の意見が重要な意味を持つ、また行政施策の中で十分に議論を尽くさなければならない場面などで、どのように合意形成したらよいのであろうか。

　実例として、内子町中心部に大正時代に建設された芝居小屋内子座は、現在国の重要文化財に指定されているが、ある時代には不要の長物とみなされ、解体撤去して商店街の駐車場にするという計画が持ち上がった。その際、住民の大半は駐車場案に賛同していたものの、一部の住民や行政職員が反対を唱え、

徐々に撤去反対の合意形成が図ら
れ、百年をへた今日も存続するこ
とができている（図8）。また1982
年という早い段階で重伝建地区に
選定された内子町では、実際町内
の他のエリアでも同じ扱いが検討
されていたものの、そこでは合意
形成に至ることができなかった。
これらのように、多世代にわたる
大切なテーマでも多数が必ずしも一定の判断をするとは限らないこともあり、
観光まちづくりにおいて今後どのように合意形成を図っていくのか、ここは慎
重に検討し、実践していきたい。

図8　内子座（写真提供：内子町）

| 2 | 守り伝えることと新しく取り組むこと

　地域において何を残せて、何が残せないのか。あるいは、何が伝えられて、
何を伝えられないのか。人口減少社会と地域の限られた時間の中で、これらは
重要なテーマであるが、このことを祭礼行事と森林経営からみていきたい。

　内子町では、古くから寺社が勧請・寄進されており、在郷町の人々の拠り所
としての役割を担い、現代においても数多くの祭礼行事が伝わっている。高昌
寺のねはん祭り、内子笹祭り、五十崎の秋祭り、亥の子祭りなどが今も続いて
いるが、その担い手は人口減少を受けて年々厳しくなっている。すでに途絶え
てしまった祭礼行事もあるものの、一方で若年層を中心に新たな行事やイベン
トも始まっており、祭礼行事を次代に継承することに加えて、新たなことを生
み出せるまちやムラの機動力も重要である。

　一方で内子町は、周囲を森林に囲まれた典型的な中山間地域であるが、特徴
的な森林経営を行っている。具体的には、内子町森林組合が最新のドローンや
GIS技術を用いて、従来古い地図や台帳で管理してきた森林管理のデータをデ
ジタル化し、可視化することに努めている。今ある森林資源を正確に評価し、
長い時間軸の中で、所有者と協議しながら森林経営をしている。積極的に伐採、
搬出して販売する事例も増え、その後植樹して森林更新することも多くなった。

図9 出荷を待つ内子産木材（写真提供：水本誠時氏）

地元には高度化した森林作業に特化した会社も存在し、そこでは若者が多く雇用され、新しい林業が成り立っている（図9）。

また森林の整備や製材などで発生する端材やくずをペレットに加工し、町内の電気需要の40％を賄えるほどの規模でバイオマス発電も行われている。環境にやさしいエネルギー施策を小規模自治体の中で成立させており、古くからの大切なことを守り伝えることと、新しい時代の中で新たに取り組むことのバランスが、観光まちづくりを次代に引き継ぐうえで大きな推進力となる。

| 3 | 時代をつなぎ、世代をつなぐ

　最後に時代と世代という2つの視点から考えてみたい。内子町民がこつこつと実績を積み上げてきたのはこれまでみてきたとおりであるが、ではそうした努力の根幹は何であろうか。たとえば、現役世代が享受している自然環境や歴史文化は、その前の世代まで綿々と引き継がれているものであり、それらを次世代以降にどう引き継ぐのかが大切なテーマである。では時代が変わりゆく中で、それぞれの地域で培われた根幹の哲学はどうしたら継承できるだろうか。

　移住者が活躍する様子をみてきた一方で、長年地域に住み続けると、住民自身の眼が曇り足下の価値に気づきにくくなることがある。現在の定義では、ある地域に継続的に住んでいる人だけが住民であるが、移住して仲間になる人、いったん外に出ているけれども外から地域への貢献を続ける人、あるいは1年のうちの一定期間だけ居住し地域づくりに参画する人など、こうした人々も幅広く住民と捉えて、一緒に議論していく時代を迎えているのではないだろうか。移動することが前提の社会が到来し、時間と空間のさらなる広がりの中で今後地域で様々プレイヤーを想定し、単に観光とまちづくりだけで考えるのではなく、滞在や短期居住ということも含めて観光まちづくりを考えていくことが、これから地域でより大きな意味を持つことになる（表1参照）。

そうした時代の中で、多様な人々が交流し活躍できる場をまちやムラの中に生み出し、世代を継いで関係性を築いていきたい。また内子町に誇りや愛着を持つ内外の人々同士が、お互いの気づきや想いをフラットに共有し刺激しあいながら、根

滞在期間	特徴
1日〜3日	「観光」 ⇒おもてなし、非日常の演出、おごちそう
1週〜3週	「滞在」 ⇒異日常、体験・活動、地域の日常食・自炊
1月〜3月	「短期居住」「ライフスタイル・マイグレーション」 「二地域居住」「アメニティ・マイグレーション」 ⇒複数地域での生活と仕事、ライフスタイルの転換
1年〜	「移住」「定住」 ⇒コミュニティとの関わり、仲間との実践

◎補注：ライフスタイル・マイグレーション、アメニティ・マイグレーションとは、都市部の住民が地域に移住する際、環境の良い地域やライフスタイルが合う地域を選ぶ動き。2000年以降、北米や欧州の地域で始まった。

表1　地域での滞在日数による分類

幹の哲学を一緒に確認していきたい。こうした来訪者・移住者ともつながる観光まちづくりは、長年にわたり実践を重ねてきた内子町の人々こそがさらに発信し、展開できる大切なテーマなのではないだろうか。

［参考文献］
『内子座』編集委員会（2016）『内子座―地域が支える町の劇場の100年』学芸出版社
内子町（1971）『内子町誌』内子町
内子町（1983）『内子の「光」を「観」なおそう―内子町観光振興計画書』内子町
内子町（1987）『まちを活かす内子シンポジウム '86報告書』内子町
内子町（1993）『内子町新総合計画（1993年度〜2000年度）』内子町
内子町（1995）『新編内子町誌』内子町
内子町（2007）『内子町総合計画・概要版（2007年度〜2015年度）』内子町
内子町（2013）『守る暮らす活かす町並み保存 in 内子シンポジウム2013報告書』重伝建選定30周年記念事業実行委員会
内子町（2015）『第2期内子町総合計画・概要版（2015〜2024年度）』内子町
内子町（2019）『内子町歴史的風致維持向上計画』内子町
内子町（2020）『内子町総合計画後期計画（2020年度〜2024年度）』内子町
奥田道大・大森彌・越智昇・金子勇・梶田孝道（1982）『コミュニティの社会設計：新しい《まちづくり》の思想』有斐閣
ジョン・アーリ（2015）『モビリティーズ』作品社
徳野貞雄（2011）『生活農業論』学文社
保母武彦（1996）『内発的発展論と日本の農山村』岩波書店
宮本常一（1984）『忘れられた日本人』岩波文庫
米田誠司（2021）「観光まちづくり」『図説わかる都市計画』学芸出版社、pp.251-270
ラグラム・ラジャン（2021）『第三の支柱―コミュニティ再生の経済学』
Michaela Benson & Karen O'Reilly (2009) *Lifestyle Migration Expectations, Aspirations and Experiences*, London.

第17章

住民主導の観光まちづくり 百年の到達点
—— 大分県由布市由布院

米田誠司

図1　由布市由布院の位置図

1924年の講演と1925年の鉄道開業、この百年前の2つの出来事が、大分県由布市由布院（図1）の今日の観光まちづくりの基層を成している。地域社会をより良くする活動であるまちづくりと、地域環境をベースにした経済活動である観光との融合を図るのが「観光まちづくり」である。この概念は2000年頃に生み出されたが、そのはるか昔に原型が形づくられ、そして由布院はこの百年で多くの試練と様々な展開をへてきた。こうした地域のダイナミズムの実際について、百年の節目から検証することとしたい。

1 百年前に何を目指したのか

|1| 本多静六博士の教え

　日本最初の林学博士である本多静六博士（図2）は、林学・造園学の分野で数多くの功績を残す一方、大正から昭和にかけて全国を行脚し、精力的に講演活動を行った。その1つが1924年10月11日に当時の大分県速見郡北由布村で行った講演「由布院温泉発展策」である。この由布院温泉発展策は、前論と本論の2部構成で記録が残されており、まず前論では、博士のまちづくりや公

園づくりに関する基本的な考え方が述べられている。たとえば、何より健康が大事であり、「清浄な空気を呼吸していること」「十分な日光にあたること」「新鮮な食物をおいしく食べること」の3点をまず心がけるべきだと説いている。また都市で生活する人々の心身の保養と健康維持のためにも森林公園、国立公園が重要であり、さらにはまちの中に公園をつくるのではなく、公園の中にまちがあるように考えよと述べていた。

本論では、由布院の将来ビジョンが具体的に数多く提示されているものの、この案を提示するにあたって博士は、「一地方の山水風

図2　**本多静六博士**（写真提供：東京大学農学部森林風致計画学研究室）

景利用策は簡単にできるものでなく、その地方の地勢地理、経済状態、習慣、歴史等を十分に調査し、広い知識と長年の経験がないと適切な計画案は作れない」と断ったうえで、先を見据えたビジョンを具体的に提示している。

まず由布院の交通計画について、北由布駅（現在の由布院駅）開業を翌年に控えたこの年に、鉄道利用だけでなく、別府からの乗合自動車や道路整備計画について詳しく述べている。当時は自動車が世に出て間もない頃であり、単に道を作るのではなく、自動車用道路としての「大回遊道路」、人が自由に散策できる歩道の「中廻遊道路」、そして車道と歩道の連絡道路の「小廻遊道路」に分けて、由布院一帯を整備すべきであると説いた。これらの道路の計画図こそ残されていないものの、具体的な路線計画は地名入りで示されている。さらに道路の整備だけでなく街路樹についても触れており、たとえば渋柿の木を植えて木陰を作り、その柿を干し柿にして土産品を作ることまで紹介している。また施設整備の計画として、天然植物園や大運動場、温泉熱を利用した花卉栽培施設、図書館、博物館なども提案していた。

一方、金鱗湖については、土砂の流入を防いで湖底をきれいにし、湖畔の景観を整備すべきであると述べているが、同時に、金鱗湖は由布院盆地の中心となる景色のよいところであるから、完全な設計ができるまで手をつけないほう

がよいとも述べていた。また講演の最後には、由布院温泉内の地区ごとの個性や特長が発揮できる樹木の植え方や、公衆トイレ、サインなどの整備方法、地図の作り方にも言及している。そしてこの本多博士招聘に村人とともに一役買ったのが別府観光の祖である油屋熊八翁であるのだが、この経緯については別の機会に触れてみたい。

| 2 | 鉄道開業による黎明

　由布院はキリシタン弾圧の影響で、江戸時代には延岡領と幕府領・島原藩預地として分断統治されていた。温泉地であることを名乗ることも許されず、また耕地整理される前は、由布院盆地中心部の大半が湿田であるという一寒村であった。本多博士講演の翌年1925年7月29日の北由布駅（現在の由布院駅）開業が、温泉地、観光地としての黎明となる。

　まずこの路線選定において特徴的な点を挙げてみたい。当時の土木技術や鉄道技術では、トンネル掘削延長や線路勾配は今より制約が多かった。そのため九州の分水嶺の一部である水分峠を越えるためには、大分方面から久留米方面に向けて大きく迂回して勾配を稼ぐ必要がまずあった。さらに北由布村の中心部に鉄道をぜひ誘致したいという村民の政治運動もあり、結果として馬蹄形に線路を曲げ由布院中心部に誘致することに成功した。またその馬蹄形の先端部に北由布駅（現在の由布院駅）を設置しているが、この位置は、由布院盆地中心部の亀山山頂と由布岳山頂を結ぶ線上の北由布村と南由布村の境に設置されて

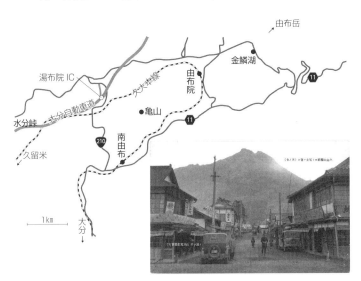

図3　由布院駅付近鉄道路線図と当時の駅前風景（写真提供：古城俊秀氏）

おり、地域の中心に駅をつくり、駅から由布岳に山アテする景観を形成したことは、まさに百年前の先人の知恵であった（図3）。

| 3 | ヨーロッパからの学び

　本多博士は同講演の中で大切なことをもう１つ述べていた。それは、ドイツのバーデンでは、森林に囲まれた温泉地に壮麗な温泉施設や保養施設があり、すばらしい環境の中で人々が滞在しているというクアオルト（保養温泉地）についてのくわしい紹介であった。

　この講演から実に47年後の1971年に、バーデンを含むヨーロッパ視察旅行が実現した。その45日間にわたる視察旅行に旅立ったのは、由布院の観光まちづくりの牽引役である志手康二、梅木（溝口）薫平、中谷健太郎の三氏であった。当時の三氏の思いは、先進地を訪ねて利用できるものは真似してみようという程度のことではなかった。日本国中が団体型観光に沸き立つ高度経済成長期の華やかな時代にあって、滞在型や個人型の観光を進めるための地道な取り組みを目指していた。また由布院が他の観光地に先駆けてまちづくりを志向する中で、そうした志向が間違っていないという確信をこの視察旅行でつかんで帰りたいというのが動機であった。またもしこの旅で確信が得られなければ、観光業で生きてゆくこと自体も捨てる覚悟があったと聞く（図4）。

　その後、三氏は由布院に戻り、地域の仲間とともに次々と事業を展開していった。ドイツのクアオルト（保養温泉地）を模範にしながら、改めて気づかされた緑と空間と静けさに価値を見出し、由布院らしい地域づくりを地道に実践した。後述する数々の質の高い交流イベントを立ち上げ、地域をアピールしながら顧客を迎えてゆくというスタイルを生み出しており、観光

図4　ヨーロッパ視察旅行の一コマ（写真提供：中谷健太郎氏）

まちづくりの我が国で最初の取り組みの1つとみることができる。

②百年の中で何がみえてきたのか

|1|住民運動の萌芽と足跡

　本多博士の講演から百年の動きの中で、半ばのエポックについてまずみていきたい。1970年、別府市と湯布院町の間の別府市域に位置する猪の瀬戸湿原である開発計画が持ち上がった。この場所は、別府から由布院をへて阿蘇、熊本に至る「やまなみハイウエイ」という由布院にとって重要なルート上にあった。また猪の瀬戸湿原は貴重な植物相を持つ湿原として知られており、由布院の住民有志が開発反対運動を開始した。この反対運動は、その後の由布院の運動の標準スタイルとなる、マスコミに大きく取り上げてもらいつつ全国のご縁ある人物や著名人の応援を得る形式を採り、そのことが奏功してこの開発計画は中止となった。

　この反対運動を主導したのが、1970年に結成された「由布院の自然を守る会」であり、この会は同年に町造りの雑誌『花水樹』を創刊した。1971年に

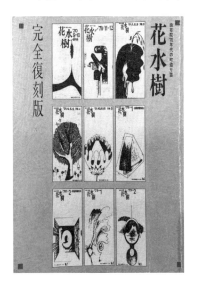

図5　『花水樹』完全復刻版

は「明日の由布院を考える会」に改組され、その後『花水樹』は第10号まで発行された。この『花水樹』には、当時の様々な議論が生々しく記録されており、50年以上を経過して当時の様子を克明に追うことができる貴重な史料である（図5）。

　1975年には大分県中部地震が発生し、実被害はさほどではないものの、新聞報道などによる風評被害で大きな打撃を受けた。そこでマスコミの伝播力を逆利用する「つるべ打ち作戦」と称して、由布院は壊滅しておらず元気であると標榜するためのイベントを矢継ぎ早に立ち上げた。それが観光辻馬車の運行であり、ゆふいん

音楽祭の開催であり、そして牛喰い絶叫大会の立ち上げであった。それぞれの詳細については別の機会に譲るが、住民運動の萌芽と足跡がここにみてとれる。

| 2 | 『ムラ』の風景をつくる

　由布院は周囲を山に囲まれた盆地である。盆地は近隣の地域と隔てられたエリアを形成し、空間としても環境としても１つのまとまりとして捉えられる。その由布院盆地内に田畑が広がり、そこで人々は暮らし、そして観光エリアが混在している。ゾーニングすることが都市計画の根幹であるものの、由布院は混在こそが魅力であり、そして同時に悩みのタネでもあった。

　例として、「ゆふいん建築・環境デザインガイドブック」を挙げてみたい。風景、景観にどのように価値を感じるかは主観的な部分が大きいものの、可能な限り普遍化を図り、ゆふいんのあるべき風景、景観を共有するため、1997年から３カ年に亘って住民、行政、観光関係者で委員会を組織し、何度もワークショップを開催して2000年に発行した。

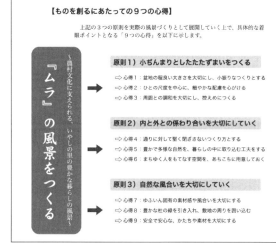

【ものを創るにあたっての９つの心得】

上記の３つの原則を実際の風景づくりとして展開していく上で、具体的な着眼ポイントとなる「９つの心得」を以下に示します。

『ムラ』の風景をつくる
〜農村文化に支えられる、いやしの里の豊かな暮らしの風景〜

原則１）小ぢんまりとしたたたずまいをつくる
⇨ 心得１：盆地の程良い大きさを大切にし、小振りなつくりとする
⇨ 心得２：ひとの尺度を中心に、細やかな配慮を心がける
⇨ 心得３：周囲との調和を大切にし、控えめにつくる

原則２）内と外との係わり合いを大切にしていく
⇨ 心得４：通りに対して堅く閉ざさないつくり方とする
⇨ 心得５：豊かで多様な自然を、暮らしの中に取り込む工夫をする
⇨ 心得６：まちゆく人をもてなす空間を、あちこちに用意しておく

原則３）自然な風合いを大切にしていく
⇨ 心得７：ゆふいん固有の素材感や風合いを大切にする
⇨ 心得８：豊かな杜の緑を引き入れ、敷地の周りを囲い込む
⇨ 心得９：安全で安心な、かたちや素材を大切にする

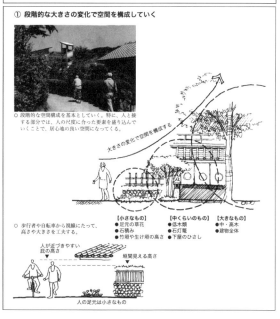

① 段階的な大きさの変化で空間を構成していく

○ 段階的な空間構成を基本としていく。特に、人と接する部分では、人の尺度に合った要素を盛り込んでいくことで、居心地の良い空間になってくる。

大きさの変化で空間を構成する

○ 歩行者や自転車から視線にたって、高さや大きさを工夫する。

人が近づきやすい庇の高さ

人の足元は小さなもの

堀端見える高さ

【小さなもの】	【中くらいのもの】	【大きなもの】
■足元の草花	■低木類	■中・高木
■石積み	■石灯籠	■建物全体
■竹垣や生け垣の高さ	■下屋のひさし	

図6　ゆふいん建築・環境デザインガイドブックの一例

この取り組みの契機は、1990年の「潤いのある町づくり条例」制定により大規模開発は一定程度防ぐことはできたものの、その前後から湯の坪街道を中心に土産物店が立地し始め、観光地然とした風景、景観が広がっていくことへの懸念であった。そして、そうした状況を改善できる根幹は建築と環境の調和にあるという視点に立って、ゆふいん建築・環境デザインガイドブックの中で、3つの「原則」と9つの「心得」として、実際の地域の好事例を評価し、建築や環境の整備指針を示していった（図6）。

｜3｜産業間連携の重要性

由布院では農地と住宅と観光施設が混在し、その混在こそが魅力を持ち、同時に課題を発生させていると述べたが、ではそうした混在の中で、産業がどのように連携しているのだろうか。

具体的には、由布院で収穫された作物が地域の宿泊施設でどの程度利用されているのか、また由布院で働く人々がどのように地域で消費しながら生活しているのか、あるいは各施設がどんな方法で設備投資をしているのかなどをくわしく知るため、2005年度に産業連関分析調査が実施された。その結果、観光で1万円の売上があった場合、地域内で循環しながら付加価値を生んでいるのかを推計したところ、由布市内で約2万1640円という2.1倍以上の経済波及効果を持つことが明らかになった。

また由布院の宿泊施設料理長のネットワークである「ゆふいん料理研究会」が1997年に組織された。小規模な宿泊施設が大半の由布院において、これは料理長だけではなく若手料理人にとっても学びの場を提供するものであった。具体的には、月1回程度、旬を先取りしたテーマに沿って試作品を持ち寄り、お互いの料理を忌憚なく批評し内面化する中で技術の向上が様々に図られ、その結果として料理の高いクオリティが他の温

図7　湯布院映画祭のパーティー風景

泉地への大きなアドバンテージとなった。また湯布院映画祭のパーティー料理も長年同料理研究会が担当し地域貢献の役割も果たすなど、地域内の連携は重要である（図7）。

③ さらなる先を見通して

│1│産業育成と人材誘致

　これまで過去百年の経過についてみてきたが、ではこの転換点に立って、さらなる先を試論として見通してみたい。具体的には、時代が変わり人口減少がさらに加速する中で、どのように観光まちづくりを地域で実践できるかということである。実際各地域は人口減少社会の真っただ中にあり、各産業の従業者は不足し、特に観光業は恒常的な人材不足の状態となっている。ではこの産業をさらに発展させたい時、どのように対応すればよいのだろうか。

　宿泊業においては、豪華な食事を提供する、また宿泊、飲食すべての場面にフルサービスで人材を割く場合は、これまで以上に高価な商品にならざるを得ないだろう。また幅広い顧客の需要に応えつつ、質を担保しながら省力化し、生産性を高めるスタイルを模索しなければならない。さらには、幅広いサービスに加えて、高付加価値なサービスを提供できる施設こそが生き残ることができるだろう。また小売業においては、土産品を数多く用意して購入を促す従来のスタイルだけでなく、より地域性やストーリー性、品質の良さを追求しなければならない。

　また観光業が魅力的な産業として他産業と伍していくためには、長時間拘束・労働を改善し、一定レベルの給与水準が可能でかつ働き甲斐のあるマネジメントに変えていく必要がある。

　コロナ禍をへて観光客が戻ってきたと言われているが、短時間、短期間の慌ただしい観光スタイルだけでなく、地域の日常の場面に誘うような滞在型観光への転換が望まれる。そのためには、滞在したくなる魅力を地域が掘り起こして表現し、様々なコンテンツや体験メニューを用意し、顧客と地域との関係性を再構築しフラットにコミュニケーションしなければならない。

また逆説的であるが、観光に頼らない地域産業の育成も重要であり、その実現のためには、新規産業を担える外部人材を誘致する方法もある。換言すれば、新しい産業を育成して地域で産業の幅を持たせることが重要であり、そのうえで徐々に観光に関わりを持っていくことが、多様な人々が活躍できる場をつくることとなり、そして新しい観光まちづくりの萌芽にもなり得るのである。

｜2｜ 防災と成長の管理

　先に触れた潤いのある町づくり条例から、防災と成長の管理についてさらに考えてみたい。1990年の同条例制定時は、都市部のバブル経済が地方になだれ込み、そして崩壊するというタイミングであり、多くの開発案件が殺到することにまず対処するというものであった。

　本来は、由布院という小さなエリアの中で、環境の容量や質というまず守るべき基準が先にあって、そのうえでどのように開発を促進するか、あるいは抑制するかを検討しなければならない。そこで、数十年後あるいは百年後にも安全で安心である地域のあり様を想定してみたい。それらを担保するためには、防災、森林管理、生態系の保全などについて、将来像から現代にバックキャスティングして、そして今の時代に実施すべき施策を順に検討することとなる。

　そのように考えれば、近年線状降水帯による集中豪雨や巨大化する台風で繰り返し災害が発生しており、今後起こりうる南海トラフ地震も想定した時、由布院盆地周辺部の斜面地エリアは、盆地中心部にも被害を及ぼしかねない危険度の高いエリアとして、開発抑制・保全の方針を打ち出さなければならない。

　2018年に改定された「新・由布院温泉観光基本計画」は、「由布市中小企業振興基本条例」第13条に基づき、地域計画として由布市に認定されている。この計画の中で、様々な計画とともに、平均15室という宿泊施設の現状規模を踏まえて、

図8　由布院盆地斜面部にかかる朝霧

最大30室までという基準を由布院は自ら定めた。これは潤いのある町づくり条例の根幹思想である成長の管理の体現であり、抑制しながら地域のレジリエンスを高めることは、まさに次代への責任である（図8）。

| 3 | 滞在拠点とアーカイブ

最後に、由布院が滞在の拠点になるためには、今後どのようなことが必要か考えてみたい。今から百年前に地域の中心に駅ができたことは、まさに由布院先人の先見の明であり、その結果、由布院は駅を降りてすぐに歩いて楽しめる環境を得ることができた。ただ、散策ルートがいくつもある中で、湯の坪街道や一定のエリアに観光客が集中している。どういう顧客が何を目的にどこを回遊しているのか、あるいはどのように滞在しているのかを検証したうえで、由布院がほんとうにウォーカブルな環境で、滞在できるまちであるのかについて再検証すべきであろう。

そのうえでその滞在について、手がかりとなる視点を2つ提示したい。それは顧客が求め続けている、居心地と居場所である。観光の供給サイドは、サービスをたくさん提供すべきである、あるいはずっともてなし続けなければならないと考えがちである。そうしたことを望む顧客も存在するが、これからは地域の中で居心地の良い居場所をいかに用意し、顧客をもてなしから解放して地域に放ち、心地よく滞在してもらうことができるか、ここが重要である。この居心地とは、顧客それぞれの感性やライフスタイルの延長線上で心地よいと感じることができる状態であり、居場所とは、地域で日常と非日常が混在する中で、地域と一定の関係性を保持しつつ、顧客がプライベートなプレイスを確保できる状況である。

顧客と地域との関係性を再構築しコミュニケーションを、と前に述べたように、居心地の良い環境が整って滞在することが主流となる頃には、地域に滞在する人々と地域の人々との垣根はより低くなっているだろう（233ページ**表1**参照）。そして、持続可能な地域のあり様をともに考えていくために、地域の人々と滞在者や短期居住者が由布院の百年の足跡を一緒に紐解いていけるようにしたい。そのためには、由布院の貴重な地域資料をていねいにアーカイブし、それらをもとに情報受発信を続けていかなければならない。百年にわたって由布

院が何を達成して何に失敗したのか、あるいは何が創造できて何を失ったのか、こうした由布院の歴史と文脈に正面から向き合うことで、道半ばの現時点から次代の観光まちづくりの到達点が見出され、そしてまた新たなダイナミズムが始まるのではないだろうか。

［参考文献］
大澤健　米田誠司（2019）『由布院モデル』学芸出版社
木谷文弘（2004）『由布院の小さな奇跡』新潮新書
ジョン・アーリ（2003）『場所を消費する』法政大学出版局
遠山益（2006）『本多静六日本の森林を育てた人』実業之日本社
中谷健太郎（1995）『花水樹完全復刻版』草土舎
中谷健太郎（2006）『新版たすきがけの湯布院』ふきのとう書房
挾間庄内湯布院任意合併協議会（2004）『新市挾間・庄内・湯布院まちづくり計画』挾間庄内湯布院任意合併協議会
本多静六（1924）『由布院温泉発展策』東京大学農学部森林風致計画学研究室
由布院温泉観光協会（2006）『観光環境容量・産業連関分析調査及び地域由来型観光モデル事業報告書』由布院温泉観光協会
ゆふいん建築・環境デザイン協議会（2000）『ゆふいん建築・環境デザインガイドブック』ゆふいん建築・環境デザイン協議会
湯布院町（1989）『町誌湯布院〈本編〉〈別巻〉』湯布院町
由布市（2007）『由布市総合計画』由布市
由布市（2011）『由布市・観光発展策―由布市観光基本計画』由布市
由布市（2015）『由布市制施行10周年記念誌』由布市
由布市（2016）『由布市観光基本計画「由布市・観光発展策」』由布市
米田誠司（2009）「80年続くクアルトへの取り組み」『観光まちづくり―まち自慢からはじまる地域マネジメント』学芸出版社、pp.204-215
米田誠司（2021）「観光まちづくり」『図説わかる都市計画』学芸出版社、pp.251-270
NHK（2005）『プロジェクトX 第8期3 湯布院癒しの里の百年戦争』(DVD発売、初放映は2003)

第18章

建物・生業リノベーションから暮らしとまちの再生へ
——東京都台東区谷中地区

椎原晶子

1 都心部の生活環境、建物、町並み保全の課題

| 1 | 谷中地区の歴史と特性

市井の家と暮らしを引き継ぐ町・谷中

　谷中地区は東京都心の東北、台東区の北西部にあり、武蔵野台地の東端の上野台地とその西麓の低地にかけて広がる約100 ha[注1]の地区で、2023年現在、約1万人の人口を擁する寺町、住宅地である（台東区、2017）（図1、2）。

　縄文時代以前の谷中は古江戸湾の海が迫る高台で、漁労採取に適したため古代の人々が住んだ遺跡も多い。中世には豪族が支配する土地になり、今に続く寺院や神社が建てられた。谷中地区の鎮守は鎌倉時代1205年に創建された諏方神社で、その氏子圏が現在のコミュニティのベースにもなっている。江戸時

図1　谷中寺町の鳥瞰写真　江戸時代からの寺院と町割、緑を引き継ぐ

図2　谷中の門前町型の町並み　手前は大正期の町家、旧銅菊・未来定番研究所

代には、上野の寛永寺に続く谷中に 70 に及ぶ寺院が建てられ、門前には町家や長屋が並んだ。そこは寺町を支える石屋、畳屋、大工、板金屋、米屋、酒屋などと、鼈甲、象牙、銀器などの手工芸の職人・作家の住むまちとなった。

　谷中は地盤が固く、関東大震災や昭和の大空襲でも焼失を免れた地区も多く区画整理が行われなかったため、江戸以来の町割、道筋の多くが現在にも引き継がれる。明治維新後、寛永寺の寺域の大部分が上野公園となり、博物館、美術館や美術学校・音楽学校などができると、隣接する谷中は、額縁や筆の製造、画材屋、美術運送業など、芸術活動を支えるものづくりとアートの町になった。

誇りを喪失した時代

　江戸東京の町の変遷を途切れず伝える谷中地区だが、高度経済成長期からバブル経済期までは、右肩上がりの経済開発優先の風潮の中で「谷中は発展から取り残された寂しい土地」とも言われて誇りを持てない人も多かった。

| 2 | 再生への課題

東京都の密集市街地の防災性向上と古民家の関係

　建物整備の基本となる建築基準法において既存不適格建築物である、1950年以前の伝統木造建築物や 1981 年以前の新耐震基準施行前の建物などは、大規模改修をするときに現行の建築基準法にあわせた耐火や耐震の性能が求められる。東京都は道路拡幅と建替による不燃化促進を密集市街地整備事業の基本の手法としている。その中でも、谷中や向島、北千住などでは、歴史ある生活文化と町並み、コミュニティを引き継ぐための条件や方法を探し始めているが、木造建物・古民家の保存・再生は容易ではない（東京都、2020）。

都市計画道路の整備と見直しに伴うまちづくり

　東京都心部では、戦前から都市計画道路網が計画されているが、長年事業未着手のままの路線も多い。都市計画道路の計画線内は建築制限があり、木造や軽量鉄骨で 3 階建までの町並みが続いてきた。早期の整備が望まれる路線がある一方、既存の町並みやコミュニティを維持するため、見直しが求められる路線もあった。2004 年の東京都都市計画道路の第三次事業化計画より、東京都は、道路ネットワークの形成のため優先的に整備を推進する路線と、実施を見直す路線との事業仕分けを行った（東京都・特別区、2004）。

高地価と開発圧力、税制・金融上の課題

　もうひとつの大きな課題は、上がり続ける都市部の地価と、それに伴う固定資産税、相続税、都市計画税の増加、開発圧力の上昇である。

　地価上昇に伴う固定資産税・都市計画税の増加は土地建物の維持費の増加につながり、相続税・相続分割の負担増加は代替わり時に元の所有者が土地建物を売って手放すことにつながる。通常はいったん更地にされたうえで土地を分割して売却されるか、開発会社が周辺の土地とあわせて土地の規模を増やしてマンション化することが多い。

時代にあった利活用

　行政による文化財建造物の保全活用には限界がある。また仮に所有者が存続を望んでも、自身で活用し続けられるとは限らない。歴史ある建物の物語を現代から未来に蘇らせる次世代へのリジェネレーションが必要になっている。

　こうした困難な課題がある中で建物再生・リノベーションとあわせてコミュニティの担い手を新たに迎えることで何がどこまでできるのか、さらなるネックは何か、谷中地区の例から考察する。

② 誇りを取り戻すまちづくりの歩み

│1│まちの価値を再発見──祭りやイベント、地域雑誌づくり

　高度経済成長のおわりを迎えた頃、「谷中は発展から取り残された寂しい土地」という風潮に対し、江戸東京の暮らしの文化が生きて残る谷中地区ならではの特徴を、記録して残そう、まちづくりに生かそうという人々もいた。

商店街の再生、祭りの創出

　谷中銀座商店街は高度成長期の後にシャッター商店街になりかけた時期があったが、「ふれあいのある商店街」を目指し、都市計画道路の拡幅計画を取りやめて1984年に現道幅員で商店街を再整備し、史跡巡りなどのソフト事業も含めて再生をはかり「元気のある商店街」として多くの人が訪れるようになった（谷中銀座商店街振興組合、1987）。

図3　谷中菊まつり（1984年より大円寺で開催）　図4　地域雑誌『谷中・根津・千駄木』　谷根千工房により1984年～2009年に発行された

　1984年、当時から谷中三崎町会会長・さんさき坂商店会長であった寿司店主の野池幸三氏は、オイルショック後にまちへの人足が途絶えた時、「そのまちならではのものがないと人は来ない」と谷中界隈が江戸明治に菊人形で賑わったことにちなみ、谷中大円寺を会場に「谷中菊まつり」をはじめた（図3）。翌1985年には落語家三遊亭圓朝に縁ある全生庵を舞台に、圓朝の集めた幽霊画の展示と落語会を行う「圓朝まつり」も始めた。氏は谷中地区連合町内会長となった現在も「まちが元気でないと自分たちも生きていけない、まちづくりは花に水をやるように、毎日自然にやるものだ」と、地域の人々、新旧の店舗を励まし続けている。

地域雑誌による地域文化の再発見──『谷中・根津・千駄木』

　同じ時期、千駄木・谷中界隈に暮らす3人の女性、森まゆみ、仰木ひろみ、山﨑範子各氏は、子育て中に自分たちの住む町の自然や歴史の豊かさに気づく。家の代替わりや建て替えでまちの貴重な思い出が失われることを危惧し、1984年、地域雑誌『谷中・根津・千駄木』を創刊し、自分たちで出版社「谷根千工房」をつくり、まちを歩いて古老や老舗の声、古い家や緑の記録、井戸や暗渠の発見などを記録し活字にした。この雑誌は2009年まで続き、谷中・根津・千駄木エリアの歴史や文化を掘り起こし、町の人々の地域への誇りを高め、外から来る人にまちの文化を伝えることにつながった（図4）。

｜2｜まちに学んでまちに還す──「親しまれる環境調査」と「谷中学校」

　1980年代、祭りを起こした商店会・町会の人たちや地域雑誌を起こした谷

根千工房の他にも、江戸の寺院と町の歴史を研究する寛永寺住職（現貫主）浦井正明氏、焼失した谷中五重塔の再建を夢見る大工棟梁、石碑や史跡をめぐる郷土史家、町並みの記録写真を撮り続ける給食調理師など、町の個性ある人たちがその人ならではの視点から、地域の宝である文化を守り生かそうとしていた。近隣の東京藝術大学や東京大学の建築やデザイン専攻の学生らが町の建物や路地、町並みの調査を通して地域で活動する町の人たちとつながり、1986年から1988年にかけて「上野桜木・谷中根津千駄木の親しまれる環境調査」（江戸のある町上野・谷根千研究会、1986～1989）を行った。この調査団の事務局長であった藝大建築科の前野まさる嶬教授（当時）が「町に学んだことはまちに還そう」と常々伝えていたことから、1989年、調査に加わっていた町の人々と卒業後の元学生らは、まちづくりグループ「谷中学校」を結成し、町並みや建築の調査や提案、写真展、郷土史調査に加え、まちじゅう展覧会「芸工展」、町の緑再発見、町の広場への提案、町家や銭湯の保全提案など様々な活動を行った。

｜3｜波紋を広げる、楽しくやってみる——まちじゅう展覧会「芸工展」

　その中で 1993 年にはじまった「芸工展」は、毎年秋の 10 月に開かれるまちじゅう展覧会として 30 年以上続く。谷中の町家や工房、アトリエ、寺院、路地などを舞台に、工芸やアートだけでなく手焼きのせんべいや植木棚など、手づくりで日頃の暮らしを豊かにする人々を紹介し、つながりあう企画として年々参加者が増え、人と人、家や寺とまちの関係を深めてきた。

　1994 年には町中で 44 企画を実施したが、2000 年代に入ると 200 を超える企画がある年もあった。年々、谷中地区は「ものづくりのまち」であることが広まり、老舗の工房が表通りに店を構え、空

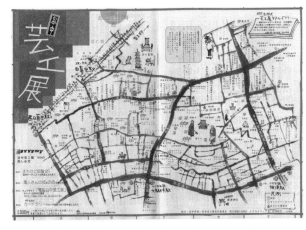

図5　谷中芸工展マップ 1999（出典：谷中芸工展実行委員会編）

き家や空きビルに、木工、洋服、帽子、アクセサリー、ベーグルなど、工房と店舗を兼ねて自らつくったものを売る若い人たち、古民家などでカフェや雑貨店などを開く人たちも増えた（図5）。

③ 2000年頃までのリノベーションの歩み

|1| 台東区の英断とその後

　谷中の古民家再生を勇気づけたのは、1980年代に台東区が次々と歴史ある建物の保全活用を行ったことだった。当時の内山榮一台東区長は「台東区の宝は台東区から出さない」と宣言し、地域で保存運動が高まっていた旧東京音楽学校奏楽堂（1890年（明治23年）築）の上野公園への移築再生を実現した他、彫刻家・朝倉文夫のアトリエ・住居（1935年（昭和10年）築）をご遺族の財団から寄贈を受け、台東区立朝倉彫塑館として再整備した。また、マンション建設で失われることを惜しまれた旧吉田屋酒店（1910年（明治43年）築）を移築し、台東区立下町風俗資料館附設展示場とした。台東区はこれら公有化された歴史的建物の管理運営をする台東区芸術文化財団も設立している。

　しかしその後、バブル崩壊後の行財政改革の波の中で、行政が主体となって建物を引き取り保全再生することは難しくなっていった。

|2| 為せば成る──やってみることからの保存活用再生

図6　「谷中学校」の寄り合い処となった明治町家

明治町家・旧駿河屋酒店を残して谷中学校へ

　1989年、谷中の尾根道、江戸からの門前町の中ほどで、明治町家・旧駿河屋酒店（1910年（明治43年）築）のアパートへの建替計画が持ち上がった。しかし、表通り側の明治町家は出桁造り・前土間式の江戸町家の流れを汲む貴重な家である。まち

づくりグループ「谷中学校」のメンバーは、持ち主の蒲生氏に「家の計画を一緒に考えさせてください」と直接頼み込んだ。家に愛着のあった持ち主は受け入れてくださり、やがて建物保全を望む近隣の方や建築の専門家にも輪が広がり、大工棟梁の協力も得て、1990年（平成2年）、結果的に、手前の明治町家は後部を減築して前部を保存活用し、奥の敷地は分筆して別敷地とし、アパートに建て替えた。

その町家の1階を「谷中学校」の寄り合い処として借り、店の間を町に開いて、まちづくりの相談や作業所とした（図6）。この実践例をきっかけに、「民間でも古い家を残して使える」ことに町の人の関心が向き始めた。

銭湯 → 劇場 → 現代美術ギャラリーへ── SCAI THE BATHHOUSE

実例が次の実例を呼ぶ。1990年頃、江戸時代から代々続く銭湯「柏湯」を閉業された松田氏は、「銭湯は地域の人に支えられてきた商売なので、これからも地域に役立つことに使いたい」と「谷中学校」に相談にこられた。相談の前に、「劇団第七病棟」の演劇の舞台として、銭湯の建物を貸したところ、延べ5千人を超える観客が訪れた。これを機に、持ち主も銭湯を生かして谷中のまちにギャラリーをつくりたいと希望され、谷中学校と藝大卒業生のネットワークから日本の現代美術ギャラリーの先駆者、白石コンテンポラリーアート主宰の白石正美氏が銭湯を借り受けることとなった。銭湯の外観を残しながら内部は天井の高い大空間として、現

図7　宮造りの銭湯、柏湯跡を現代美術ギャラリーに（運営・写真提供：SCAI THE BATHHOUSE）

図8　宮島達男「Uncetain」展　2020年（写真提供：SCAI THE BATHHOUSE、撮影：表恒匡）（1951年築、1993年改修、2023年国登録有形文化財に登録、再生計画：谷中学校、改修設計：宮崎浩一、手嶋尚人）

代美術の多様なインスタレーションに対応できるギャラリーとした。白石氏は
それまで表参道で美術館を運営していたが、移転先に谷中を選んだ。白石氏は
「芸術文化の積み重ねがある上野谷中の、伝統ある銭湯の建物から最先端の現
代美術を発信することで、世界の人々にも日本の現代美術の意義をアピールす
ることができる」と述べている。1993年に再生された旧銭湯ギャラリーは
SCAI THE BATHHOUSE と名づけられ、以来、谷中地区は現代美術を発信
する拠点として世界からも多くのアートファンが訪れる地となった（図7、8）。

| 3 | 布石を打つ——NPO による建物保存再生のモデルづくり

歴史資源調査から始める

　谷中学校の活動では、家を残したいと言われた時、または壊されると聞いた
時から動き始めていたので、時間がたらずに取り壊しに至るケースが多かった。
　2002年より、台東区からの受託研究で東京藝大の文化財保存学保存修復建
造物研究室が地域団体と協力し、谷中地区の歴史文化資源を調べたところ、谷
中地区には江戸明治の町割、道筋の上に、江戸から明治、大正、昭和、平成に
いたる様々な時代の歴史的建造物や工作物、道路、樹木・緑地等の環境物件等
が豊かに存在していることが明らかになった（台東区都市づくり部、2003）。
　これらの文化資源を計画的に保全支援するためには、伝建地区制度などの面
的な保全制度が有効だが、地域にその機運がない中、自治体が急にその制度を
導入することは難しい。そこで、調査チームでは、今後のまちづくりの布石と
して、主要な街角や主要な街路、都市計画道路上にある伝統的な建物、まちの
文化をよく表すランドマークになる家を保全活用のモデルハウスとして生かす
ことが有効であると考えた。

建物再生の成功例を示す——NPO たいとう歴史都市研究会の活動

　2001年、後に上記の調査に加わったメンバー有志と建物保存活用を学ぶ学
生、地域の建築家らは「NPO たいとう歴史都市研究会」を立ち上げた。そし
て①明治屋敷の市田邸（2001～、図9）、②大正町家の間間間（2002～）、③旧平
櫛田中邸（彫刻家・平櫛田中のアトリエ付旧居、2003～、図10）、④大正町家・昭和
喫茶のカヤバ珈琲（2009～）などを借り受けサブリースや管理協力などにより、
それぞれの家の由来にあった保全活用をしつつ、まちに開いている。

図9　明治屋敷「市田邸」国登録有形文化
　　　財（写真提供：岡田康継）

図10　旧平櫛田中邸：大正築の彫刻家の
　　　旧居・アトリエ（写真提供：岡田康継）

　ここに至るまでの間、対応するNPOメンバーの個人個人が土地建物の持ち
主と数年にわたるコミュニケーションを通して建物の意義や活用の可能性を時
間をかけて共有し、またそのプロセスを通じて持ち主との一定の信頼関係を築
いてきた。その結果、NPOとの定期借家契約や転貸運営の許可、管理活用の
許可を得ることができた。また、これらの家に入居した人、展示販売や演奏会
で借りた人たちが、やがて自分でも古い民家を借り受けるようになった。これ
らの例が谷中界隈で古民家活用をする人、希望する人が増えるきっかけ（＝布
石）にもなり、建物保全活用のモデルとしての役割を担ってきた。

④ 行政とともに動かす──都市計画道路見直しへ

　前述のように、谷中地区の都市計画・建築行政では密集事業など防災対策事
業が中心で、歴史ある建物や路地、暮らしの文化を面的な制度・事業で保全支
援する流れはすぐには生まれない。「東京都防災都市づくり推進計画」（東京都
2021改定）では、基本方針に「下町の持つ路地の風情や木造の良さを残す街並
みを継承しながら防災性の向上を図ること」が課題として示されている。また
国は、伝建地区制度や、歴史まちづくり法など、貴重なまちを面的に保全する、
防災対策を施す、建物の修理・修景を支援する制度を多種用意しているが、自
治体からの要請がなければ適用には至らない。

　加えて谷中では約90年前からの都市計画道路の計画が歴史を活かすまちづ

くりにとって大きなネックとなっていた。

|1| 都市計画道路を見直しに向けた積み重ね
昭和初期に描かれたまま動かない都市計画道路

　谷中にかぎらず、関東大震災後、昭和の初期に東京の近代化を進めるため、放射状・環状とその補助の都市計画道路網が計画された。谷中地区の寺院の門前町屋型の通りでは、道路を拡幅すると道沿いのまち自体がほとんどなくなってしまう路線や、寺や墓地を壊して道をつくる計画箇所もあった。そのため、地区住人には拡幅を望まない、きっとできないと思う人々も多かった。

　谷中・日暮里地区では、早くは 1984 年に谷中銀座地区にかかる都市計画道路補助 188 号線の一部を廃止して道路は現道幅員のままとし、コミュニティ・マート構想のモデル商店街として、歩行者優先道路の両側に既存商店の並ぶ町並みを尊重した街路・商店街整備を行った。

　他にも谷中の尾根の門前町の道（補助 92 号線）やメインの坂道にかかる都市計画道路（補助 177、178 号線、環状 3 号線）拡幅計画の見直しを求める声はあったが、谷中だけでなく近隣区ともネットワークをなす道路のため、その後 2000 年代に入るまで都市計画道路の見直しは行われなかった（椎原晶子、他、2000）。

都市計画道路上の建物を再生すると数珠つなぎになる

　すでに都市計画道路の計画がはいっているところに、ただちに電線類の地中化や歩行者優先の舗道整備、町並み保全型の都市計画をかけることは難しい。谷中の文化を生かしたまちづくりを考える有志らは、一件一件の歴史ある建物の保存活用をつなげて、その価値をみがき、多くの人が認めるところとなれば、いずれ都市計画道路の見直しを考えるときに現道を拡幅せず、江戸からの道幅や町並みを守ることにつながる要素になるはずと考えて、機会あるごとに都市計画道路の計画線上にある家を率先して保全活用していった（図 11）。

　都市計画道路補助 92 号線現道付近でいえば、旧吉田屋酒店の移築保存（1986）、明治町家旧駿河屋酒店の減築保存活用（1990）、上野桜木会館の東京都から台東区への移管（1991）、旧柏湯を現代美術ギャラリー SCAI THE BATHHOUSE に保全再生（1993）、元質屋をギャラリーすぺーす小倉屋に再生（1993）、明治屋敷市田邸の借受保存活用（2001）、大正町家間間の借受保存活

●明治町家「香隣舎」
（前・谷中学校）

★昭和三軒屋「上野桜木あたり」

★大正築彫刻家アトリエ
「旧平櫛田中邸」

●昭和アパート再生
複合文化施設
HAGISO

●明治町家「旧吉田屋酒店」

●大正町家「間間間」
現のんびりや

●銭湯再生 SCAI THE BATHHOUSE

★大正町家・昭和喫茶
カヤバ珈琲

★明治屋敷「市田邸」

図11　谷中界隈で様々な主体により再生活用される建物（地図出典：NPOたいとう歴史都市研究会、スケッチ出典：椎原晶子、2015）

用（2002）、カヤバ珈琲を継承再生（2009）、銅菊を未来定番研究所に修理再生（2018）などである。

| 2 | 都市計画道路廃止と地区計画の構築

都市計画道路廃止と密集事業・地区計画

　2004年、東京都の都市計画道路の整備方針の中で、谷中・日暮里地区にかかる3路線（補助92、178、188）の都市計画道路が見直し対象路線となり、2017年12月には上記3路線は廃止の方向が決定された（東京都・特別区、2017）。

　道路廃止にむけて、道路計画用地の都市計画をまちづくりの中で見直すため、台東区と谷中地区まちづくり協議会、地域住民らは「谷中地区まちづくり方針（2017）」を策定し、その後、地区計画の策定にはいり、2020年、都市計画道路の廃止とともに、谷中地区の2・3・5丁目の密集事業地区と都市計画道路の沿

道に原則住宅地は高さ 12 m、商業地は高さ 20 mの高さ制限をかけつつ、既存の建築協定や隣接区の高さ制限などとの整合性も配慮した地区計画ができた。密集市街地の細街路については、防災対策として道路状空間拡幅のため壁面線の位置指定と道路斜線・容積率緩和を全ての路線にかける素案があったが、最終的には 5 つの防災整備路線のみ建替時セットバックの指定、他の細街路は現行規定のままとし道路斜線も緩和せず、空の広さを損なわない地区整備計画となった。廃止された都市計画道路も既存道路の拡幅や道路斜線制限緩和を伴わずに高さ制限が行われた（台東区、2020、青木公隆、出口敦、2022）。これにより保存の支援まではいかないが、保存を否定しない都市計画にできたことは東京都・台東区にとっても地域にとっても、大きな方向転換だった。

景観形成ガイドライン

ただし地区計画だけでは町並みや暮らしを保全するには、足りない面も多い。色や素材や町並みの表情、まちへの開き具合などのきめ細やかなことは決めきれない。そこで台東区と谷中地区住民の協議をへて 2022 年には「谷中地区景観形成ガイドライン」が策定された（台東区、2022）。

現在は、上記のガイドラインや密集事業、地区計画などに加えて、台東区は尾根の門前町ゾーンである朝倉彫塑館通りを軸に国土交通省の「街並み環境整備事業」を導入し、都市形成史や現状調査、地域との協議のうえで町並みと建物の修理修景保全支援を含む計画や制度の導入を検討しはじめている。

個々の建物再生や、地域の人々と行政、地権者、民間企業の担当者、経営者ら、個人単位の対話を重ねる年月が、開発と防災優位の東京都内の都市計画・まちづくりを、一歩一歩、面的な保全制度も包摂できるものに近づけてきた。やがては谷中地区全域や上野公園ともつながる特区的な歴史文化地区の導入、保全支援制度の拡充が望まれる（椎原晶子、2023）。

⑤ リノベーションの企画・計画・資金調達
── 持ち主、使い手とまちに寄り添う

長年新築優先だった建設・不動産業界だが、2020 年代にはいり中古建物や古民家のリノベーションが新しい市場としてさらに発展している。

まちと建物の物語を読み、新たな文化を重ねていくために、谷中地区の建物再生の経験から、それぞれの段階で有効な要件をいくつかあげてみる。

|1| 残せなかった家のメッセージ

採算のために売られる家

　1990年代も半ばを過ぎると、バブル崩壊後の不景気の影響から、それまで利益を生まなくても持ち主の愛着や意向で保全されてきた家も、所有者の収支採算に合わせるため売られる例が増えた。茨城県が持っていた明治屋敷・旧田嶋邸については地域で保全運動が立ち上がった結果、景観と防災に貢献することを条件に定額売却するコンペとなった。明治屋敷1棟と庭を保存する計画の老人ホーム案が選ばれたが、木造2階建の屋敷の保全が採算に合わないとされ、コンペ後に保存対象がレンガの蔵に変更され、明治屋敷は解体された。

「もっと早く言ってくれたら」。解体を決めてからでは遅い

　明治築の出桁造りの町家は町のランドマークにもなっていた。1997年、長年住んでいた方が退去されたあと取り壊しになる話を聞き、あわてて家を直して借り受けたい方を見つけて紹介したが、家の関係の方は、すでに家の魂抜きのお祓いをし、解体を発注し、土地を売る方も決めていた。その方は「もっと早く言ってくれたら、保存も考えたのに」と嘆かれた。

「私はあの家が好きだった」。家族には言えない思い

　両親が高齢化したので、昭和前期の家をバリアフリーの賃貸付き二世帯住宅に建てかえた家もあった。子ども夫婦としては親孝行であり、高齢の母君もそのことに感謝していた。しかし建て替えてしばらくたち、道で出会った母君は急に筆者の腕を摑み「私はあの家が好きだった。壊したくなかった」と涙をながされた。家族で決めた建て替えであっても、中には残したかった方もいる。時には家族以外の方が思いを引き継げるように、保全活用も選択肢に入る提案も必要な時がある。

|2| 企画調査——建物のストーリーを読み起こし、価値を共有する

地域史、痕跡・履歴調査で先人の声を聞く

　建物の再生計画を施主の希望と現状の土地建物条件から始める前に、その地

域の地形や風土、形成史、土地の文脈などを把握する。また家が建ってから現在まで、その家が誰に、どのような用途で使われてきたか、家族、地域や時代の需要にどのように応えてきたのか、明らかにしていく。また、家の傷んだところ、改変されたところを見つけ、その理由を考察していくと、建物にかかる環境・構造上の負荷や用途上の必要性など、変化に至る合理的な理由も見えてくる。これらを踏まえて、持ち主やこれからの使い手になる次世代や借り主などとともに、このまちや家でどんな未来を重ねていくか、考えてみると、大きな方向性を共有しやすい。

持ち主、借り主、使い手の気持ちを追い越さない

　調査・計画・設計者は、まちや建物の履歴調査の際、持ち主、借り主らに説明できるように先立って調査分析、提案作成を行うが、先走ると持ち主や借り主の気持を飛び越えた提案をしてしまう場合がある。建物再生リノベーション事業の主役は建物の持ち主、使い手、借り主である。建物の過去からの由来やその家でこれから重ねる未来について説明・提案されてすぐに体得できるとはかぎらない。持ち主、借り主自身の思い、やりたいこと、やれることを、調査や設計案を見ながらじっくり考えていただき、自分のこととして、自分で結論、指示を出していただけるよう、思いが熟すのを待つこと、持ち主や借り主の心のうちの声に耳を傾けることも当然ながら忘れてはならない。

| 3 | 契約形態をカスタマイズする

定期借家・サブリース

　所有者と借りる側が、家を残し生かす意義や活用についての理解や共感を共有する、間に立つ地元に根づいた組織が借り受ける、管理を引き受けるなどの方法で、持ち主の経済的、精神的、体力的負担を軽減することができる。

　谷中地区では、持ち主と使い手の間に、NPO法人やまちづくり会社が入って定期賃貸借契約を結び、持ち主に転貸の許可を得たうえで、その家やまちにふさわしい住人やテナントを選んでサブリースしてきた。これにより、建物の維持管理方法や地域活動への参加方法、近隣にご迷惑をかけない工夫などをあらかじめ、またはそのつど、利用者に伝えていくことができる（図12）。

　持ち主側としても、建物と入居者の安全管理、近隣との調和などをNPOや

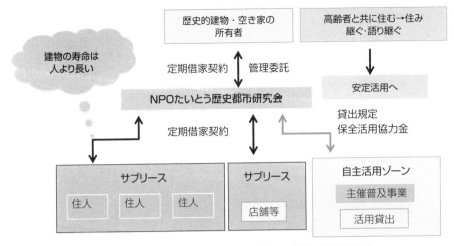

図12　NPOたいとう歴史都市研究会による建物再生・サブリース・維持活用管理の仕組み

まちづくり会社などの中間支援組織に託すことができるので、遠方にいる持ち主、高齢の持ち主も安心できる。

担い手、事業を決めてから家を直す、借りる

　建物の再生事業を始めるときに、いくら建物の歴史や特性を読み、将来の活用イメージに沿って改修したとしても、改修ができあがってから入居者を募集するのでは、その改修方針をよく理解し、ぴったり賛同できる人がすぐに見つかるとはかぎらない。

　建物がすでにあることを活用して、入居希望者には整備前の状態を見てもらい、修理箇所や活用用途によって必要な設備の場所、電気容量なども確認し、持ち主と入居者のどちらがどこまで整備をするかを決め、そのうえで家賃や管理費を設定して、工事完了後すぐに入居する契約を結んでから、工事を始めたほうが無駄がない。持ち主側の修理の範囲、予算も立てられ、融資や出資を金融機関に相談できる。古民家再生ファンドや各種補助金等にも申し込めるようになる。

買い手、借り手を地域で選ぶ：人事物件

　また、建物を買って、借りて建物再生リノベーションをへて使う人をさがす際には、その建物を大事にするとともに、地域の生活文化にもなじみ、できれば家をまちに折々開き、地域活動にも協力してくれる人が望ましい。

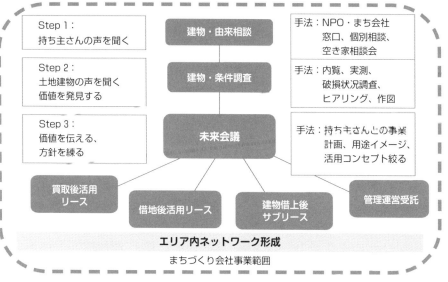

図13 NPOやまちづくり会社による建物・エリア再生のステップ例（出典：㈱まちあかり舎（2018）作成図を加工）

　よく「好きに改装してよい古民家物件はありませんか？」と聞かれる。「物件」とはその建物の物理的条件だけで貸せる状態を指すものだが、音や匂いのもれやすい木造建築、地域の物語を担う歴史ある建物は「物」にはなりきれない。地域にとっては「どんな人がどんな事をするのか」「人事」が重要である。

　家に住む以上に「まちに住む」感覚で、地域の一員になって暮らし、営業し、活動してくれる人や店を探しあてることが求められる。そうした活動の核となるNPOやまちづくり会社とその核となる未来会議を構想したのが図13である。

｜4｜資金と手間を創造的に確保する

テナントが改装費用を負担する

　地価の上昇は固定資産税、相続税にも反映し、店じまいや家族の代が変わる時には元の住人・店が土地を売って出て行くケースも増えている。

　その場合、借りる側が内装や時には外装・躯体も修理・整備費を負担することで、契約時に、持ち主側の初期修理費用負担を下げることができ、そのかわりに入居者の家賃負担を下げることもできる。持ち主にとっては家をフルリフォームしてから貸すよりリスクが減り、入居者にとっては初期費用は貯蓄や借入金、ファンド資金等でまかない、その後の日々の家賃が抑えられる。

アンマネタイズの勧め

　また家を空き家にしていると持ち主は収入がないのに、固定資産税や都市計画税、維持点検のための水道光熱費、植木の管理費などに一定の固定費がかかってしまう。その場合、空き家にしておくよりはと、入居する側が水道光熱費や家・植木の手入れを負担し、住込み管理人的な立場で建物の管理を引き受けてその分家賃を軽減する、時には「使用貸借」として管理責任を負う分、家賃をなしにするケースもある。持ち主・入居者が手を差し伸べあい、お金ではなく、サービスの交換により便益を交換し合う「アンマネタイズ」である。

初期費用がかかる時、まちづくり会社の活用も

　谷中の高台の門前町の通りに大正期の震災以前から立つ町家がある。戦時中の 1940 年代から銅細工師の工房兼住まい「銅菊」として使われてきた。2016年の暮れ、その家族が引っ越すにあたり、家と銅鍛冶屋の仕事場をそのままの形で使って欲しいと NPO たいとう歴史都市研究会に相談があった。ちょうどその頃、大丸松坂屋百貨店から、古いまち、家から新しい文化を生み出している谷中のまちで、温故知新として、できるだけ古い伝統的な町家を借りてこれ

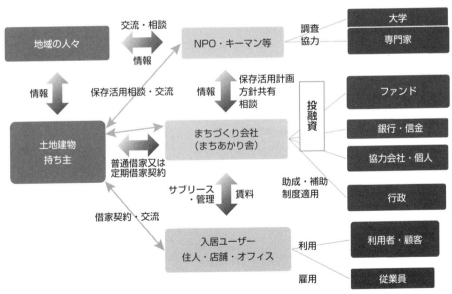

図14　谷中まちづくり会社（まちあかり舎）を核にした投融資の仕組み　修理・再生の工事費や賃料の規模が大きくなり、初動期のまとまった資金が必要な時に株式会社は投融資を受けやすい

図15 旧銅菊・未来定番研究所 2018年、㈱大丸松坂屋百貨店のオフィス・サロンとして再生。銅細工の仕事場も再現（サブリース：㈱まちあかり舎）

図16 大正町家を修理再生した「傳左衛門めし屋」（写真左側）（運営：㈱八代目傳左衛門、改修設計：（同）もば建築文化研究所、サブリース：㈱まちあかり舎）

からの5年先の生活像を提案する研究所をつくりたいと相談があった。その場所として「銅菊」の町家がぴったりであったものの、築100年近くたった建物は老朽化して歪み、傾きが激しく、そのままでは所員や来客の安全性を確保できない。そのため、会社としては、設備や内外装を更新し、耐震補強をしたうえでの借り受けを希望された。

　耐震補強や内外装の更新をするには2000万を超える費用がかかる。NPOでは急にその資金を用意をする体制がなかったが、新たに株式会社をつくれば金融機関から資金を借りられることがわかった。そのため、NPOメンバーとは別に、不動産、建築企画設計、建設業、地域計画・まちづくりを専門とする4人のメンバーで新たに㈱まちあかり舎をつくった（図14）。

　その結果、まちあかり舎から百貨店が「銅菊」町家を借り受ける契約を結んだことを担保に、地元金融機関の朝日信用金庫から耐震補強整備・修理・リノベーションの費用全額分の融資を受けられることになり、しっかりとした修理をしたうえで、大丸松坂屋百貨店の「未来定番研究所」として2018年に再生することができた。1階の銅鍛冶屋の仕事場はそのままにギャラリーとして、復元した庭と座敷はサロンとして、2階はオフィスとして活用され、町会活動にも参加するなど地域にも開いた歴史文化拠点を目指されている（図15、16）。

古民家再生ファンドの普及

　一般的に金融機関が古民家再生にまとまった資金融資をすることは稀だったが、2016年、国土交通省が「マネジメント型まちづくりファンド支援事業」

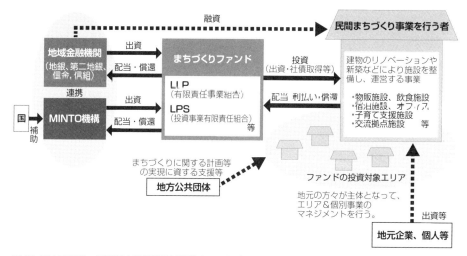

図17　国土交通省・民間都市開発機構が推進するマネジメント型まちづくりファンド支援業務（出典：国土交通省都市局まちづくり推進課「マネジメント型まちづくりファンドの設立（谷根千まちづくりファンド）」プレスリリース。2018年3月26日）に筆者補足

を開始する。民間都市開発推進機構と地元の金融機関の共同出資によりファンドを組成し、一定のエリアで民間事業者が古民家等の再生事業を行う場合、その資本金の倍の額までファンドが出資・社債取得を行うという（図17）。

　さっそく、谷中地区の有志が地元の朝日信用金庫に呼びかけ、要件を満たすために、地域のエリアマネジメント団体としてNPOたいとう歴史都市研究会と㈱まちあかり舎を登録し、2018年3月に「谷根千まちづくりファンド」が設立された。全国で4番目、東京都内では初のファンド組成であった。その第一号の出資先として谷中の大正町家を定食屋「傳左衛門めし屋」に改修する事業に出資と融資を得ることができた。

　この手法はその後も、各地の古民家再生の初期投資金額の確保のために活用され、2023年度までに全国で29の地域で「マネジメント型まちづくりファンド」が誕生している（（一社）民間都市開発推進機構、2023）。

クラウドファンディングによる建物再生の広がり

　また、SNS等を通じて広く一般個人や団体、企業からも資金を集める「クラウドファンディング」もまちづくりに使われるようになってきた。事業者自らや地域の応援団体が建物の修理再生、時には移築の費用を募ることもある。

　谷中界隈では、台東区池之端の旧水月ホテル内にあった森鷗外の旧居を文京区の根津神社内に移築するにあたりクラウドファンディングが行われ、2023

年5月末に目標を超える1600万円あまりの寄付を達成することができた。2022年の北千住の洋館、大橋眼科医院を移築するためのクラウドファンディングでは2300万円もの資金を有志の寄付で集めている。

国土交通省は民間都市開発推進機構を通じて、クラウドファンディングによりその目標の1／2を調達できた場合、残額を助成するという「クラウドファンディング型まちづくりファンド支援事業」を行っている。クラウドファンディングを行う主体として、古民家、歴史文化拠点等を整備する事業者自身でも、それを支援する団体でもよい。地方公共団体の場合はふるさと納税の用途として、直接古民家再生を支援の対象とすることも、上記のファンドに資金を提供することもできる。

保全支援制度・事業による古民家・空き家再生支援

古民家、歴史的建物保全支援の手法としては、国登録有形文化財、伝統的建造物群保存地区内の伝統的建造物、重要文化的景観の重要な構成要素、歴史まちづくり法による重点地区の歴史的風致形成建造物や、各自治体の補助制度の対象建物などにも修理整備のための資金補助や防災対策、技術支援、税制支援などがある。しかし面的な制度事業の対象となるためには自治体がその事業制度を導入する必要がある。

東京都内では、現在のところ、葛飾柴又が国の重要文化的景観に選定されている以外に面的な保存地区がないが、江戸東京の歴史と地域コミュニティを守る活動団体、地域からは、東京歴史文化地区を創出することが望まれている（椎原晶子、2022、東京歴史文化まちづくり連携、2019、**図26** 参照）。

6 家の物語を紡ぐリジェネレーションの設計・施工

谷中地区の建物再生においては、新規に刷新するためのリノベーションだけでなく、その家を代々支えてきた家族の生活や生業の物語を生かしながら、次の世代が新たな生を吹き込む「リジェネレーション」を目指す例が増えている。

家の空間と物語を生かす――カヤバ珈琲の継承と再生

1916年（大正5年）築、谷中の町家を使った喫茶店は、1938年（昭和13年）か

ら「カヤバ珈琲」として榧場夫妻が運営し、谷中のランドマークとして、美術館や東京藝大に近い芸術談義の場として、長年親しまれていたが、2006年に持ち主がご高齢のために閉店となる。地域の有志は店の再開を願って、持ち主の榧場キミ氏のもとを折々訪れ、カヤバ珈琲でのコーヒーの入れ方やメニュー、店の造り、お客様とのやりとりなどを聞いてきたが、残念ながらキミ氏はその翌年に亡くなられた。店と建物がなくなることを惜しむNPOたいとう歴史都市研究会や東京藝大、ギャラリー等の有志が建物の調査をさせていただき、ご遺族に協力を申し出たところ、2008年に「建物の姿を残し、カヤバ珈琲として運営してくれるなら」と建物をNPOに貸して、喫茶店の運営を任されることになった。NPOは、故榧場キミ氏から聞いてきた喫茶店の物語を重視し「カヤバ珈琲の名で喫茶店を運営する、建物の特徴を残す、名物メニューのたまごサンドとルシアンは復活する、町内会に入り地域活動に協力する」などの条件を付して、喫茶店を再生する事業者を募集しサブリースすることにした。

　7組の応募者があり協議の結果、2009年、カヤバ珈琲存続を最初から支援してきたスカイザバスハウスの代表白石正美氏の設けた会社が運営することとなり、店長を募集し、改修設計を建築家の永山祐子氏に依頼して店舗部分のリノベーションを行った。改修設計の前に、調査にあたったNPOと東京藝大が明

図18　2009年再生後のカヤバ珈琲外観
大正町家の建物と昭和の喫茶店時の造作や看板をそのまま残す。個人からNPOが借り受け、保全に賛同する店舗にサブリース

図19　2009年再生後のカヤバ珈琲内部
オリジナルの躯体・建具・家具、カウンター等を残してリノベーション。窓からの光が天井に反射する、新鮮な空間が生まれた（改修設計：永山祐子建築設計、保有計画：NPOたいとう歴史都市研究会）

らかにした外観や内装のうち大正町家のオリジナルの部分や持ち主が自ら造り込んだ部分を残すことを条件とし、逆に変えて良いところも明示して提案を依頼した。永山氏は、建物そのものは変えずに、窓からの光の入り方、後から設けられた天井をガラスに変えて、オリジナルの大正時代の天井が透けて見えるようにする、外の光や景色が天井に写り込むようにする、2階と1階の間に景色が抜けてみえるアタリルの床を設けるなど、古い家が新たな視点、感覚で見えるリノベーションを行った（図18、19）。

　それまで、保存といえば「凍結保存」などと呼ばれ、新築の設計や刷新的なリノベーションとは対立するイメージを持たれがちだったが、カヤバ珈琲再生の企画・設計・運営のチームでは、家や店の物語を読み込み、その成り立ちや思い出も浮き彫りにしながら、新たな世代の店主やお客が新しい息吹も呼び込む「生きた保全」を目指した。

　建物の持ち主、運営者、建物調査者、設計者、施工者の間で、建物調査に基づき「保存改修方針」を立て、改修整備や管理の方針を決める「保存活用計画づくり」はその後の谷中地区の建物再生にも生かされていった。

時代と生業を継承する——花重・谷中茶屋リノベーション

　谷中霊園の入り口、江戸期は門前町であった谷中茶屋町に立つ老舗の花屋「花重」は、1870（明治3）年創業、1877（明治10）年築の登録有形文化財の町家

図20　「花重」正面　明治の町家と江戸の長屋だった小屋を修復・リノベーションした。老舗の花屋が運営を続けている（保存計画：NPOたいとう歴史都市研究会、設計監理：MARU。architecture、施工：㈱ヤマムラ）

図21　「花重谷中茶屋」奥側　戦前の住宅棟の軀体の構成や柱梁の古材の痕跡を残してリノベーション。外側に新設したテラスとあわせてカフェにした（運営：㈱山陽エージェンシー）

が歴史的ランドマークとして親しまれてきた。2020年の相続を機に、四代目の花店主・中瀬郁代氏は思い切って、代々の家土地の所有権と事業を地元の企業に買ってもらうことで、家と花店事業の存続を図った。

　新たに持ち主となった企業、㈱山陽エージェンシーは、地域文化の継承と活性化のため、もと8棟あった建物のうち、明治の町家、江戸長屋、大正から戦前の住宅棟を残し、修復とリノベーションを行って花屋「花重」を再生し、カフェ「谷中茶屋」を新設した (図20、21)。減築してできた空間には新しく鉄骨のテラスと緑豊かな庭を設けたことにより、江戸明治大正から昭和、令和へと時代が繋がる空間が生まれた。四代目の中瀬氏は、持ち主ではない店主となり五代目になる娘さんとともに伝統と近代の花の技術を伝え続ける。土地家屋と店を継承した企業の山田社長はカフェの経営者にもなって新たなスタッフも集め、墓参や地元の人、観光の人にも喜ばれる場をつくっている。家と店の再生が、江戸からの暮らしと生業をひと連なりのものとして、未来につないでいる。

7 モチベーションが人を動かす
──自ら動くプレイヤーが増える

　本来なら、NPOが間に入らずとも持ち主や借り手自らが、まだ使える建物を普通に直して使う実例が増えていくことが建物保全活用の選択肢を広げることにつながる。

持ち主と入居者が共につくる複合施設──「上野桜木あたり」

　「上野桜木あたり」とは、1938年築の三軒家に、店舗や住民を募って2015年に再生した複合施設である。2010年頃には三軒全てが空き家になり、次の段階には取り壊されて駐車場かアパートが建つのではと近隣の人々からも思われていた。実際、持ち主も壊して建て替えることも検討されていた。

　しかし昭和初期の小屋敷型貸し住宅が三軒、路地や庭とともに建設当初の姿のまま住まわれてきたことは、上野桜木のまちにとっても、東京の都市史のうえでも大変貴重なことだった。そこで、NPOたいとう歴史都市研究会では、近隣の方から持ち主の塚越商事㈱・塚越氏を紹介していただき、まずはドラマのロケ地として外観を撮影する許可を得た。持ち主は喜んでくださったが、そ

図22 再生後の「上野桜木あたり」1号棟　図23 「上野桜木あたり」2号棟（右）と3号棟
谷中ビアホールが入る。2号棟には　　　（左）3号棟1階は塩とオリーブのおし
パンと焼き菓子の店 Think が入居。　　おりーぶと「みんなのざしき」。2階には
　　　　　　　　　　　　　　　　　　シェア店舗・ギャラリーが入る

れでも築70年以上の家に入居したい店や家族があるとはにわかには確信され
なかった。そこで昭和初期の家を直して住みたい、店をしたい方を募って、改
修前の三軒家を見学し、持ち主には100年以上の会社と家の歴史を語って頂い
た。昭和初期に建て替える前の家には川端康成が住んでいた時期もあったこと
などが語られた。見学者たちもその歴史を引き継いで、自分たちが新たな暮ら
しや店を営むことに大きな意義を感じ、複数の店主や家族が、まだ改修前の空
き家の状態で入居希望を出し、持ち主も、入居者と家賃が決まっているならと、
改修再生事業に臨むことを決めた。

　改修にあたっては、事前に持ち主と入居者、住人候補者が一緒に協議を重ね、
基本、屋根や躯体、建具等の補強と修理、門扉やアプローチ、庭などの外構の
整備は持ち主が、店舗の内装設備は入居テナント側が整備することとし、双方
の負担に無理がないようにした。

　2015年のオープン以来、三軒の家にパン屋、ビアホール、オリーブオイル
と塩の店、工芸雑貨店、一家族の住まい等が入る。上野桜木が明治以来の静か
な住宅地である文化を引き継ぐため、全てを店舗にせず、元持ち主の住んだ棟
には住まいと、誰もが展示販売や飲食、イベント等で人をもてなせる床の間・
キッチン付き貸座敷「みんなのざしき」を組み込んだ（図22、23）。

　持ち主にとっては人に貸して収入を得るだけではなく、先祖代々が住んだ家
やまちに主体として関わる形となり、入居者たちも持ち主の元に集う店子とし
て、三軒家の管理や近隣とのつきあい、祭りなどにも協力しあう拡張家族のよ

うになっている。NPO たいとう歴史都市研究会は持ち主からの管理委託として日常の清掃や、近隣との連絡調整を行い新規に地域に入った店や人、遠方に住む持ち主をつないでいる（椎原晶子、2016）。

広がる古民家・空き家再生の波

　谷中地域の建物、空き家を生かしているのは、もちろん、谷中学校や NPO 関係者だけではない。1980 年代から谷中の歴史文化の貴重さを体験したい外国人、留学生、アーティストらが古民家を自分で直して風流に住んでいたが、2000 年代に入る頃から若い世代が古民家や中古の空き家・空きビルを自ら借りてカフェなどの飲食店や雑貨店、服飾や工芸のアトリエ店舗などを構えるようになっていた。若い人たちだけでなく地域の老舗の工芸工房や古美術店、貸し着物店、各国の産物のセレクトショップなども表通りや横丁にある建物に店を構えている。先に紹介した芸工展や、古民家再生のモデル例が呼び水となり、谷中界隈の歴史を担った家に、自分ならではの店や暮らしを重ねていくことの厚み、面白みに気づいた人が増えている。

「最小複合文化施設 HAGISO」の立ち上げ

　中でも、谷中界隈で家と生業の新たな動きを先導しているのが建築家の宮崎晃吉氏と顧彬彬氏が運営する HAGISO とその仲間たちである。

　東京藝大の建築科出身の宮崎氏は、学生時代から仲間たちと 1955 年築の木賃アパート「萩荘」をシェアハウスとして住んでいたが、2011 年の東日本大震災後、持ち主である寺院が建物の老朽化を心配し、賃貸の終了を決めた。その後は取り壊して駐車場にする予定だったという。しかし建築家として身近な建物が失われることに何もしないわけにはいかないと、建物のお葬式として「ハギエンナーレ」という家そのものを展示物とする展覧会を行ったところ1500 人もの人が訪れた。その様子を見てこの家を壊すのは「ちょっともったいないかしら」と言った持ち主に対して、宮崎氏は建物を再生運用した場合と、駐車場にした場合の収支の差を示し、再生したほうが有益だと説明した。その結果、持ち主から、宮崎氏が運営するなら「やってみれば」と活用を委ねられる。宮崎氏は元木賃アパートに、自ら事業主となってカフェ、ギャラリー、建築スタジオなどを入れ、大規模開発に対するアンチテーゼとして「最小複合文化施設 HAGISO」と名づけ 2013 年 3 月より運営を始めた（図 24）。

図24　HAGISO　昭和30年代築の木賃アパートを宮崎氏が2013年、最小複合文化施設として再生

そこでは、カフェとギャラリーが一体になり、かつて「萩荘」に住んでいたアーティストたちの縁などから、様々なアート展示やパフォーマンス、時には子どものための企画や地域イベントも行われ、カフェを訪れる近所の人や観光客も多様な文化体験できる場となっていった。

HAGISO の宮崎氏と仲間たちの挑戦

　宮崎氏は、HAGISO に住み込み活動する中で、谷中に多く訪れる観光客が雑誌やテレビで視た店を昼間に訪れただけで帰ってしまうことに気づく。そこで、谷中の日常の文化そのものを体験してほしいと、「まち全体がホテル」というコンセプトで HAGISO の近くのもう一軒の木賃アパートを借りて、2015年に旅館 hanare を始めた。素泊まりの宿だが、宿泊費に銭湯券をセットにして、お客にまちを散策しながら銭湯を堪能してもらう。朝は小学生が登校する声を聴きながら路地を歩いて HAGISO のカフェで朝食をとり、滞在中はまちや谷中墓地の散歩、寺院で座禅、まちのカフェや店、居酒屋などで、暮らすように過ごしてもらう。大きな宿では味わえない、まちの日常に溶け込む「まちやど」体験を勧めた。このコンセプトに共鳴する日本各地の宿と「日本まちやど協会」もつくり、「暮らすように旅する」豊かさを広めあっている。

　宮崎氏らが再生する建物は昭和30年代の木賃アパートであったので、街の人たちも「そういう建物でよければうちのも考えて」と、戸建の住宅や小さな平屋など、何気ない普通の家の再生相談が宮崎氏に寄せられるようになった。その後2017年には各産地の食文化を伝える惣菜とごはんの店「TAYORI」(図25)、持ち帰り焼菓子専門店の「TAYORI BAKE」、駅前ビルの臨時活用を担う「西日暮里スクランブル」、鶯谷駅前のホテルのコンセプトとラウンジ運営をまかされた「LANDABOUT」などを次々に手掛ける。

　そんな中2020年に突如訪れた新型コロナ危機の中、地域と飲食店を元気づ

けるため、他の店舗とも声をか
けあいデリバリーを協働で行う
「谷根千宅配便」のネットワーク
も即座に立ち上げた。2022年
には、HAGISO関連の店舗が食
の実験を繰り返せる基地であり
ジェラードショップの asatte
を開設し、様々な人の目線でま
ちを語り合うローカルWEBメ
ディア「まちまち眼鏡店」も始

図25　食の郵便屋さんTAYORI　運営㈱HAGISO。交流の
ある生産者の食材でつくるお惣菜と食事の店（写
真出典：tayoriHP より）

めた。地域の中で若い世代と地域の地主・家主・店主らをつなぎ、地域に新し
い活力をもたらしている。

外から来た若者が地域の信頼を得ていく

　宮崎氏と顧彬彬氏夫妻はやがて谷中の木密地域の公園のそばに土地を得て、
路地や公園に開かれた家を建てた。子どもたちは地域の幼稚園・小学校に通い、
谷中の町内会やコミュニティ団体の行事にも店のスタッフらとともに協力する。
「学生らが勝手に何かやっている」と思われていた頃から、20年近くの建物・
店運営の中で、代々谷中に住む人の子や孫も HAGISO の職場で働くようにな
る。谷中は古い街であるが、10年単位ぐらいで人の活動をよく見ていて、谷
中の外から来た人でも地域のために動く人なら、コミュニティの中に迎えてい
く。宮崎氏夫妻が谷中に居を構え、コミュニティ活動に積極的に参加していく
中で、やがてまちの人々も地域活動を託すようになった。夫妻は小学校の
PTA や町内会の理事会にも参加するようになり、谷中の次世代を担う世代の
代表として活躍の幅を広げている。

⑧ 信じ抜くことで道が開ける

大樹と古い家のパワーが、次の守り主を呼び寄せる

　2020年代には、谷中地区で多くの人に親しまれてきた明治、大正、昭和の

家や店が、住まい手の高齢化による退去や、所有者に相続が生じたことにより、いくつも売却に出た。土地ごと買うしか再生の道はない状況だった。

　ひとつの例は、谷中のシンボルツリーとして長年保存運動が行われたヒマラヤ杉とみかどパン、並びの長屋の一角である。みかどパンとその隣の長屋には高齢の女性が住まい、店を続けていたが 2021 年に店を閉じて転居され、遂に空き家となった。土地建物を所有する不動産会社はひとまずヒマラヤ杉と明治～昭和の家があるまま売りに出したが、土地約 21 坪（家を建て替えれば有効約 18 坪）の土地が 7000 万円を超える価格で、2023 年の正月いっぱいで買い手がなければ解体を始める段階となった。

　それでも長年保全運動を続けてきた有志が諦めず、ヒマラヤ杉と古い家・店を引き継ぐ方を探して可能性のある会社や人をたずねて相談を重ねていた。とうとう約束の期限が来た 2023 年の 1 月末に、「もうすぐ解体」という事態を知った個人の方が「今誰かがこの家と樹を買わなければ、この風景が永遠に失われるなら、私が買います」と決意され、すぐに不動産会社と交渉し、2023 年 3 月には買い取りを実現された。現在、建物とヒマラヤ杉をよりよい形で生かすための計画を関係者、樹木医、建築家、NPO らが協力して検討している。

信じ抜くことで出会えた「桜縁荘」の継ぎ手

　1920 年（大正 9 年）築の小屋敷が、もと寛永寺の寺域を住宅地にした上野桜木の一角に建つ。木造 2 階建、寄棟瓦葺、縁側の廻る座敷から大きな桜の木と美しい庭が眺められる住宅である。もと長野選出の代議士の住まい兼東京事務所であったが、2009 年頃から空き家となり、その後住み込み管理人として住んだ若者たちが「桜縁荘」と名づけて、家と庭を町に開く活動をしてきた。

　元の持ち主も家に愛着を持ち、存続を願っていたが、2022 年所有者に相続が生じ、1 年以内には家土地を売却しなければならなくなった。家に関わった有志と NPO では、売買にあたる不動産会社に「この家・土地をそのまま生かす買い手を探すので、更地にして分譲しないで一括で譲ってほしい」と願い出たところ、その考えに賛同いただき、2023 年 3 月、古屋敷と庭はそのままで売りに出された。しかしその売出値は土地約 50 坪で 3 億円近く、坪約 580 万円ほどにもなっていた。

　この家に関わる有志が、融資やファンドや不動産小口化等を検討したが木造

2階建の建物の運用ではどれも採算にあわないことがわかった。それでも、後悔のないよう、上野桜木にゆかりや思いのある方々に買い取りの相談を行った。また不動産会社が売却を公表した時期にあわせて、SNSでも建物の歴史と風情、存続のための買い取りを願う発信をしたところ、120を超えるシェア、Xで2.6万ビュー、国内外の個人や会社からの買い取り相談や応援の声が集まり、存続のための親身な相談、提案が寄せられた。その中で、上野桜木・谷根千界隈に親しんでいた一家が「桜縁荘」の佇まいに惚れ込み、「経済効率だけを追い求めるのはつまらない、藝大や地域の皆さんと対話をしながら町の人たちに喜んでもらえるものにお金を使いたい」と、2023年5月、都心のビルを売却して購入をきめた。今後は町の縁側として、ほっとくつろげる居場所のような活用をするために、地域の方々ともつながりたいとのこと。「100歳を超える家を次の100年も残していくために持続可能な運用をしたい」と検討中である。

　事業的には残すことにほとんど経済的合理性がないと思われる古い土地家屋でも、「これは未来に引き継がれるべき場だ、やりようはある」と信じ抜き、つなぐ人がいれば、その思いに感応し、実行する人に出会えることも現実に起きている。

　しかし、このような奇跡的な展開は繰り返すことは難しい。この実態を前提に、地価の高い都心部における歴史的建物を存続する場合の固定資産税の減免、相続税の減免や支払い猶予、建築基準法や消防法に歴史的建造物に適した運用基準をつくる、保全に適した法制度を導入する、建物・生業の再生を支援するファンドをつくる、など、税制・建築・都市計画・金融経済などの面から総合的に支援策をつくることも喫緊の課題となっている。

江戸東京の「ふるさと」としてのまちを未来に生かす

　上野桜木や谷中に残る屋敷や町家、長屋は、ふた昔前の東京にはまだどこにでもあった。しかしその多くが都市開発で失われたいま、谷中・上野桜木はかつての江戸東京のまちのエッセンスを残し、多くの東京生まれの人、上京して暮らした人にとっての「ふるさと」にもなっている。谷中以外にも、東京都心部には、神田、神保町、月島、佃島、下谷、根岸、根津、千駄木、湯島、本郷、神楽坂などの江戸からの町、江戸四宿であった内藤新宿、品川宿、千住宿、板橋宿、江戸郊外の向島、葛飾柴又などに、町人地、寺町、花街、宿場町、街道

具体的な手法
・東京の中に、まちの歴史文化資源を守りやすい地区を設定
・歴史文化地区の住民団体のネットワークづくり
・文化資源を保全しやすい法制度活用（歴史まちづくり法、景観法、伝建地区、文化財保存活用地域計画等）
・相続税（国税）、固定資産税、都市計画税（都税）の減免・猶予等
・文化資源保全の金融支援、融資・出資・買取ファンド
・開発優先地域からの域外貢献として、歴史文化地区保全への協力（容積移転制度等の活用で、歴史文化地区ファンドに支援・企業版ふるさと納税等）

図26　東京における歴史文化地区（歴史文化資源特区）の位置イメージ　（出典：東京文化資源会議（2019）「東京文化資源会議リノベーションまちづくり制度研究会 2018 年度報告書―東京歴史文化地区の創出に向けて」を元に筆者加筆。参考資料：東京歴史文化まちづくり地区連携ポータルサイト（2022）https://www.machizukuri.arc.shibaura-it.ac.jp/　『旧江戸朱引図』（東京都公文書館蔵）、児玉幸多監修（1994）『復元江戸情報地図 1：6500』朝日新聞社）、ベース地図：国土地理院地図、凡例筆者加筆）

筋の町などの江戸東京の名残が生きるまちが多く残っている。

　2019年より、これらの地区を守る団体同士が手を結び「東京歴史文化まちづくり連携」として、日本の首都、経済拠点として開発の著しい東京の中に、歴史文化を生かす仕組みをつくろうと、建物保全再生や地域文化を振興するイベント、政策提言などを協働で行おうとしている。その1つが先述の東京歴史

文化地区である（図26）。さらに東京の企業が集まる東京商工会議所の中でも「江戸東京の持つ歴史文化を生かし、東京を国際文化都市にしよう」という動きも生まれている（東京商工会議所、2023）。

　東京では、開発と不燃化防災まちづくりが優先され、面的な都市保全の制度事業を取り入れにくい状況だが、個々の地域の個人や企業による小さな家と生業の再生がつながり、人とまちの物語が守り継がれ、若い世代の人々も共鳴して新たな店や暮らしが生まれている。東京でも建物とまちの再生リノベーションが大きなうねりになるまであともう一歩、夜明け前の時に、私たちは立ちあっている。

[注]
1. 台東区谷中1〜7丁目、上野桜木1、2丁目、池之端3、4丁目の合計面積（台東区、2017）

[引用・参考文献]
青木公隆・出口敦（2022）「谷中地域における街並み誘導型地区計画策定プロセスにみる「谷中らしさ」の継承の課題と対応」『都市計画論文集』57巻3号、pp.910-917
椎原晶子、手嶋尚人、益田兼房（2000）「江戸明治の都市基盤継承地区における歴史的町並み、親しまれる環境の継承と阻害」『都市計画論文集』35巻、pp.799-804
椎原晶子（2009）「密集市街地の歴史的環境保全と防災両立のまちづくり—法制度活用とコミュニティ事業による可能性—谷中地区での検証」『都市計画』277号、pp.45-50
椎原晶子（2016）「谷中界隈の暮らしと伝統建築を受け継ぐためのシステム」住総研「受け継がれる住まい」調査研究委員会編著『受け継がれる住まい』柏書房、pp.26-27、pp.129-138
椎原晶子（2022年）「未来のふるさとをつくる—台東区谷中の試み」大槻敏雄＋一般財団法人ハウジングアンドコミュニティ財団編著『市民がまちを育む—現場に学ぶ「住まいまちづくり」』4章、建築資料研究社、pp.124-163
椎原晶子（2023）「歴史的木造密集地域における生活空間の保全と再生—台東区谷中を例に」『都市問題』Vol.114、pp.88-103
台東区都市づくり部（2003）『台東区谷中地区まちづくり基礎調査研究』
台東区都市づくり部（2006）『台東区谷中地区まちづくり推進計画』
台東区都市づくり部（2017）『台東区谷中地区まちづくり方針』
台東区都市づくり部（2020）『谷中地区 地区整備計画』
台東区都市づくり部（2022）『谷中地区景観形成ガイドライン』
東京商工会議所（2023）「東京及び首都圏の国際競争力向上に向けた都市政策等に関する要望について（国土交通省あて）」
東京都・特別区（2004）『区部における都市計画道路の整備方針』pp.2-13-16
東京都・文京区・台東区・荒川区（2017）『日暮里・谷中地区の都市計画道路の見直し方針』
東京都都市整備局（2020）『防災都市づくり推進計画の基本方針』
東京都都市整備局（2022）『防災都市づくり推進計画』
谷中銀座商店街振興組合（1987）『谷中銀座の歩み』

索引

おわりに

　2009年2月に刊行された前著『観光まちづくり』の第1章において、筆者はかつて相反していた観光とまちづくりが徐々に接近し、地域マネジメントのひとつの形として「観光まちづくり」という視点が形成されていった経緯を概括的に述べた。観光まちづくりの実践例は地域によっては古くから存在するといえるが、用語としての観光まちづくりが生まれてようやく10年ほど経過した段階での現状報告だった。

　そこから15年が経過し、観光とまちづくりをめぐる情勢には様々な変化があった。

　たとえば、訪日客の急増によって、場所によってはオーバーツーリズムとも言えるような事態が招来したことや、その後のコロナ禍によって観光はおろか人の動きそのものが凍結されてしまった事態、コロナ後の人流の復帰と産業によっては人手不足が叫ばれるなどの動き、さらには再びやってきた過剰気味の旅行ブームである。

　地方公共団体においても地域活性化の有力な施策のひとつとしての観光まちづくりには、ここのところ熱い視線が注がれてきている。加えて2023年3月にまとめられた第四次の観光立国推進基本計画においても持続可能な観光地域づくりが基本とされており、これはまさしく観光まちづくりそのものを指し示しているとも言える。入込客数などの数字に目を奪われることなく、観光の経済効果をしっかりと把握しつつ、地域と共にある観光が目標となっている。

　他方、人口減少の波は想定以上に早く地域に及び、各地に空き家や空き地が増加し、これにコロナ禍が加わり、祭礼や伝統行事を支えるコミュニティが危機的状況に直面している。地域づくり・まちづくりの側においても、当事者意識を持った関係人口の増大が、こうした危機に対処する有力な施策として今まで以上に意識されるようになってきた。

　つまり、観光まちづくりそのものをめぐる関係人口も、従来の観光関連事業者やまちづくりの行政担当者や地域リーダーたちを越えて、多様な分野に拡大しつつあるのだ。

こうした事態を前にして、筆者たちはまず、観光まちづくりのベースとなる地域そのものの現状と問題点、さらにはその資源や将来の可能性をどのように把握し、それらを活かしていく戦略を立案するための方法論を明示することが不可欠であると考えた。そして2023年3月に『「観光まちづくり」のための地域の見方・調べ方・考え方』（國學院大學地域マネジメント研究センター編、朝倉書店）を刊行することで、観光まちづくりに際して、どのように地域を直視するのか、そしてどのように地域を動かしていくのかに関して、基礎的な視点や手法を共有することを目指すこととした。

　その先に、観光まちづくりの旗印のもとに結集する多様な学問分野を概観し、それぞれのディシプリンにおける観光まちづくりにかかわる論点やスタンスを明示することによって、観光まちづくりの現在における座標を明らかにしようと考えた。その成果が本書である。

　したがって本書は、地域の自然や文化資源や社会構造、地域政策や地域経営、観光政策や観光事業など、多様な研究分野それぞれから見た観光まちづくり関連の多様な視座や戦略を網羅した論集となっている。

　学際的な論集によく見られるように本書においても対象とする地域との距離の取り方や調査手法において、それぞれの学問分野の特性に応じて多様である。こうした多様なアプローチを通じて、地域の現場と全体を見通す立場とを行き来することになる。こうした作業をつうじて地域の理解が深まっていくことになる。これからの観光まちづくりの新領域を切り拓いていく一里塚として、本書を多くの仲間たちに提起したいと考えている。

　なお、本書の刊行にあたっては、令和5年度國學院大學出版助成（乙）の助成を受けた。また、学芸出版社の前田裕資氏には変わらぬ支援を頂いた。記して謝したい。

2024年1月
執筆者を代表して
西村幸夫

執筆者略歴 (執筆順)

西村幸夫 (にしむら ゆきお) [編集、はじめに、扉、おわりに]
國學院大學観光まちづくり学部長。
専門：主に都市計画、都市保全計画を研究・実践。
1952年生まれ。東京大学卒業、東京大学教授等を経て現職。工学博士。主な著書に『県都物語』(有斐閣、2018)、『都市から学んだ10のこと』(学芸出版社、2019)、『観光まちづくり』(編著、学芸出版社、2009) など。

石山千代 (いしやま ちよ) [序章、13章、扉、編集]
國學院大學観光まちづくり学部准教授。
専門：地域デザイン、歴史的環境保全、観光計画。東京大学工学部卒業、同大学院修了。(公財)日本交通公社などで地域の計画策定や観光関連政策実務を経て現職。博士(工学)。著書(共著)に『観光まち・づくり』(学芸出版社、2009)、『観光地経営の視点と実践』(丸善出版、2013) など。

下間久美子 (しもつま くみこ) [1章]
國學院大學観光まちづくり学部教授。
専門：文化財保護(建造物、集落・町並み、文化的景観)、歴史まちづくり、世界遺産。
1967年生まれ。千葉大学卒業。東京大学大学院博士課程中退。1994年より文化庁に勤務し、途中UNESCOやICCROMに出向。2022年より現職。博士(工学)。

藤岡麻理子 (ふじおか まりこ) [2章]
國學院大學観光まちづくり学部准教授。
専門：歴史的環境保全、文化遺産学。
筑波大学大学院修了後、政策研究大学院大学文化政策プログラム研究助手、横浜市立大学グローバル都市協力研究センター特任助教等を経て現職。博士(学術)。

下村彰男 (しもむら あきお) [3章]
國學院大學観光まちづくり学部教授。
専門：主に風景計画学、造園学、エコツーリズムを研究・実践。
1955年生まれ。東京大学農学部林学科卒業、㈱ラック計画研究所、東京大学大学院農学生命科学研究科教授を経て現職。博士(農学)。主な著書(共

著)に、『人と森の環境学』(東京大学出版会、2004)、『森林風景計画学』(地球社、2008) など。

劉 銘 (りゅう めい) [3章]
國學院大學観光まちづくり学部助手。
専門：主に造園学、風景計画学を研究・実践。
1991年生まれ。中国北京林業大学・東京大学卒業、東京大学特任研究員を経て現職。博士(農学)。

石垣悟 (いしがき さとる) [4章]
國學院大學観光まちづくり学部准教授。
専門：民俗学、博物館学、文化財保護論。
筑波大学大学院歴史・人類学研究科退学、新潟県立歴史博物館、文化庁、東京家政学院大学を経て現職。編著に『まつりは守れるか』(八千代出版、2022) など。2003年日本民俗学会研究奨励賞、2019年日本博物館協会棚橋賞。

堀木美告 (ほりき みつぐ) [5章]
國學院大學観光まちづくり学部教授。
専門：造園学、観光計画論、観光資源論。
1969年生まれ。東京大学農学部林学科卒業、同大学院修士課程修了。(公財)日本交通公社、淑徳大学経営学部観光経営学科准教授を経て現職。主な著書に『観光計画論1 理論と実践』(共著、原書房、2018) など。

小林裕和 (こばやし ひろかず) [6章、10章]
國學院大學観光まちづくり学部教授。
専門：主に観光学、観光マーケティング、DMO、観光DX、持続可能性を研究・実践。
東北大学理学部卒業、㈱JTBを経て現職。北海道大学大学院国際広報メディア・観光学院観光創造専攻博士後期課程単位取得退学。博士(観光学)。著書に『地域旅行ビジネス論』(晃洋書房、2024) 等。

児玉千絵 (こだま ちえ) [7章]
國學院大學観光まちづくり学部講師。
専門：都市計画・都市デザインの分野で、制度史やストックマネジメントの研究・実践に従事。
1990年生まれ。東京大学大学院工学系研究科都市工学専攻博士課程修了。同社会基盤学専攻特任研究員、國學院大學新学部設置準備室助教を経て現職。博士(工学)。

塩谷英生（しおや ひでお）　　　　　　　[8章]
國學院大學観光まちづくり学部教授。
専門：主な研究分野は観光経済、観光統計、旅行市場、観光財源。
1964年生まれ。筑波大学経営政策科学研究科修了後、（公財）日本交通公社理事・観光経済研究部長を経て現職。博士（観光科学）。著書に『観光地経営の視点と実践』（丸善出版、2013）、『育て、磨き、輝かせるインバウンドの消費促進と地域経済活性化』（ぎょうせい、2018）など。

十代田朗（そしろだ あきら）　　　　　　[9章]
國學院大学観光まちづくり学部教授。
専門：都市・地域計画、観光計画を研究・実践。
1961年生まれ。東京工業大学卒業、新潟大学助教授、東京工業大学准教授などを経て現職。博士（工学）。主な著書に『観光まちづくりのマーケティング』（学芸出版社、2010）、『観光の新しい潮流と地域』（放送大学教育振興会、2011）など。

浅野聡（あさの さとし）　　　　　　　　[11章]
國學院大学観光まちづくり学部教授。
専門：主に都市計画、景観計画、防災・復興まちづくりを研究・実践。
早稲田大学卒業、三重大学教授を経て現職。博士（工学）。主な著書に、『景観計画の実践』（森北出版、2017）、『自然災害』（技報堂出版、2017）など。国土交通大臣表彰まちづくり功労者、日本建築学会奨励賞、日本建築学会賞などを受賞。

梅川智也（うめかわ ともや）　　　　　　[12章]
國學院大学観光まちづくり学部教授。
専門：主に観光地経営、観光政策を研究・実践。
筑波大学卒業後、（公財）日本交通公社、立教大学観光学部を経て現職。技術士（建設部門・都市及び地方計画）。主な著書に『観光地経営の視点と実践』（丸善出版、2013）、『観光計画論1 理論と実践』（原書房、2018）等。

河炅珍（は きょんじん）　　　　　　　　[14章]
國學院大学観光まちづくり学部准教授。
専門：社会学、コミュニケーション、主にPR（パブリック・リレーションズ）を研究・実践。
東京大学大学院学際情報学府博士課程修了、広島市立大学広島平和研究所准教授を経て現職。博士

（学際情報学）。主著に『パブリック・リレーションズの歴史社会学』（岩波書店、2017）など。

南雲勝志（なぐも かつし）　　　　　　　[15章]
國學院大學観光まちづくり学部特別専任教授。
専門：土木・景観、公共空間の施設デザインや木の文化を広げる活動を全国で展開。
東京造形大学造形学部デザイン学科卒業、ナグモデザイン事務所設立、代表を経て現職。受賞歴：土木学会デザイン賞最優秀賞、Gマーク金賞始め多数。

米田誠司（よねだ せいじ）　　　　　[16、17章]
國學院大学観光まちづくり学部教授。
専門：主に地域政策を研究・地域づくりを実践。
1963年生まれ。早稲田大学大学院修士課程修了、熊本大学大学院博士課程修了。東京都庁、由布院観光総合事務所、愛媛大学を経て現職。博士（公共政策学）。主な著書に『由布院モデル』（共著、学芸出版社、2019）、『観光まちづくり』（共著、学芸出版社、2009）など。

椎原晶子（しいはら あきこ）　　　　　　[18章]
國學院大学観光まちづくり学部教授。
専門：歴史とアートを生かすまちづくり・都市計画、谷中界隈の古民家再生等に取り組む。
東京藝術大学卒業・同大学院博士課程満期退学。山手総合計画研究所、同大学院非常勤講師等およびNPOたいとう歴史都市研究会等を経て現職。藝術学修士、技術士（建設部門・都市及び地方計画）。共著に『市民がまちを育む 現場に学ぶ「住まいまちづくり」』（建築資料研究社、2022）など。

國學院大學地域マネジメント研究センター
（Community Management Institute：CMI）

國學院大學観光まちづくり学部（2022年4月開設）の付置センター。
地域および社会と学部とを結び、観光を基軸とした持続可能な魅力ある地域づくりへの貢献を目指す。研究推進・支援機能（地域との共同研究推進や観光まちづくりライブラリー運営、出版等）、地域連携機能（観光まちづくりに取り組む地域と学生・教員の交流や協働）、企画・運営機能（講演会の開催等）を有する。

【本書関連情報】
https://book.gakugei-pub.co.jp/gakugei-book/9784761528812/

観光まちづくりの展望 ―地域を見つめ、地域を動かす―

2024年2月29日　　　第1版第1刷発行
2024年3月15日　　　第1版第2刷発行

編　　者　西村幸夫＋國學院大學地域マネジメント研究センター
著　　者　石山千代、下間久美子、藤岡麻理子、下村彰男、劉銘、石垣悟、
　　　　　堀木美告、小林裕和、児玉千絵、塩谷英生、十代田朗、浅野聡、
　　　　　梅川智也、河炅珍、南雲勝志、米田誠司、椎原晶子

発 行 者　井口夏実
発 行 所　株式会社 学芸出版社
　　　　　〒600-8216　京都市下京区木津屋橋通西洞院東入
　　　　　電話 075-343-0811
　　　　　http://www.gakugei-pub.jp/
　　　　　E-mail info@gakugei-pub.jp
編集担当　前田裕資

D　T　P　KOTO DESIGN Inc.　山本剛史・萩野克美
装　　丁　美馬智
印　　刷　イチダ写真製版
製　　本　新生製本